경성대학교 한국한자연구소 HK+사업단 교양총서 02

한자의 기원에서 통일과 완성

- 중국 섬서성 서안

경성대학교 교양총서 **02**

한자의 기원에서 통일과 완성

중국 섬서성 서안

📘^{K+} 한자문명연구사업단 엮음

김가영 남미영 박서현 박순남
박준원 박헌걸 신근영 신아사
유영옥 이　현 이가연 이현지
임진규 임진우 임현열 장원심
정길연 조성덕 주헌욱 진미리
채영화 최남규 하영삼 황선진

역락

서문

　"한자인문로드"는 경성대학교 한국한자연구소 인문한국플러스(HK+) 사업단이 기획한 시민과 함께 하는 깊이 있는 문화 탐방 프로그램입니다. 한자문화권의 핵심 구성원으로서, 한자는 우리에게 단순한 문자를 넘어서 중요한 문화적 자산이자 미래의 소중한 자원입니다.

　이러한 인식 아래, 연구소는 한자의 역사적 유적지를 직접 탐방함으로써 한자의 깊은 역사와 그 실체를 확인하고, 역사적 가치와 미래 자산으로서의 가능성을 탐구하고자 하였습니다. 이를 통해, 매년 시민들과 함께 중요한 한자 관련 유적지를 탐방하는 프로그램을 운영해 왔습니다.

　지난 2019년부터 중국의 산동성과 하남성, 일본의 교토와 나라, 그리고 대만 등 한자의 발자취를 따라 수많은 지역을 방문하였습니다. 이들 지역은 각각 독특한 한자 문화와 유적들을 보유하고 있으며, 이를 통해 한자의 과거와 현재를 재조명하는 기회를 제공하였습니다.

　본 서문은 2023년 여름, 섬서성 지방을 다녀온 여정의 '여행기'를 담고 있습니다. 여행(旅行)은 본래 군사들이 같은 깃발 아래 목적을 가지고 이동하는 것을 의미하며, 기(記)는 경험한 사건을 글로 남기는 행위를 말합니다. 이와 같은 맥락에서, 우리 사업단의 모토인 '유어예(遊於藝)'와 연결되어, 한자 인문로드는 더욱 의미 있는 프로그램으로 자리 잡았습니다.

　특히, 섬서(陝西) 지역은 중국 문명의 발원과 발전에서 매우 중요한 역할을 했으며, 한자의 역사에서도 중추적인 장소입니다. 이 지역은 갑골문부터 서주 금문, 소전에 이르기까지 한자의 기본적인 정형을 완성한 곳으로, 역사적 유적이 풍부합니다.

이번 탐방은 "한자의 기원에서부터 완성까지: 섬서성 한자 탐방"이라는 주제 아래, 한자의 역사를 근원부터 탐색하고 그 발전의 현장을 직접 방문한 것이 특징입니다. 우리의 여정은 중국 서부 내륙의 섬서성을 중심으로, 한자의 창조와 역사는 물론 변화와 미래 응용을 목격하고 체험하였습니다.

본 자료집은 이 여정에서 얻은 통찰을 모아, 한자를 사랑하는 이들에게 그 가치를 전달하고자 합니다. 집필에 참여해 주신 모든 구성원, 그리고 편집과 자료 제공에 큰 도움을 주신 신근영 교수, 조성덕 교수님께도 특별히 감사의 말씀을 전합니다. 이 자료집이 한자의 매력을 더 깊이 느끼고 한자를 사랑하는 데 기여하기를 바랍니다.

2024년 4월

한국한자연구소장 하영삼

차례

서문   5

제1부   **머리로 보는 답사**

1. 옛 서안에서 깨닫다 | 남미영   11

2. 화청지(華淸池)에 담긴 역사의 교훈 | 박준원   23

3. 문자의 향기 -그 숲을 거닐다 | 박헌걸   32

4. 청동기, 토기, 돌에 기록된 문자 그리고 역사 | 신근영   40
   – 주원박물관(周原博物館), 보계청동기박물관(寶雞靑銅器博物院),
     서안반파박물관(西安半坡博物館), 비림박물관(碑林博物館)을 중심으로

5. 중국의 중국을 다시 만나다 | 신아사   51

6. 서안시 섬서고고박물관 방문기 | 조성덕   60

7. 중국 섬서성에서 만난 한자 그리고 한문 | 주헌욱   74

8. 好古여행 | 채영화   102

9. 보계시 청동기 박물원 소장 청동기 | 최남규   111

10. 청동기의 고향에서 『시경』을 읽다 | 하영삼   123

11. 漢字文化之旅 - 陝西遊記 | 張源心   147

제2부 마음으로 보는 답사

1. 좋은 기회, 좋은 인연, 좋은 경험 | 김가영   159

2. 유구한 역사를 지닌 신비로운 땅, 중국 서안을 거닐다 | 박서현   168

3. 역사 속 도시로의 여정, 서안 | 박순남   178

4. 곡강의 꽃잎 하나 얹어서 | 유영옥   218

5. 서안을 다녀와서 | 이현   234

6. 나의 두 번째 서안: 아는 만큼 보이는 여행 | 이가연   244

7. 살아있는 역사의 도시 서안을 다녀오다! | 이현지   251

8. 우리는 어떻게 서안을 갔을까? 거기서 무엇을 했을까? | 임현열 256

9. 초등학생의 서안 답사기 | 임진우, 임진규   267

10. 진(秦)·한(漢)·당(唐)의 도읍 서안(西安)을 여행하다 | 정길연 274

11. 백문불여일견(百聞不如一見):
    동아시아의 위대함을 느끼다 | 진미리   290

12. 첫 중국 방문, 서안에 도착하다 | 황선진   314

제1부

머리로 보는 답사

1

옛 서안에서 깨닫다

—

남미영

1. 서안(西安)으로의 입성

머나먼 콘스탄티노플(現 튀르키예 이스탄불)에서 출발을 알리고 종착역인 서안에 이르러서야 실크로드의 중국이 보인다는 산시성(섬서성)으로 답사를 가게 되었을 때 산시성과 섬서성이라는 이중적인 명칭이 궁금증을 자아냈다. 따라서 알아보자니, [산시성은 중국의 성이다. 그 성은 한국식 독음이 산서성이고, 여기는 섬서(陝西)성이다. 이 산시성과 구분하기 위해 Shaanxi라고 한다. 국어로마자로 섬서성(Shǎnxī Shěng)을 Shaanshi Sheeng, 산서성(Shānxī Shěng)을 Shanshi Sheeng이라고 표기하는 데에서 유래되었다. 나무위키]라고 한다. 以下, 섬서성으로 통일한다. [1][나무위키]

[그림 1] 섬서성 지도 (위 나무위키)

---

1   https://namu.wiki/w/%EC%82%B0%EC%8B%9C%EC%84%B1(%EC%84%AC%EC%8

앞의 [그림 1]에서 붉게 표시된 지점이 섬서성에서 북쪽에 위치한 곳이 성도인 서안이다. 보통, 중국의 西安하면 중국 역사 대대로의 중심이었고 秦나라의 수도인 것을 시작하여 진 시황제 또한 빼놓을 수 없다.

한자 문명이 기원에서 통일과 완성에 관련된 섬서성 서안과 그 일대의 박물관과 유적지 방문을 취지로 한 이번의 답사는 [쉬양]이라는 도시명을 못 알아보고 지나쳤던 옛 에피소드를 떠올리게 한다. 개인적으로 일본 유학시절 진이라는 중국인 동기가 너무나 고고함을 넘어 오만하기까지 한 자세로 고향인 쉬양(그녀의 서안이라는 발음)을 입에 침이 마르게 자랑하였는데 당시 대단한 곳인 줄 알아주지 못한 것에 새삼 미안한 마음이 든다. 지금 생각하면 그야말로 長安의 화제 바로 그 장안이 서안이었던 것이고 그만큼 고향에 대한 자부심이 컸을 것이고 하물며 거기에 무지한 나에게서 야속한 마음도 들었을 것이다. 그러면 이제부터라도 그녀의 서안을 찾아가보려 한다.

섬서성 서안의 여정은 2023년 8월 김해에서 밤비행기를 타고 시작되었다. 새벽녘의 어둠을 가로질러 비행기 창틈으로 들어오는 올록볼록한 빛의 길을 접하면서 기묘한 고속도로라 여긴 것이 서안의 첫인상이었는데 사실은 그것이 장안성곽이라는 것을 깨닫고는 미지에서 오는 머쓱함과 동시에 신비한 세계로 한 걸음씩 빨려들어 가는데 호기심이라는 동기를 부여하는데 주저하지 않게 해 주었다.

---

2. 섬서고고박물관 회족거리

섬서고고박물관은 당초 일정이 있던 섬서역사박물관 입장이 코로나 이후 중국 시스템의 변경으로 사정상 불발이 된 후 갑작스럽게 방문이 이루어졌다. 하지만 대체 방문이라 하기엔 유물과 전시품들이 그 수와 질적인 측면에서도 전자와 비교해도 손색이 없을 정도의 퀄리티와 충족감을 만끽할 수 있는 곳이었다. 비교적 최근인 2022년도에 개관하여 섬서성 및 중국의 역

[사진 1] 彩繪貼金武士俑, 三彩執壺
(섬서고고박물관)

사, 고고학적인 역사적 유물들의 집대성이면서, 박물관 지붕과 와당에서 당시대의 양식이 물씬 풍기는 당나라풍의 아이덴티티에 충실한 박물관의 면모 그 자체했다.

전시물은 전형적인 당풍의 양식으로 화려한 삼채로 채색된 도기들이 주를 이루었고[사진 1 참조][2], 서역풍의 사람들과 낙타 등의 이색적인 전시물과 섞여 서안이야말로 실크로드의 집대성 및 종착역임을 상기시켜 주었다.

한편, 대부분이 한족으로 구성되어 있는 가운데 회족이 0.4퍼센트를 차지하며 살고 있는 서안은 특히 밤의 회족거리의 종루를 중심으로 붙야

---

2   사진 인용에서 출처가 없는 것은 필자의 촬영본.

성을 이루고 있었다. 특히 인상적인 점은 양고기 굽는 냄새, 사람 몸통만한 빵 등이 즐비한 큰길가의 가게들은 하나의 통로가 되어 갑작스런 중국 서안에서 서역 이방인의 깊숙하고 신비로운 신세계로의 터널로 인도하는 듯 보였던 것이다.

3. 秦始皇과 兵馬俑坑

답사 기행문을 쓴다는 점에서 특별히 이번 답사의 목적이자 일생에 한 번은 가봤으면 하는 진시황릉과 병마용(兵馬俑)을 언급하지 않을 수 없다. 의외로 진시황릉은 실존한다고는 하지만 현재로써는 보지 못 하는 곳이다. 발굴이 아직 마무리가 되어 있지 않다거나 이미 도굴이 되어 볼거리가 없다든지 하는 여러 설이 있는 가운데, 무엇보다 개인적으로 수은의 강이 과연 존재했는지 황릉의 입구라도 보고 싶은 욕구를 자제하기 힘들어 아쉬움으로 남았다. 한편, 병마용(兵馬俑)은 병마용이 묻힌 갱에서 발굴이 되었다.

[세계적인 문화재로 인정받고 있는 중국(中國) 서안(西安)의 진시황(秦始皇) 兵馬俑 제2호坑에 대한 기초발굴작업과 완전 발굴후 전시를 위한 준비작업이 이미 완료되어 내년 봄에 전면적인 발굴 작업에 착수하게 될 것이라고 홍콩의 중국계 신문인 大公報가 보도했다(1991.11.9.). 제2호 갱은 1호 갱에서 약 20m 떨어진 곳에 6천㎡의 면적을 차지하고 있는데 기초발굴 작업 결과 戰車와 기병(騎兵) 및 보병(步兵)이 동쪽을 향해 혼합된 진용을 갖추고 있으며 무사들의 자세와 토용(土俑)을 만든 기술이 1호 갱에서 발굴된 것보다 훨씬 훌륭하고 정교한 것으로 밝혀졌다고 말했다. 大公

한자의 기원에서 통일과 완성

報는 2호 坑에서 木質戰車 89량과 대형의 陶質戰車兵俑 2백61개, 전차를 끄는 陶質의 말(馬俑) 3백56필, 안장을 채운 馬俑 1백16필, 보병(步兵)俑 5백62개, 기병(騎兵)俑 1백16개와 기타 수 많은 금속 병기가 출토됐다고 밝혔다.]³

[사진 2] 병마용1

병마용갱은 중국뿐만 아니라 전세계에서 모여드는 사람들이 많은 만큼 그 스케일에서 압도당하는 것은 물론 섬세하고 살아있는 듯한 리얼한 근육질의 병마용의 입체성은 시대를 앞서간 과거를 다시 생각하게 한다. 특히 [그림 3]은 병마용이 발굴된 직후의 선명한 채색이 인상적인 모습들로 지금의 무채색의 병마용과는 대조를 이루면서 병마용의 만듦새에 다시 한 번 감탄하게 한다.

---

3   https://v.daum.net/v/19911109122000113

[그림 3] 채색 병마용   [사진 4] 병마용2

    그런데, 2년 전 정주의 타는 여름을 경험해 무척 더우리라 예상한 서안은 의외로 견딜 만 했으나 남녀노소, 어른아이할 것 없이 늘어선 행렬에 현기증이 돌 만큼 작렬하는 태양을 오래 마주해야 했다. 이러한 현실은 한편으론 [사진 4]의 병마용갱을 가득 채우고도 남은 인파들로 북적한 정신없는 사진에서도 보이듯이 중국 어린이들이 상당수였다. 진시황의 병마용이라는 흥미로운 주제여서 많은가 했지만, 가족 단위에 섞여진 어린아이들을 보고 중국인들의 역사 교육이 가정 교육에서부터 철저하다는 것이다. 그들의 자부심은 면면이 이어온 역사와 더불어 가정교육의 철저한 역사관의 되물림에서 비롯된 것이리라.

4 주원(周原)유적지와 서안반파박물관(西安半坡博物館)

넷째 날의 여정은 주원유적지와 서안반파박물관이 주된 여정이다. 주원유적지[4]는 각주로 잠시 설명을 곁들이고 반파박물관으로 넘어가기로 하겠다.

[사진 5] 西安半坡博物館

[사진 6] 인면어

[사진 7] 반파도기인면어

서안반파박물관은,

[시내에서 동쪽으로 6km 떨어진 반파 박물관은 기원전 6700~5000년까지 모계 사회로 추정되는 공동체 유적이 발견된 곳이다. 가옥 50여 채와 가축우리, 170여 기의 성인 묘, 70여 기의 유아

---

4   중국 서주(西周 : BC 1111~771) 초기의 문화유적지로 일찍이 전한 때부터 이곳에서 서주 때의 동기가 출토되었으며… 20세기에 출토된 서주 시기의 동기는 500여 점에 달하며, 궁궐터, 골기 제작터, 많은 청동기가 들어 있는 움막이 발견되었다. 평추 궁궐터의 움막에서는 300개에 달하는 갑골과 은(殷)의 선왕에게 제사지낼 때 사용한 각사가 발견되었다. 이것으로 주대 초기 은나라와의 관계를 살펴볼 수 있게 되었다. https://100.daum.net/encyclopedia/view/b19j3619a 다음백과

묘가 발굴되었고, 집터와 묘역 등 발굴 현장을 보존하기 위해서 지붕을 돔으로 덮었다. 중앙에 화로를 설치한 신석기 가옥과 축사 등을 가까이서 볼 수 있다.

특히 이 시기는 산시 성 일대에 채색 토기로 대표되는 양사오 문화(仰韶文化)가 발달했다. 현재 산시 역사 박물관에 있는 '인면어문분(人面鱼纹盆)'이 바로 이곳에서 출토된 양사오 문화의 대표 유물이다. 이곳 박물관에도 채색 토기를 비롯해 낚시 도구, 뼈바늘, 농기구 등이 전시돼 있어, 고고학에 관심이 있다면 둘러볼 만하다.][5]

일반인이 흥미를 느낄 요소가 적어서인지, 이곳을 찾는 여행자의 발길은 뜸한 편이다. 그러나 언어에 조금이라도 관심이 있는 사람이라면 알파벳과 같은 토기 파편에 새겨진 글자의 유형이 반파에 살고 있던 그 당시 사람들의 자의적이고 사회적인 표기 수단으로 쓰였을 거라는 추정적 상황에 흥미를 감추지 못할 것이다. 표기뿐만 아니라 [사진6, 7]과 같은 반파도기에 새겨진 인면어를 비롯한 기호들이 반파에 보편적으로 쓰였을 것을 생각하면 소통의 방법이 시대에 비해 진보적인 도구로 사용되었지 않나 유추된다.

5. 보계(寶鷄)를 보면 중국을 다 본 것이다
-보계(寶鷄청동기박물관)

섬서성 서안을 중심으로 답사를 기획할 당시, 보계가 여정에 들어가 있는 사실에 의아함을 감추지 못했다. 하지만 보계청동기박물관에 와서

---

5   https://100.daum.net/encyclopedia/view/87XX77900753 다음백과

그 의문이 풀리고야 만다.

[중국'이라는 명칭이 최초로 나타난 것은 기원전 11세기 주나라의 청동기에 새겨진 글자다. 何尊(하준)이라는 귀족의 청동기([그림9)로 中國이 새겨져 중국명칭의 시초로 보고 있다. 문서상으로는 시경의 大雅民勞篇 중 "惠此中國, 以綏四方"이라는 구절의 '중국'이 가장 이른 기원이다. 이는 지리적 중심부, 즉 주나라의 수도 지역을 의미했다. 당시 '國'은 아직 '나라'의 의미를 갖지 않았다. 중원(中原), 중화(中華)라고도 했다. 주변에 비해 발달된 문명을 가졌던 자신들을 동이, 서융, 남만, 북적 등 주변 '오랑캐'와 구분하기 위해 쓰이는 경우가 많았다].[6]

[사진 8] 보계청동기박물관

[사진 8]의 하준 안에 새겨져 있는 한자가 [사진9. 10]에 있는 중국의 명칭의 유래이고, 주변의 인접하는 지역과 구분 또는 우월성을 나타내기 위해 가운데라 명시했다고 본다. 이런 역사적인 유물을 실질하는 사물로

6   https://namu.wiki/w/%EC%A4%91%EA%B5%AD/%EA%B5%AD%ED%98%B8 나무위키

본다는 것은 신기하면서도 더 없이 값진 경험이었다.

[사진9] 중국 한자 기원 1   [사진10] 중국 한자 기원 2

한편으로 중국의 기원이 된 명칭과 함께 인상적인 한자를 거론하자면 [그림 2]의 뺭이라는 한자이다.

[그림 2] 뺭(한자 이미지)[7]

섬서성 어디를 가더라도 식당이 즐비한 거리에는 [biangbiang] 내지는 [bbiiangbbiang]의 메뉴가 쓰여진 가게들을 볼 수 있다. 한국어로는 [뺭뺭], [뱡뱡]으로 불리는 면의 일종으로 허리때처럼 두꺼운 면발을 자랑하는

---

7   https://namu.wiki/w/%EB%B1%A1%EB%B1%A1%EB%A9%B4
     '비앙비앙면'이라고도 한다. 이런 표기는 완성형에서 뱌는 있으나 뱡은 존재하지 않아서 대안으로 표기하는 것이다.

음식인데, 한자의 기원은 [餠餠麵]에서 온 것이 아닐까 하는 설이 있다.

그런데 이 표기의 한자는 상기의 음소 표기가 거리에서 흔히 보이는 것에 비해 간판에 그리 많이 등장하지는 않았지만 세계 최다의 획수를 자랑하는 58획이라고 한다. 음식의 맛보다 기이한 한자의 이미지가 먼저 떠오르는 것은 한자의 기원과 통일을 완성한 섬서성 서안이라서가 아닐까 한다.

여담으로 이 한자를 접한 지 한 달 만에 일본을 갈 일이 있었는데 대중적인 중국 음식점에서도 이 한자의 표기가 있는 간판을 보고 아는 만큼 보인다는 극히 일반적인 진리를 깨달은 에피소드로 남는다.

중국의 기원이 된 한자와 더불어 가장 인상에 남았던 한자라 할 수 있다. 섬서성 서안 일대의 한자 답사를 통해 무엇을 보더라도 무엇을 먹더라도 즉, 역사와 문화 전반에 걸쳐 한자 스토리가 언제나 풍성했으며 지금도 이어지는 스토리 속에 살아있는 한자의 중심으로 자리매김한 사실을 입증할 수 있었다.

5. 여정의 마지막

[사진 11] 보계 야경

답사의 마지막밤은 보계에서였다. 반파박물관으로 이번 일정을 마무리하고 다녀오는 길에 오쿠라, 스네이크 빈즈 등 남국의 향기가 물씬 풍기는 현지 채소가 쌓여 있는 로컬마트에서 중국 4대 명주인 서안의 대표적인 봉황형 백주 [서봉주]를 현지인 가격으로 품에 안으며 중국의 역사와 한자의 기원과 완성을 이룬 곳에서, 현재의 이질적인 모습이 대비되는 보계의 야경으로 여정의 마지막 발길을 멈췄다.

한자의 기원에서 통일과 완성

2

화청지(華淸池)에 담긴 역사의 교훈

박준원

한국한자연구소에서 기획하는 네 번째 "동아시아 문명로드" 답사 <한자의 기원에서 통일과 완성-섬서성 서안 일대>에 일원으로 참가했다. 이번 투어를 통해서 한자문명의 기원에서부터 발전되어가는 과정을 섬서성 서안지역의 청동기 유적지를 방문하며 체험할 수 있었다. 답사를 기획하신 분들이 매우 세밀하게 동선을 짜놓으셔서, 가는 곳마다 놀라운 한자발전의 역사적 현장을 확인할 수 있는 기쁨을 누릴 수 있었다. 당연히 이번 투어에 참가한 모든 참가자들은 이구동성으로 탄성과 함께 행복감을 만끽했다는 전언을 알려오고 있다.

1. 당 현종과 양귀비의 사랑을 읊은 한시 <장한가(長恨歌)>의 무대 화청지

나는 한문고전문학을 전공해서인지, 이번 투어에서 당 현종과 양귀비의 사랑을 노래한 <장한가>의 배경이 되는 화청지에 유난히 관심이 있었다. 화청지는 섬서성 서안시 임동구에 위치하고 있다. 당태종은 정관 18년(644)에 이곳에 궁전을 세우고 온천궁이라고 명명하였다. 그러나 화청지가 이름을 날리게 된 것은 바로 당 현종과 양귀비가 있었기 때문이다. 현종은 거의 매년 10월이 되면 이곳을 방문하여 양귀비와 사랑을 나누고 연말에야 장안으로 돌아왔다.

백거이의 <장한가>에서는 당나라 현종과 양귀비의 사랑이 아름다운 로맨스로 그려지고 있으나, 사실 현대적 시각에서 볼 때 양귀비와 현종의 사랑은 불륜이었다. 양귀비는 원래 현종 아들의 부인으로 간택될 여자였다. 즉 며느리가 될 여자를 현종은 천자의 권위를 명분으로 빼앗은 것이다. 본래 명군의 자질을 가지고 양귀비를 만나기 전까지 어질고 현명한 군주로 천하를 모범적으로 통치하고 있던 현종은, 양귀비와의 사랑에 빠진 후 경국지색(傾國之色)이라는 사자성어처럼 당나라의 정사를 크게 그르치고 말았다. 결국 안록산이 반란을 일으켜서 내전이 일어나고, 당나라는 혼란의 격랑에 휩싸이게 된다. 오랜 기간 동안 관군과 반란군 사이에 끝없는 대립과 전투가 이어져서, 수십만의 백성들이 전쟁의 와중에서 목숨을 잃었다. 화청지는 바로 이 두 사람이 격정적인 사랑에 빠져 국가의 운명을 바꾸어버린 문제의 장소이다.

화청지의 내부유적을 간단히 살펴보면 다음과 같다.

1) 당어탕(唐御湯): 당어탕 유적은 당 현종과 양귀비의 발자취가 아직까지 남아있는 곳이다. 지금도 이들이 사랑을 나누던 목욕탕들이 현존하고, 이 건물의 벽에는 두 연인의 사랑을 주제로 한 많은 이야기들이 그림으로 그려져 있다.

2) 부용호(芙蓉湖): 부용호는 당나라 황실정원의 양식으로 축조된 호수로, 서안에서 가장 큰 규모를 가지고 있다. '부용(芙蓉)'이란

한자의 기원에서 통일과 완성

이름의 의미처럼, 마치 한 떨기 연꽃과 같이 아름다움과 우아함을 뽐내고 있다.

3) 구룡호(九龍湖): 구룡호는 1959년에 인공으로 건설된 호수로 현재 두 개의 호수로 분할되어있다. 호수의 동쪽 제방은 돌로 쌓아서 화려하게 꾸며져 있고, 호수를 가로질러 각종 문구가 새겨진 자연바위들이 남아있어 수려한 필체를 확인할 수 있다.

이렇게 빼어난 경관을 자랑하는 화청지의 여러 유적 중에서 나의 호기심을 자극한 것은 화청지 배후에 있는 여산(驪山)이었다. 케이블카가 수시로 바쁘게 운행되는 제법 규모가 큰 여산은 지금도 현지에서 공연되는 현대악극인 <장한가무>라는 악극의 무대 배경으로 직접 사용되기도 한다. 그런데 이 여산에는 중국의 고대사에 등장하는 가장 유명한 봉화대가 있다. 바로 주나라의 폭군 유왕(幽王)의 부인 포사(褒姒)와 관련된 봉화대이다.

포사는 원래 포(褒)나라의 여인이었다. 그녀는 버려진 아이처럼 자라다가, 타고난 미모 때문에 주(周)나라 유왕(幽王)에게 바쳐졌다. 유왕은 바로 이 포사에게 홀려서 아들 백복(伯服)을 낳았다. 그러나 포사는 평소에 웃음이 없었다. 포사에 깊이 빠진 유왕은 어떻게 해서든지 그녀를 기쁘게 해서 활짝 웃게 만들고 싶어졌다.

그러던 어느 날 위급한 상황에서 올려야하는 바로 이 여산의 봉화가 실수로 올라와서, 각 지역의 제후들이 긴급하게 출동하는 일이 벌어졌다. 그러나 허겁지겁 달려온 이들은 외적이 침입한 것도 아닌데 봉화가 잘못 올라간 것을 알고, 황당한 표정을 지으면서 다시 돌아 갈 수밖에 없었다. 그러자 이제까지 웃음이 없었던 포사는 이 광경을 보고 박장대소하면서 화사하게 웃음을 터뜨렸다.

이를 본 어리석은 유왕은 완전히 맛이 갔다. 그는 포사를 다시 웃게 하려고, 매일 거짓 봉화를 올리게 했다. 천하를 통치하는 천자로서는 도저히 있을 수 없는 해괴한 행동이 자행된 것이다. 그러나 이러한 유왕의 의도를 알게 된 제후들은, 점점 봉화가 올라와도 출동하지 않게 되었다.

이렇게 포사에 깊이 빠져든 유왕은 기존의 태자인 의구(宜臼)를 폐하고, 포사의 어린 아들인 백복(伯服)을 태자로 세웠다. 의구는 어머니인 신후(申后)와 함께 외가인 신(申)나라로 탈출했다. 기원전 771년 신후의 아버지인 신나라 국왕은 여(呂)나라와 견융족(犬戎族) 등과 연합하여 주나라로 쳐들어왔다. 다급해진 유왕은 서둘러 봉화를 올렸으나, 제후들은 또 다시 자신들을 속이는 것으로 알고 아무도 출동하지 않았다. 유왕은 급히 피난길에 나섰지만, 도중에 견융족에게 사로잡혔고, 결국 화청지 뒷산인 여산에서 태자 백복과 함께 살해되고 말았다.

우리에게는 이솝의 '양치기소년'으로 잘 알려진 유명한 비극적인 우화가 수천 년 전에 실존했다니, 정말로 흥미로우면서도 안타까운 역사이다. 그 역사의 현장이 바로 화청지 여산의 봉수대인 것이다.

2. 잘못된 역사는 반복되는가? 은(殷)나라 패망의 교훈
- 은감불원(殷鑑不遠)

주나라 유왕처럼 경국지색에 빠져 나라를 위기로 몰아넣어 스스로 죽음을 자초한 군주는 이전에도 이미 여러 명이 있었다. 하(夏)나라의 걸(桀)왕과 은(殷)나라의 주(紂)왕이 그 대표적인 인물이다. 걸왕은 말희(妺嬉)라는 여인에 빠져 술로 만든 연못과 나무에 고기를 걸어두는 향락(酒池肉林)을 즐기다가 은나라를 건국한 탕(湯)왕에게 죽임을 당했다.

은나라도 마지막 왕인 주왕이 음란한 미녀에 빠져 패망의 길로 접어들게 된다. 주왕은 원래 지혜와 용맹을 겸비한 어진 임금이었다. 그를 퇴폐적인 군주로 만든 것은 정복한 오랑캐의 유소씨국(有蘇氏國)에서 공물로 보내온 달기(妲己)라는 희대의 요부였다. 주왕은 그녀의 환심을 사기 위하여 막대한 국고를 낭비하여, 큰 유원지와 별궁(別宮)을 지어놓고 많은 들짐승과 새들을 길렀다. 그리고 이곳에서 매일 하루 종일 술을 마시고 음란한 행동을 일삼았다. 결국 그는 이를 말리는 충신들을 포락지형(炮烙之刑; 기름칠한 구리기둥을 숯불 위에 걸쳐 놓고, 죄인을 그 위로 걸어가게 하던 형벌)으로 다스리는 폭군이 되고 말았다.

주왕의 포학함을 말리다가 많은 충신들이 목숨을 잃었다. 왕의 보좌역인 삼공(三公) 중 구후(九侯)와 악후(鄂侯)는 처형당하고, 서백(西伯; 이어서 세워진 주나라 문왕)은 유폐되었다. 서백은 이 때 다음과 같이 간언을 했다고 한다.

600여 년 전의 은나라 시조인 탕(湯)왕에게 정벌당한 하나라의 마지막 군주인 폭군 걸왕을 교훈으로 삼아서, 그와 같은 전철(前轍)을 밟지 마십시오.

하나라의 마지막 왕인 걸왕의 폭정과 은나라 주왕의 폭정은 어쩌면 이렇게 판박이처럼 똑같을까? 잘못된 역사는 반복되는가? 그러나 은나라 주왕은 서백이 올린 충언을 귀담아듣지 않고 포악한 정치를 계속했다.

이때에 서백이 했던 간언(諫言)은 『시경(詩經)』 대아(大雅)편 <탕시(湯詩)>에 수록되어 있다.

은나라 주왕이 거울로 삼아야 할 선례는 먼데 있는 것이 아니라(은 감불원[殷鑑不遠]), 바로 하나라 걸왕 때에 있다네.

이들 삼공에 이어 미자(微子; 주왕의 친형), 기자(箕子; 주왕의 친족), 비간(比 干; 왕자) 등도 계속 간언을 했다. 주나라의 역사와 문물을 존숭하던 공자 는 『논어(論語)』에서 이들 세 명의 충신들을 다음과 같이 칭송했다.

미자는 떠나가고, 기자는 노예가 되고, 비간은 간언을 하다 죽었 다. 공자가 말했다. "은나라에는 세 명의 어진 분들이 있었다."

그러나 이미 주색에 빠져 이성을 잃은 주왕은, 하나라 걸왕의 비극적 인 말로를 되돌아볼 마음의 여유가 없었다. 마침내 원성이 하늘에 닿은 백성과 제후들로부터 버림받은 주왕은 서백의 아들인 무(武)왕에게 멸망 을 당하고 말았고, 새로운 주나라의 역사가 시작되었다. 이 후 서백이 충 고한, '은나라 주왕이 거울로 삼아야 할 선례는, 먼데 있는 것이 아니다.' 라는 '은감불원(殷鑑不遠)'은 하나의 성어로 굳어졌다. 그래서 지금까지 거 울로 삼고 경계해야 할 전례(前例)가 멀리 있지 않다는 뜻으로, 다른 사람 의 실패를 자신을 되돌아보는 거울로 삼아야 한다는 의미로 자주 사용되 고 있다.

그러나 비극적 역사는 계속된다. 앞에서 살펴본 것처럼 은나라가 하

한자의 기원에서 통일과 완성

나라의 잘못된 전철을 밟았던 것처럼, 바로 주나라 유왕도 포사의 미색에 빠져 나라를 패망시켰으며, 결국 자신과 자식을 죽음의 구렁텅이로 몰아넣었다. 자신의 선조인 문왕이 그렇게 간절하게 경고하던 '은감불원'의 교훈을 망각하고 말았던 것이다.

이후 주나라는 태자 의구가 평왕(平王)으로 등극하여, 서안(西安)에서 낙양(洛陽)으로 천도를 하였다. 찬란한 서주(西周)시대가 저물고, 초라한 동주(東周)시대가 열린 것이다, 그러나 이후 주나라는 다시는 천자로서 권위를 유지하지 못하고, 주위의 제후국들에게 휘둘리는 나약한 존재로 몰락하고 말았다. 중국역사에서 가장 혼란한 시기인 이른바 춘추전국(春秋戰國) 시대가 개막된 것이다.

3. 다산(茶山)이 <고구려론(高句麗論)>에서 인용한 패망의 역사 - 은감불원(殷鑑不遠)

다산(茶山) 정약용(丁若鏞; 1762~1836)은 조선 후기의 유명한 개혁가이자 실학자이다. 그는 만주벌판을 호령하며 찬란한 문명과 거대한 국토를 가지고 있었던 고구려가 패망한 원인을 분석한 <고구려론>이라는 논설에서 다음과 같이 '은감불원'을 인용하고 있다.

고구려는 졸본(卒本)지역에 40년 동안 있다가 불이성으로 수도를 옮겼고, 그 곳에서 425년 동안 나라를 유지했었다. 이때에는 군사와 말들이 강성했고 영토를 넓게 개척했으며 하나라와 위나라 사이에서 중국이 여러 번 병사를 이끌고 쳐들어와도 이길 수가 없었다. 그러나 장수왕 15년에 수도를 평양으로 옮기고, 그 곳에서 239년 동안 나라를 유지하다가 망했다. 아무리 백성과 물산이 풍부하고 성곽이 견고했어도 평양천도는 결국 도움이 되지 못했으니, 어째서 이렇게 된 것인가?

압록강 북쪽은 날씨가 일찍 추워지고 땅이 몽고와 접해 있어서, 사람들이 모두 강하고 용맹했었다. 또 강한 오랑캐들과 섞여 살아서 사방에서 적을 맞이해야 했기 때문에, 경비가 매우 견고했었다. 이것이 고구려가 이곳에서 오래 견딜 수 있었던 이유였다.

반면에 평양은 압록강과 청천강의 남쪽에 있어서 산천이 수려하고 풍속이 유순하다. 그리고 백암성, 개모성, 황성, 은성, 안시성 등의 견고하고 거대한 진지들이 서로 이어져있고 앞뒤로 서로 연결이 되니, 평양사람들이 어찌 두려움이 있었겠는가?

그래서 당태종이 쳐들어왔을 때 고구려 장수인 고혜진과 고연수가 성을 바치고 항복해도 문책하지 않았고, 연개소문이 반란을 일으켜도 문책하지 않았으며, 안시성의 성주가 작은 성으로 당나라 100만 군사를 물리쳤어도 상을 주지 않았다. 이것은 다른 이유가 있는 것이 아니다. 믿는 것이 평양이었기 때문이다.

아! 평양이 그렇게 믿을 만한 것인가? 요동성이 함락되면 백암성이 위험하고, 백암성이 함락되면 안시성이 위험하며, 안시성이 함락되면 애주가 위태롭고, 애주가 함락되면 살수가 위태롭게 되니, 살수는 바로 평양의 울타리이다. 입술이 없어지면 이가 시리고, 피부가 벗겨지면 뼈가 드러나게 되는 법이니, 평양이 그렇게 믿을 만한 것인가?

중국의 진나라와 송나라는 남쪽으로 수도를 옮겨 천하를 빼앗겼으니, 이것은 '중국 은나라의 패망을 거울로 삼아 경계해야 할 일[殷鑑]'이고, 고구려는 남쪽으로 수도를 옮겨 나라를 빼앗겼으니, 이것은 동방인 우리나라의 잘못된 전철(前轍)이다. 경전과 병법 책에서는 다음과 같이 말했다.

한자의 기원에서 통일과 완성

"적국과 외부의 근심이 없는 나라는 망한다."

"죽을 곳에 놓여 진 후에야 살아난다."

다산은 고구려의 패망원인을, 척박한 만주 졸본지방에서 산천이 수려하고 물산이 풍부한 평양으로 천도한데서 찾았다. 편안한 곳에서 싹이 튼 나태함이 결국 고구려를 멸망으로 이끌었다는 것이다. 여기서 그는 은나라의 패망을 거울로 삼아 경계해야 할 교훈으로 '은감불원'이라는 패망의 역사를 인용하고 있음을 알 수 있다. 다산의 저술 속에 나타난 예에서 볼 수 있듯이, 이러한 이른바 '은감불원(殷鑑不遠)'의 교훈은 수많은 동양의 고전문학과 경전 속에서 '어리석은 실수를 반복하지 말라'는 메시지를 전달하는 대표적인 성어로 자주 등장하고 있다.

나는 이번 투어에서 화청지를 직접 유람할 기회를 가졌다. 그리고 이곳에서 <장한가>에 등장하는 당 현종과 양귀비의 강렬한 사랑의 발자취를 직접 보게 되는 행운을 누릴 수 있었다. 그러나 아름다운 화청지의 경내를 유람하는 내내, 수려한 자연풍광 속에 담긴 유왕과 포사의 반복되는 패망의 역사가 뇌리에서 벗어나질 않았다. 아직도 포사의 웃음소리가 귓전에서 맴도는 것 같다. 아, 은감불원! 정녕 잘못된 역사는 반복되는 것인가?

3

문자의 향기

– 그 숲을 거닐다

박헌걸

동아시아 한자문명로드라는 큰 제목부터 내 마음을 설레이게 하였다. 한자와 중국의 역사, 고고학, 그리고 서예의 학술적인 면과 출토유물과의 관계를 실제 답사하고 체험하는 일은 서예가의 길을 걷고 있는 나에게는 공부의 깊이를 더해주는 살아있는 교과서와 같다. 이전의 하남성 은허 갑골문 유지와 대만을 다녀오자마자 코로나19의 긴 터널을 지나온 이후의 첫 해외 여정이어서 더욱 그러했다.

우리 답사단은 8월 20일 새벽 시안 함양 국제공항에 안착하였다. 두 대의 전용 차량을 이용해서 예약된 호텔에 여장을 풀고 잠깐 잠을 청해야 했다. 습관적으로 켜놓은 TV 소리에 눈을 뜨니 중국의 아침이다. 호텔의 조식을 든든하게 먹고 본격적인 서안로드 답사가 시작되었다.

시안(西安)은 서쪽의 수도라는 뜻이다. 고대에는 장안(長安)으로도 불리었고 관중 평야의 한복판에 자리 잡고 있어 지리적 조건이 매우 좋다. 신석기시대 반파(半破) 마을에서 시작되어 청동기시대 기원전 12c 서주(西周) 왕조는 서북쪽 근교인 주원(周原)에 도읍을 정했다가 서남쪽 호경(鎬京)으로 옮겼다. 전국시대말(戰國時代末) 진(秦)나라가 함양을 수도로 삼아서 진시황이 천하를 통일하자 아방궁을 짓는 등 거대 도성으로 축성하였다. 한(漢)나라 때 지금의 서안에 도읍을 정하고 이름도 "자손들이 영원히 평안하기를 바란다(欲其子孫長安)"라는 소망을 담아 '장안'이라 하였다. 장안이 명성을 누리게 된 것은 수(隨), 당(唐) 때부터이다. 수도를 가리키는 대명사여서 더욱 친근함으로 다가왔다.

"장안이 화제다"라고 이야기할 때의 그 장안이다.

첫째 날 섬서성박물관(陝西省博物館)에서는 석고문(石鼓文)과 출토된 일부 병마용들, 채색된 작은 토용들도 있었고 토우, 토용들의 신체의 균형미가 아름다웠다. 당삼채 도자기, 사천왕상, 말을 타고 있는 당시 사람들 표정과 실루엣이 서역의 분위기를 자아낸다. 고대 중국의 복식 연구에 귀중한 사료(史料)이며 그 당시 장안은 이미 국제적 도시였음을 말해준다. 대당서시박물관(大唐西市博物館)에서는 해설 기계를 귀에 걸고 가이드의 안내를 따랐다. 전시실 초입에 여씨 향약에 대한 자료가 소개되고 있었다. 여씨사현(呂氏四賢)은 여대충(呂大忠), 여대방(呂大防), 여대균(呂大鈞), 여대림(呂大臨)이며 그 중의 여대림은 북송의 이학자이자 금석학자이며 저술가이기도 하다. 향촌을 교화 선도하기 위해 섬서성람전현(陝西省藍田懸)의 여씨 문중 4형제가 만든 자치규약이다. 규약의 내용은 덕업상권(德業相勸), 과실상규(過失相規), 예속상교(禮俗相交), 환난상휼(患難相恤)이다. 이는 후에 주자(朱子)에 의해 일부 수정되어 주자여씨향약(朱子呂氏鄉約)으로 조선 중기 우리나라에 도입되어 전국적으로 시행되었다고 한다.

서안에서 현재 유일하게 남아있는 당나라 건축물은 전탑(塼塔) 형식의 대안탑과 소안탑이다.

소안탑 어디선가 종소리가 들려온다. 은은한 울림에 이끌려 가보니 일행 중 두 분이 타종하고 있었다. 중국 돈 10위엔을 내면 3번 칠 수 있다 한다. 소안탑은 높이가 15층인데 위쪽 부분이 파손되어 있었다. 내부 개방은 하지 않았으며 '소(小)'임에도 불구하고 자태는 아담한 듯하면서도 모습은 작지 않았다. 다음날 일정은 진시황릉, 병마용, 화청지이다. 유네스코 세계문화유산으로 등재된 진시황릉은 서안시 동쪽 35Km 거리의 여산 자락에 위치해 있다. 오래전에 서안에 들렀을 때 진시황릉의 봉토 정상에 계단을 밟으며 올랐던 기억이 떠올랐다. 지금은 사방주변을 재정비하여 세계문화유산으로서 위용을 자랑하고 있다.

중국의 모든 관광지가 예약 필수제로 운영되고 있었다. 가는 곳마다 인산인해(人山人海)를 이루어 중국의 관광 내수가 살아나는 듯했다. 서안이 여행 관광도시로 더욱 특화되어 가고 있다는 느낌을 받았다.

서안에 오면 꼭 먹어보아야 하는 국수가 있다는데 '뺭뺭미엔'이라 불리운다. 면 모양이 넓적하면서 볶음 양념을 곁들여 비벼먹는 국수인데 병마용 입구 거리에 가게가 줄지어 있었지만 다음 여정을 위해 발길을 옮겨야 했다. 서안사람 말로는 서봉주가 중국 8대 명주에 속한다고 자랑하는데 저녁 만찬 때 식사와 함께 맛볼 수 있었다. 물과 음식이 맞지 않아 조심되어 편의점에 들러 요구르트를 사서 숙소로 돌아와 하루를 마감한다.

다음날 주원박물관(周原博物館)에서는 서주시대 청동기 발굴유물과 주(周) 왕조 때 만들어진 옥, 옥기, 도자 예술품 등 당시 사람들의 종교적 신념, 상징적 의미와 의식 세계를 반영한 다양한 예술품들을 볼 수 있었다. 또한 점을 칠 때 사용한 거북껍질과 짐승의 뼈 그리고 갑골문도 볼 수 있었다. 기산 남쪽 기슭의 기산현과 부풍현 일대를 주원(周原)이라 불렀으며 주초기(周初期)에 점을 기록한 갑골을 주원갑골(周原甲骨)이라 한다.

어느덧 마지막 날 보계청동기박물관(寶鷄靑銅器博物館)과 비림박물관(碑林博物館)을 둘러본다. 제일 기대해온 일정이다. 보계청동기박물관은 중국에서 가장 큰 청동기박물관 중 하나로 박물관 외관이 마치 거대한 신전처럼 보인다. 중앙에 둥글게 솟은 입체물은 물동이를 엎어놓은 밑부분이 연상되었고 멀리서 바라보니 청동기 외면의 도철문(饕餮紋) 같이 느껴지기도 했다. 간밤에 내린 비로 박물관은 젖어 있었다. 상(商), 주(周) 시대에 청동기는 상징미와 기호미, 조형미 등 중국 미학의 연대기적인 출발점이라 할 수 있다. 재부(財富)의 수단으로서 제사에 예기(禮器)로 사용되었다고 한다. 후대에 올수록 더욱 정교하고 대량으로 생산하는 구조로 발전되었다고 한다.

장반(墻盤), 산시반(散氏盤), 대우정(大盂鼎), 괵계자백반(虢季子白盤), 래반(來盤) 이궤(利簋) 등 주로 명문이 있는 청동기들을 사진으로 담았다. 눈에 띄는 것은 산시반과 대우정은 모조품으로 큼직하게 제작해서 관람객이 많이 다니는 곳에 두었는데 진품은 대만의 고궁박물원에 있다. 또 이궤(利簋)는 주(周) 무왕(武王) 시기 관리인 이(利가) 만든 것으로 명문(銘文) 중에 "무징상(武徵商) 주나라 무왕이 상나라를 정벌한 내용을 기록했다는 뜻"이란 글자가 새겨져 있어 무왕징상궤(武王徵商簋)라고도 불린다. 이궤는 특히 몸통과 사각 받침에 짐승 문양인 도철문, 기문, 다리에는 기문, 운뢰문이 장식되어 있다. 청동기 명문들을 금문이라고 하는데 서예 작품 제작에 즐겨 응용되는 서체로 조형미가 뛰어나다. 주물의 퍼짐이 둔탁한 듯하면서도 부드러움을 자아낸다. 박물관 로비의 상점에서 청동기 명문이 디자인된 기념품 에코백을 구입하였다.

비림(碑林)은 문묘(文廟)에 있는 비석박물관이다. 무슨 비들이 이렇게 많은지 비석의 숲이란 말이 어울린다. 석조문고(石彫文庫)라고도 하는데 역대명필들의 글을 새긴 석비 1095기가 소장되어 있다고 한다. 서예는를 우리나라는 서예(書藝), 일본은 서도(書道), 중국은 서법(書法)으로 표현하지만, 뜻은 상통한다. 입구를 지나면 비림현판이 걸린 전각(殿閣)이 나온다. 비림 본관 입구의 비림(碑林) 비(碑)자를 자세히 보면 비의 머리에 점이 찍혀 있지 않다. 이 현판은 청대 아편전쟁을 유발시킨 임칙서(林則徐)가 쓴 것이다. 실수로 획 하나를 빠뜨렸다고 한다. 전쟁이 패배로 돌아가자 서안 서쪽 신강 지역으로 유배되어 나중에 풀려 돌아오면 미쳐 찍지못한 점을 찍겠다고 약속했지만 끝내 병으로 돌아오지 못했다. 비碑의 자字 위에 한 획이 없는 것은 전통 서법을 따른 것이라는 설과 임칙서의 외세에 대한 저항의 의미가 담긴 것이라는 설도 있다. 정원 중간중간에 청대의 비를 보관한 팔각 누각이 있는데 안을 들여다볼 수는 없었다. 뒤편으로 7개의 전시실이 있다. 마당 큰 정자 안에 거대한 비가 있다. 그중에서도 석대효경(石臺孝經)은 크고 화려했다. 745년 당현종이 유교 경전인 효경에 주석을 달고 글과 글씨를 쓴 것이다. 먼저 온 중국 가이드가 글자 하나를 가리키면서 해설 중이었다. 잘 알아 들을 수 없었지만 특정 글자에 획이 하나 빠져있다는 설명이다. 이를테면 '민(民)' 자(字)가 있는데 민자의 마지막 획이 빠져있다는 것이다. '민(民)'자(字)가 당태종(唐太宗) 이세민(李世民)의 이름이기 때문에 황제의 이름자를 함부로 쓸 수가 없었다고 한다. 말없이 서 있는 비들이 세월의 무상함을 말해주는 듯하다. 제1전시실에는 개성석경이 있다. 당 문종 개성 2년(837년)에 유교 13개 경전을 새겨놓았는데 이를 돌에 새긴 이유는 여러 경전 간에 착오를 바로잡는 표준으로 삼고자 한 것이다. 제2전시실에는 대진경교유행중국비(大秦景敎流行中國碑)로 이 비문에는 로마제국에서 이단으로 쫓겨난 크리스트교의 일파인 네스토리우스교가 당나라에 전해진 과정이 상세히 소개되고 있어 고대 동서 교류의 단면을 볼 수 있다. 제3전시실은 초서의 대가 장욱(張旭)의 단천자문(斷千字文), 두통첩, 순화각첩선등 제4전시실은 석각도화(石刻圖畫)인 관제시죽과 북송시인 소식의 귀거래사, 그의 글씨를 집자하여 새긴 비와 미불사조병시비(米芾四條屏詩碑), 조전비(曹全碑)가 있다. 특히 댓잎 편지로 유명한 관제시죽은 관우가 조조에게 붙잡혀 있으면서 변함없는 자신의 충성심을 몰래 표현한 죽엽그림 편지이다. 옆 가이드가 손가락으로 댓잎의 글씨를 따라 쓰는 모양을 보고 글자로 알아볼 수 있었다. 중국인들의 기발한 기지와 운치가 배어있는 듯 하다.

댓잎에 숨긴 오언절구는 다음과 같다.

불사동군의(不謝東君意)
단청독립명(丹靑獨立名)
막혐고엽담(莫嫌孤葉淡)
종구불저령(終久不凋零)

"동군(조조)의 호의에 감사할 마음은 없습니다. 단청의 화려함으로 홀로 이름을 세울 것입니다. 나뭇잎(관우)의 퇴색함을 싫어하지 마십시오. 끝내 시들어 떨어지지 않을 것입니다".

한 켠에는 즉석에서 비를 탁본하는 모습을 재현해주는 곳이 있는데 말끔히 치워져 있었다. 장욱(張旭)이 쓴 초서 천자문도 있는데 광초(狂草)로 유명하다. 그는 이백과 술을 거나하게 마시고 이백이 중얼거리는 시를 그 자리에서 초서체로 받아 썼는데 그 다음 날에 무엇을 썼는지 못 알아봤다는 이야기도 전해진다.

조전비(曹全碑)는 후한시대의 예서의 전형이라 할 수 있다. 조전이란 인물의 공적을 새긴 비로 명나라 만력년간(萬曆年間)에 출토될 당시 결자(缺字)가 하나도 없었다고 한다. 아름답고 정제된 결구 전아하고 여성적이며 수려한 서체미(書體美)가 있어 서예 학인들이 많이 법첩으로 학습하고 모사한다. 유리 진열장 속이지만 마치 유재(油材)를 발라놓은 듯 매끄럽다. 석질은 단단한 오석(烏石)이라 비신(碑身)이 정갈하였다. 1400여 년 가까이 사람의 눈에 띄지 않아 풍우에 노출되지 않은 채 흙 속에서 잠을 자서 그런걸까?

석각 예술실은 서한에서 당나라까지 돌로 만든 조각들이 전시되고 있다. 그 앞마당에는 수십 개의 석주가 세워져 있는데 실크로드 교역 당시 대상들이 낙타의 고삐를 매어둔 곳이라고 한다. 석주 머리의 모양도 다양하며 고삐를 묶어 놓았던 돌이 달아서 움푹 들어간 흔적도 있었다. 전시실로 가는 길옆 담장이나 전각, 비랑 벽면에도 이름 모를 비와 묘지명을 붙여 놓았다. 안으로 들어서면 노자 석상이 반겨주고 무덤을 지키던 석물 비의 머릿돌, 석등, 석관, 돌짐승 화상석 등을 만날 수 있다. 박물관 밖으로 나오니 반구(半球)형 연못이 있다. 공자는 "나는 평생 얻은 지식은 원형이 채 되지 않는다."고 하며 문묘 입구에 반원형 연못을 만들었다고 하는데 답사단은 여기에서 기념 촬영을 하였다. 문물천지(文物天地)의 서원문 거리로 나섰다. 문방사우와 서화 책자, 고미술품, 공예품 등이 진열되어 있었다. 즉석에서 부채작품을 제작하여 판매하기도 한다. 너무 덥고 한낮이라 한적하였다. 한 상점에 들러 선물용으로 붓과 먹을 구입하였다.

한자의 기원에서 통일과 완성

그동안 틈틈이 익혔던 한어(漢語) 실력이지만 흥정할 때는 오체(五體)가 다 동원되었다. 돌아 나오는 길에 쇠로 만들어진 가로수 보호용 덮개가 보였다. HISTORICAL CULTURAL DISTRICT(비림문화역사지구) 영어로 쓰여져 있는데 서예의 기초 획인 영자팔법(永字八法)과 한자가 투각되어 있었다. 이런 공공기물에 한자와 한어의 자부심을 새겨놓은 것을 보니 놀라웠다. 우리나라도 한글의 우수성과 조형미를 외국 관광객들에게 알리고 사소한 곳에서도 자긍심을 느낄수 있었으면 하는 바람이다.

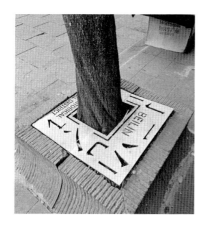

대당불야성(大唐不夜城) 대안탑(大雁塔) 거리다. "야불폐호로불습유(夜不閉戶路不拾遺) 밤에는 문을 닫지 않고 길에서는 남이 버린 물건은 줍지 않는다" 당나라의 태평성세(太平盛世)를 일컫는 말이다. 당의 황금기의 분위기를 잘 느낄 수 있도록 조성되어 있고 위대한 당나라에 밤이 오지 않는 거리라고 한다. 불빛이 화려하다. 당시의 복장을 한 젊은이들이 삼삼오오 짝을 지어 지나간다.

이제 일상으로 돌아간다. 생활 속에서 내가 보는 것과 만나는 것과 기억하는 것들이 정체되거나 가끔 무료하거나 한계를 느낄 때가 있다. 여행은 체험으로 진화하게 하며 나를 찾아서 다시금 나를 알게 한다. 이번 고대 한자문명의 탐방으로 얻은 새로운 지식과 정보 그리고 기운으로 나의 서화 작품이 재탄생되는 계기가 될 것 같다. 늘 공부하는 서예가의 삶으로 살아가리라.

4

청동기, 토기, 돌에 기록된 문자
그리고 역사

– 주원박물관(周原博物館), 보계청동기박물원(寶雞靑銅器博物院),
서안반파박물관(西安半坡博物館), 비림박물관(碑林博物館)을 중심으로

신근영

우리는 과거에 일어났던 사실들을 기록을 통해 접하게 된다. 이를 역사라 한다. 문자로 기록을 남긴 시기를 역사시대, 문자를 사용하기 전을 선사시대라고 하는 것도 바로 이 때문이다. 문자가 기록되는 방식에는 여러 가지가 있다. 그중에서도 요즘은 과학 기술의 발달로 새로운 도구가 생겨나기도 했다. 학교에서 강의를 하다 보면 이전과 다르게 학생들이 아이패드(ipad)에 다수 필기를 한다. 기록하는 도구가 시대별로 변화해 가는 것을 여실히 볼 수 있다. 고대에는 동굴에 그림을 그려 벽화로 기록을 남겼고, 토기에도 무언가를 기록하기 위해 문자부호가 남겨져 있다. 이어서 점을 치기 위해 동물의 뼈와 거북 배껍질에 기록한 갑골문, 그리고 죽간에 더욱 체계를 갖춘 문자가 기록되었다. 그로부터 현재까지 문자를 기록하는 도구는 끊임없이 발달 및 변화하고 있다.

이번 경성대학교 한국한자연구소에서 진행한 동아시아 한자문명로드 답사는 섬서성 서안 일대를 중심으로 "한자의 기원에서 통일과 완성"

이란 주제로 진행됐다. 한자 기록이 남겨진 여러 박물관들을 방문하였다. 그중에서도 가장 인상 깊은 곳은 섬서성 주원박물관(周原博物館)과 보계청동기박물관(寶雞靑銅器博物院), 서안반파박물관(西安半坡博物館), 비림박물관(碑林博物館)이다. 이곳에서 발견한 것은 문자를 기록한 도구가 죽간도 종이도 아닌 청동기, 토기, 돌이었다. 청동기, 토기, 돌에 남긴 문자들이 현재까지 보존되어 그 안에 기록된 그 시대의 역사가 다시 살아나는 것만 같았다.

섬서성 주원박물관(周原博物館)은 주원 유적의 대규모 고고학 발굴을 기반으로 설립된 특별한 주제 박물관이다. 섬서성 보계시(寶鷄市)에 있으며 이곳은 청동기 유물들이 지속적으로 발견되고 있다. 그래서 이곳을 청동기의 고향으로 불리기도 한다. 청동기 유물 중에 가장 인상 깊었던 것은 바로 서주 왕조 장반(西周墻盤)이다.

장반(墻盤)[1]

장반(墻盤)은 해외에서 전시가 금지된 최초의 중국 문화 유물 중 하나라고 한다. 이 장반의 안쪽을 살펴보면, 빼곡히 문자가 284자 기록되어있다. 이 문자는 서주 시대의 역사를 기록하였다고 한다. 이 때문에 장반은

---

1   출처: http://www.360doc.com/content/11/0527/09/1688451_119696154.shtml

'사장반(史牆盤)'으로도 불린다. 사장반은 중국 섬서성 보계시 부풍현(扶風縣)에서 1976년에 발굴되었다. 이 장반에 기록된 주왕(周王)의 정치적 업적은 사마천의 '사기(史記)·주본기' 내용과 큰 일치를 보인다고 하니 놀라지 않을 수 없다. 사기에 기록된 위씨(微氏) 가문의 발전사에 대한 내용은 기존의 문헌에서 찾아보기 힘들었는데, 장반을 통해 이러한 공백을 메워주는 중요한 역사적 자료로서 중요한 역할을 한다는 것이다. 역사는 이러한 문헌이 발견돼야만, 사실로 간주된다. 곧, 증거가 있어야만 사실이란 걸 입증할 수 있는 것이다. 실존했던 사실이지만 사람들의 입으로만 전해지는 사실일지라도 증명할 자료가 없다면 역사로 볼 수 없기도 한다. 위 씨(微氏) 가문의 발전사 또한 전설 속의 이야기로 전해질 수도 있었을 것이다. 하지만 장반(牆盤) 안에 적힌 글로 위씨 가문은 전설이 아닌 역사로 남게 되었다. 아래 사진은 전설을 역사로 만들어 낸 장반 안에 새겨진 명문(銘文)이다.

장반(牆盤) 안에 새겨진 명문(銘文)[2]

2   출처: https://mp.weixin.qq.com/s?__biz=MzA3MjQ1NTMxNw==&mid=

장반(墻盤) 안에 기록된 명문(銘文)을 보면, 전반부와 후반부로 크게 나눌 수 있다. 전반부의 내용을 살펴보면, 주(周)나라의 문왕(文王), 무왕(武王), 성왕(成王), 강왕(康王), 소왕(昭王), 목왕(穆王) 및 당시의 왕인 공왕(共王)의 공적을 찬양하고 있다. 후반부의 내용에서는 장반을 소유한 위 씨(微氏) 가문 선조(先祖)들의 공헌에 대한 내용을 기록하며 자신의 충성심을 표현하고 있다. 이러한 사실은 사기에 기록되어 있지만 문헌에서 찾아 볼 수 없었던 것이다. 하지만 사기 기록과 일치하는 걸 통해 사기의 역사적 정확성을 증명할 뿐만 아니라 주(周)나라 역사 연구에 있어 매우 중요한 유물로 볼 수 있다. 박물관에서 장반(墻盤)을 본 후, 역사를 보는 시선이 달라졌다. 후대에 계속 이어져 전해지는 사실인 역사는 어딘가에 기록이 되어있을 것이고, 그 역사는 사실이 되기 위해 누군가의 발견을 기다리고 있지 않을까 하는 생각이 들었다.

이러한 유물로는 또 래반(逨盤)이 있었는데, 보계 청동기 박물관(寶雞青銅器博物院)에서 볼 수 있었다. 섬서성 보계 청동기 박물관(寶雞青銅器博物院)은 중국의 국가 1급 박물관이다. 이 곳에서는 중국의 청동기 시대의 문화와 역사를 볼 수 있다. 이 박물관은 1956년에 처음 설립되었으며 중국 내에서 가장 큰 청동기 박물관 중 하나이다. 래반(逨盤) 또한 장반(墻盤)과 마찬가지로 국외 반출 금지된 문물이다. 래반(逨盤)의 바닥에는 21행, 약 360자의 글자가 새겨져 있는데, 선씨(單氏) 8대가 서주(西周) 12명의 왕(주 문왕(文王)부터 주 현왕(玄王)까지)을 도와 다스린 역사를 기록하고 있다. 아래

2652895912&idx=3&sn=60d622e35ff47564f43039a3a52d04d9&chksm=84f55f52b382d644ef8f1e706788cd516680620af657891f226d23817c0fa9019dd89b285946&scene=27

사진은 래반(逨盤)이며 그 형태가 장반(墙盤)과 매우 유사하다.

래반(逨盤)[3]

래반(逨盤)과 장반(墙盤)이 만들어진 시기도 사람도 다르지만 그 안에 기록된 명문의 내용과 작성 방식은 같다. 너무나 놀랍고도 재밌는 사실이다. 이러한 예는 또 성경에서도 찾아 볼 수 있다. 성경 66권이 모두 한 저자와 한 시기에 작성된 것은 아니지만 그 내용 중에서 예수라는 한 인물에 대한 증언과 내용이 모두 일치한다는 사실이다. 동서양을 막론하고 역사라는 사실은 시기와 사람을 초월해서 기록으로 남게 된다는 것을 잘 보여주는 것 같다. 아래 사진은 래반(逨盤) 안에 새겨진 명문(銘文)이다.

---

3   출처: https://baike.baidu.com/item/%E8%A5%BF%E5%91%A8%E9%80%A8%E7
%9B%98/6207421?fr=ge_ala

래반(逨盤) 안에 새겨진 명문(銘文)[4]

래반(逨盤)과 장반(墻盤)의 다른점을 살펴보면, 만들어진 시기가 다르고 만든 사람도 다르다 보니 당연히 차이를 가질 수 밖에 없다. 크기 측면에서 래반(逨盤)이 장반(墻盤)보다 크다. 그리고 래반(逨盤)의 글자수는 장반(墻盤)보다 70여자가 더 많다고 하는데, 이는 3대 왕에 대한 내용을 더 기록해서라고 한다. 또한 사진에서 보면 알 수 있듯이 장반(墻盤)의 명문은 좌우로 나뉘어져 있고, 래반(逨盤)은 전체적으로 하나로 작성되었다.

이렇게 청동기에 남겨진 문자를 통해 그 시대의 역사가 되살아 나는 경험을 할 수 있었다. 그로 인해 문자와 역사와의 관계에 대해서 깊이 생각해 보게 됐다. 또한 금문에 대한 매력에 빠지게 되었다. 금문은 한자로서의 연구적 가치가 높을 뿐만 아니라 예술 디자인적으로도 얼마든지 확장될 수 있을 거란 생각이 들었다. 상형문자의 매력이 그림인지 글자인지 구분이 안 갈 정도로 예술적으로 아름다웠다. 이러한 매력에 흠뻑 취해

---

4   출처: https://baike.baidu.com/item/%E8%A5%BF%E5%91%A8%E9%80%A8%E7%9B%98/6207421?fr=ge_ala

답사 후 한국으로 돌아와서 서예를 배우기 시작하게 되었고, 이것이 나의 여생에 큰 수혜와 같을 것이다.

주원박물관(周原博物館)과 보계청동기박물관(寶雞青銅器博物院) 외에도 매우 흥미로운 곳이 있었는데, 바로 서안반파박물관(西安半坡博物館)이다. 반파박물관은 국가 1급 박물관으로 선사 유적을 전시하고 있다. 약 6000년 전의 신석기 시대 양소 문화(仰韶文化)의 유물들이 있어서, 중국 황하(黃河) 유역 신석기 시대 문화를 엿볼 수 있었다. 특히 관심있게 봤던 유물로는 토기 위에 기록된 한자 이전의 문자부호였다. 토기를 제작하고 토기에 기록을 남겼다는 것도 매우 흥미로운 사실인데, 그 남긴 기록이 일정한 형태를 갖추고 의미를 내포하고 있는 것 같았다. 그렇다면 이건 단순한 문자부호가 아닌 정보 전달을 위해 사용했던 특정 문자로 봐야할 것이다. 그렇다면 한자의 시작으로 봐야할 것일까? 아래 사진은 토기에 남겨진 문자부호이다.

서안반파박물관(西安半坡博物館) 문자부호[5]

---

5   출처: 신근영(본인)

한자의 기원에서 통일과 완성

매우 많은 파편들이 보존되고 있었다. 아래 사진에서 자세히 살펴보면, 맨 왼쪽의 사진은 세 개의 깃발이 달린 깃 같은 문자부호이다. 이것은 무엇을 의미했을까? 가운데 그림을 살펴보면, 알파벳 'K'와 같아 보이는 문자부호이다. 맨 오른쪽의 사진은 세로로 한 줄을 그은 후, 가로로 여러 개의 줄이 그어져 있다. 개수를 기록해 놓은 것이 아닐까 상상하게 된다.

서안반파박물관(西安半坡博物館) 문자부호 세 개[6]

이렇게 사진을 보면 문자부호 하나하나 일정한 형태와 크기로 고정화된 형식을 갖추고 있다. 이것으로 보아 사람마다 다른 문자부호로 표시하진 않았을 것 같고, 공동체에서 정한 몇 개의 문자부호로 서로 의사소통을 했을 거라 유추할 수 있겠다.

이어서 매우 흥미로웠던 곳은 비림박물관(碑林博物館)의 개성석경(開成石經)이다. 비림박물관은 섬서성 서안시 비림구(碑林區)에 위치하고 있으며 비석예술품, 비석묘지, 석각예술품들이 수집되어 있었다. 2008년에 국가급 박물관으로 선정되었다고 한다. 이곳에 개성석경(開成石經)이 있었는데, 세상에서 가장 무거운 책이라고도 불린다고 한다. 그 이유는 돌에다가 경서(經書)를 베껴 새겼기 때문이다. 당(唐)나라 문종이 유신(儒臣) 당현탁(唐玄度) 등에게 경서(經書)를 베껴 쓰게 했다는데, 이는 현존하는 석경에

<hr />

6   출처: 신근영(본인)

서 가장 오래된 것이라고 한다. 여기에는 역(易:9석)·서(書:10석)·시(詩:16석)· 주례(周禮:17석)·의례(儀禮:20석)·예기(禮記:33석)·좌전(左傳:67석)·공양전(公羊傳:17석)·곡량전(穀梁傳:16석)·효경(孝經:1석)·논어(論語:7석)·이아(爾雅:5석)의 총 159권이다.[7] 아래 사진은 비림박물관(碑林博物館) 개성석경(開成石經)이다.

비림박물관(碑林博物館) 개성석경(開成石經)[8]

비림박물관(碑林博物館)은 박물관이라고 하기엔 다소 의아한 곳이었다. 이러한 유물들이 사람들의 손을 탈 수 있게 모두 개방돼있었기 때문이다. 게다가 지금은 금지가 됐다고 하는데, 최근까지 사람들에게 탁본을 하게 허가해줬다고 한다. 국가에서 탁본을 하고 그걸 공개하여 사람들이 활용해도 좋을거 같은데, 여러 사람들이 동네 비석 탁본하듯이 최근까지 쓰였다는 게 놀라지 않을 수 없었다.

7   출처 두산백과: https://terms.naver.com/entry.naver?docId=1170310&cid=40942&categoryId=31546

8   출처: http://www.sxzx.gov.cn/wyfc/6200.html

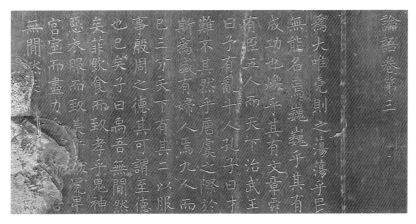

개성석경(開成石經) 논어[9]

　위 사진은 논어를 새긴 부분인데, 붓으로 종이에 적듯 매우 정교하다. 듣기로는 돌에 새길 때 종이에 글을 적은 후 그대로 새긴다고 한다. 이러한 옛 성현들이 유교의 사상과 교리인 경서를 종이가 아닌 돌에 새긴 이유는 무엇일까? 이렇게 돌에 많은 경서를 새기기 위해서는 시간과 돈 그리고 인력(人力)이 많이 필요했을 텐데 말이다. 이는 이때 당시 현재와 달리 인쇄 기술이 발달하지 않아서라고 한다. 현재 우리는 필요한 서적을 인쇄 또는 인터넷을 통해 다량으로 생산할 수 있지만 이때에는 오직 전사(轉寫, 글을 옮기어 베낌)로만 가능했다. 전사를 사람이 직접 보고 따라 적는 방법이라 사람에 따라 글씨를 잘 못 적거나 빠트리는 실수를 피할 수 없다. 과거 시험에도 출제되던 중요한 경서라 정확성을 보장해야만 했다. 그래서 당(唐)나라 문종이 유신(儒臣) 당현탁(唐玄度) 등에게 경서(經書)를 베

9　출처: https://topic.artron.net/topic/kaichengshijing/works_show.php?wId=8

껴 새기게 한 것이다. 완성된 석경은 장안(長安) 과자감(果子監)[10] 안에 진열하도록 하여 전사(轉寫)한 글을 가지고 석경과 교열(校閱)할 수 있게 하였다고 한다.

　주원박물관(周原博物館)과 보계청동기박물관(寶雞靑銅器博物院), 서안반파박물관(西安半坡博物館), 비림박물관(碑林博物館)에서 공통적으로 느끼게 된 것은 모두 '남기고 싶었구나'였다. 그렇다면 무엇을 남기고 싶었던 것일까? 단지 글자일까? 그들은 당시의 이야기를 남기고 싶었던 것 같다. 그들이 어떻게 살아왔고 살아가는지 그들의 삶을 기록하고 싶었던 게 아닐까? 비록 그들은 영원히 존재할 수 없는 유한한 삶을 살았지만, 그들의 흔적은 영원히 남기고 싶었을 것이다. 이러한 그들의 염원은 청동기에, 토기에 그리고 돌에 새겨져서 지금을 살아가는 우리들에게 고스란히 전해지고 있다. 청동기와 토기 그리고 돌을 통해 그들은 현재 우리 앞에 되살아나 그들의 이야기를 우리에게 들려주고 있는 것이다. 그들의 삶은 이제 역사가 되어 현재 우리들의 저서에 기록되고 있다. 청동기, 토기, 돌에 기록된 문자와 역사를 기억하며 이 글을 마친다.

10　중국 고대 최고 학문, 교육 관리 기구

　　　　　　　　　　　한자의 기원에서 통일과 완성

5

중국의 중국을 다시 만나다

—

신아사

여행은 발자취이다. 사전에서는 여행을 "일이나 유람을 목적으로 다른 고장이나 외국에 가는 일"[1]로 정의하지만, 각자 생각하는 여행의 정의가 다를 수 있을 것 같다. 개인적으로 나에게 있어 여행은 '사람'이며 '삶'이다.[2] 가족이든 친구든 지인이든, 여행지에도 스케줄에도 먹거리에도 사람 냄새가 풍긴다.

이번 시안[西安] '한자로드(漢字 road)' 답사는 기존의 개인적인 여행과는 달랐다. 이름에 걸맞게 미리 잘 계획된 여행지와 스케줄에 따라 구성원들이 일사분란하게 움직였다. 중국어학을 전공하는 연구자로서 하루에 2~3만 보씩 걸으면서 눈 호강, 귀 호강을 하며 평소 접하지 못했던 각양각색의 박물관을 차곡차곡 내재화했고, 덤으로 입 호강도 누리면서 더 건강해져서 귀국하는 호사도 누리게 되었다. 매 순간 매 장면이 귀하고 좋았으나 가장 인상 깊었던 감상을 간단하게 나누고자 한다.

---

1   표준국어대사전: stdict.korean.go.kr (2023.11.29 검색).

2   "누군가가 써 놓은 '삶'이라는 단어에는 '사람'이라는 단어가 보인다." (친구 페북에서). 필자의 X 계정(2011.09.01)에서 옮겨 씀.

천하의 중심 '중국(中國)'

2023년 8월 23일(수) 오전, '중국(中國)'이란 단어가 최초로 등장한 것으로 유명한, 서주 초기(西周初期, B.C.1046-B.C.977) 청동기인 국보(國寶) '하존(何尊)' 명문(銘文)을 보자 온몸에 전율이 흘렀다.

<사진 1> 하존(何尊)[3]

　　소장처 바오지청동기박물관[寶鷄靑銅器博物院]은 외관부터 규모와 위엄을 떨치는 듯했다. 특히 건물 외부 중앙 상단에 위치한 원통형의 대형 청동 상징물은 유구한 역사와 귀중한 자료에 대한 기대와 갈구를 한껏 품게 했다. 외관뿐만 아니라 내부 전시실과 제반 시설도 기대했던 대로였다. 전시된 순서대로 하나하나 놓치지 않고 살피면서 사진이나 기록으로 남기려던 팀원들의 모습이 눈에 선하다.

3　　〈사진 1〉, 〈사진 2〉, 〈사진 3〉은 모두 바오지청동기박물관의 공식 사이트에서 가져왔다. 寶鷄靑銅器博物院: www.bjqtm.com (2023.11.29 검색).

　　　　　　　　　　　　　　　한자의 기원에서 통일과 완성

<사진 2> 바오지청동기박물관[寶鷄靑銅器博物院]

유독 관람객이 붐비면서도 한 사람 한 사람 조용히 순서를 기다리는 지점에 나도 발걸음을 멈추고 응시하게 됐다. 바로 화려한 장식의 고대 청동기 술잔(wine vessel)인 '하존(何尊)'이었다.

설명에 따르면, 1963년에 바오지현[寶雞縣] 자춘진[賈村鎭] 자춘시가 [賈村西街]에서 출토된 '하존(何尊)'은 직경이 29cm, 밑창 직경이 20×20cm 이고, 전체 높이가 38.5cm이며, 무게가 14.6kg이라고 한다. 타원형 몸체가 세 부분으로 나눠져 있었고 중간 부분이 약간 불룩했다. 상단 입구는 바깥으로 조금 벌어져 둥글게 말려 있었고, 하단 부분은 둥글었다. 위에서 내려다보면 바깥쪽은 둥글고 안쪽은 사각형이었고, 바깥쪽은 구름과 천둥 문양으로 장식되어 있었다.[4]

안쪽 바닥에는 122자의 명문이 새겨져 있는데, 주(周) 성왕(成王) 5년의

---

4   寶鷄靑銅器博物院: www.bjqtm.com (2023.11.29 검색).
　　"何緣"中國": 何尊(國寶華光)", 人民網. 2014-02-20.
　　http://art.people.com.cn/n/2014/0224/c206244-24443328.html (2023.11.29 검색)

중요한 역사적 사실을 기록한 것이다. 바로 여기에 '중국(中國)'이란 단어가 최초로 등장한다.

<사진 3> 하존명문(何尊銘文)

바오지청동기박물관 공식사이트 중 『섬서금문집성(陝西金文集成)』에 소개된 원문[5]이 있는데, 이와는 약간 차이가 있지만 국내 학자 논문에서의 원문과 번역문[6]을 옮겨와 참고로 삼기로 한다.

왕이 처음에 (백성들을) 옮겨 成周에 거하게 하였으며, 또한 武王의 祭禮를 계속 잘 지켜 행해, 하늘로부터 福을 받았다. 삼월병술일에, 王

---

5   寶鷄靑銅器博物院: www.bjqtm.com (2023.11.29 검색).
     "看展覽: 『何以中國』之何尊與成周洛邑", 2022-02-24.
     http://www.bjqtm.com/clzl/lszl/2022-02-26/732.html.

6   李善貞,「何尊」銘文 考釋 및 專題研究,『中國言語研究』15, 韓國中國言語學會, 2002. 원문,
     번역문은 옮겨왔고, 뒤에 언급하는 내용은 이 논문의 일부 내용을 요약 정리한 것이다. 직
     접 인용한 부분은 관례대로 따옴표("")로 표시하였다.

이 京室에서 宗小子에게 훈계하여, 말하길 「예전에 너희 부모들의 때에 그들은 文王을 잘 보좌할수 있었으며, 文王은 이 큰 명을 받았다. 武王이 이미 商나라를 이기고, 바로(혹은 그래서) 하늘에 점을 쳐 제사를 지내 말하길: '내가(武王) 여기 중심지역에 머물면서 여기에서부터 백성을 다스리겠습니다.'라고 했다. 오호라! 너희들이 비록 어려서 知識이 부족하기는하나, (너희들은) 부친을 본받아, 하늘을 위해 공을 세워서 그 命을 완성해야 한다. 정성스럽게 제사를 받들어라!」 왕은 덕을 숭상해 하늘에 풍성하게 제사를 지냈고, 나같은 지혜롭지 못한 자를 훈계하였다. 왕은 훈계를 마치고 何는 貝 三十朋을 하사받았다. 그래서 이것을 만들어 보배로운 禮器로 사용하려 한다. 왕 5년에 적는다.[7]

---

7 "隹王初□(遷)宅(居)于成周, 復稟武王豊(禮), 福自天.
   유왕초천택우성주, 복품무왕례, 복자천.
   才(在)三月丙戌, 王□(誥)宗小子于京室, 曰:
   재삼월병술, 왕고종소자우경실, 왈:
   昔才(在)爾考公氏, 克□(弼)文王,
   시재이고공씨, 극필문왕,
   □(肆)文王受玆[大命].
   사문왕수자대명.
   隹武王旣克大邑商, 則廷(筵)告于天, 曰:
   유무왕기극대읍상, 즉정고우천, 왈:
   '余其宅玆中或(國), 自之□(乂)民.'
   '여기택자중국, 자지예민.'
   烏虖! 爾有唯(雖)小子亡戠(識), 視于公氏, 又(有)□(爵)于天, 徹令.
   오호! 이유수소자망식, 시우공씨, 유비우천, 철령.
   苟(敬)□(享)□(哉)!
   경향재!
   惠王龍(+廾)德谷(裕)天, 順(訓)我不每(敏). 王咸言(+廾), 何易(賜)貝卅朋,
   혜왕용덕유천, 훈아불민. 왕함고, 하사패삼십붕,
   用作□公寶尊彝. 隹(惟)王五祀.
   용작□공보존이, 유왕오사."

명문(銘文)은 서두인 첫 번째 행, 두 번째 부분인 才(在)부터 苟(敬)享哉! 까지, 마지막 부분인 惠王부터 五祀까지로 구분할 수 있다. 명문(銘文) 서 두에서는 왕의 업적과 덕을 칭송하는 것으로, "아래로는 백성들을 이롭 게 하였고, 위로는 조상과 하늘에 정성을 다해 제사를 드려 복을 받는 덕 망 높은 왕"이었다는 내용이다. 두 번째 부분은 문왕(文王)과 무왕(武王)의 업적을 칭송하며 종소자(宗小子)를 훈계하는 내용이다. 종소자(宗小子)의 부 모가 문왕(文王)을 잘 보좌해 문왕(文王)이 주(周) 건국이라는 대명(大命)을 받았고, 무왕(武王) 때부터 성주(成周) 건설이 계획됐으므로, 부모를 본받아 "왕을 잘 보좌하고 하늘의 命을 완성하며, 제사를 잘 지내라고 훈계하고 있다." 세 번째 부분은 왕이 하(何)를 훈계한 후 패 삼십붕(貝 三十朋)을 하 사하여 하(何)가 이를 기념하기 위해 존(尊)을 만들어 예기(禮器)로 삼고자 했다는 것이다. 훈계의 내용과 제사를 위한 존(尊)의 제작이 들어맞는 대 목이라고 한다.

앞에서 언급한 바와 같이, 이 명문(銘文) 중에 '중국(中國)'이 등장한다. 자형(字形)이 해서(楷書)와는 달라 일반인은 미처 알지도 못한 채 그냥 지 나칠 수도 있을 법했다.

<사진 4> '中國' 자형(字形)의 변천[8]

---

8   바오지청동기박물관[寶鷄靑銅器博物院] 내 하존(何尊) 관련 설명 중 "秋雨之夜, 國寶驚現"의 일 부를 촬영한 것이다.

한자의 기원에서 통일과 완성

이에 대해 바오지청동기박물관에서 2023년 12월 6일에 작성한 글을 참고하면 이해에 도움이 된다. '中'자와 '國'자가 육서(六書) 중 무엇에 속하는지, 원래 자형(字形)이 어떠했으며 어떻게 변천되어 갔는지, 또한 본래 의미[本義]가 무엇이며 어떻게 의미 확장이 이루어져 갔는지, 품사는 무엇에 속하였는지 등에 대해 설명하고 있다.

"中"是指事字, "中"的本意是旗杆, 中間的橢圓形表示中心, 上下飄揚的代表旗幟, 當部落首領有事時, 豎起旗幟召集衆人, 大家環繞在周圍, 等待首領發布命令。"或"爲會意字, 中間的橢圓形代表人們居住的城邦, 上下兩橫則表示壕溝, 右邊是兵器戈象徵軍隊, 古人認爲有百姓、城池和軍隊才能稱之爲國。到春秋時期, 增加了"口"表示疆域之意。雖然"中國"在何尊銘文中, 是地理概念, 方位詞, 意爲中心、中央, 表示國之中央, 王者居中, 得中原者得天下, 控制中心就是控制整個天下。中國這個令人驕傲的名稱首次在何尊銘文中發現, 事實上已有三千多年的歷史了。

'中'은 지사자(指事字)이다. '中'의 본래 의미는 깃대이며, 중간의 타원은 중심을 나타내고 위아래로 펄럭이는 것은 깃발을 나타낸다. 부족장이 유사시에 깃발을 높이 들어 백성을 부르면 모두가 주위에 둘러싸고 부족장이 명령 내리기를 기다린다. '或'은 회의자(會意字)이다. 중간의 타원은 사람들이 사는 도시 국가를 나타내고 위아래의 가로선 두 개는 참호를 나타내며 오른쪽은 무기 戈로 군대를 상징한다. 고대인들은 백성, 도시와 군대가 있어야 비로소 국가라고 칭할 수 있다고 여겼다. 춘추 시기에 이르러 '口'를 보태어 영토의 의미를 표현하였다. 비록 '中國'이 하존(何尊)의 명문(銘文)에서 지리적 개념으로 방위사이지만, 의미는 중심·중앙으로 나라의 중심을 나타낸다. 왕은 중앙에 거하고, 중원을 얻는 자가 천하를 얻으며, 중심을 다스리는 것이 곧 천하

전체를 다스리는 것이다. 中國이라는 자랑스러운 이 명칭은 하존(何尊) 명문(銘文)에서 처음으로 발견되었으며 사실상 3천여 년의 역사를 가진다.[9]

한자(漢字)는 문자(文字) 그 이상의 존재이다. 다시 말하면, '중국(中國)'이라는 이 표현은 단순한 표현 그 자체만이 아니라, 고대에서부터 현재까지, 그리고 물리적으로 중국 경계 내에서만이 아니라 문화적으로도 정신적으로도 현재도 중국인과 함께 하며, 앞으로도 그러할 것이다. 여러 가지 생각이 들면서 한동안 그 자리에서 하존(何尊)과 '중국(中國)'을 계속 응시하게 되었다. 中國(중국), 中原(중원), 華夏(화하), 中華(중화), 中夏(중하)라는 단어가 하나씩 떠오르며 문명의 발상지, 산(中務山, 華山), 물(夏水), 사람(夏, 華), 그리고 중국뿐만 아니라 세계 각지에 흩어져 각자의 삶을 영위하고 있을 중국인과 중국인의 후예들(華人, 華僑, 華裔)에까지 생각이 펼쳐져 갔다.

그리고 다시 중국 베이징[北京]에서 유학하던 시절과 주하이[珠海] 및 광저우[廣州] 대학에서 가르쳤던 시간들, 그리고 틈날 때 다녔던 중국의 변방까지 짧지 않은 시간들이 주마등처럼 스쳐갔다. 신장위구르자치구[新疆維吾爾自治區]의 우루무치[烏魯木齊]에서 베이징[北京]까지 40시간 넘게 탔던 침대 기차[硬臥], 형형색색의 건포도를 맛봤던 투루판[吐魯番], 불타는 더위를 목도한 화염산(火焰山)과 사막, 중국 속의 외국 허텐[和田]·카스[喀什], 동북 지역의 창춘[長春], 지린[吉林], 창바이산[長白

---

9   寶鷄靑銅器博物院: www.bjqtm.com (2023.11.29 검색)
     "春晚吉祥物"龍辰辰", 局部設計靈感來源於寶鷄靑銅器博物院鎭院之寶——何尊" 2023-12-06. http://www.bjqtm.com/gzzx/glyw/1070.html (2023.11.29 검색).

한자의 기원에서 통일과 완성

山, 백두산], 남방의 마카오, 홍콩, 하이난다오[海南島] …… 북방과 남방, 세계 석학과 유수 대학의 학생들 그리고 그들의 말과 글과 삶, 길에서 스쳐 지나간 수많은 사람들, 그들의 시선과 표정 그리고 수많은 말들, 음식들, 내가 알지 못하는 삶들, 그리고 그들이 물려받아 누리며 전해줄 문화 ……

다시 현재로 돌아와 중국의 중국인 시안[西安]의 문화재와 거리와 사람과 말과 음식 등을 온전히 나의 눈과 코와 입과 귀와 마음에 담았다. 관광객의 빠른 움직임 속에서도 꿈쩍하지 않는 그 무엇, 몇 천 년 몇 백 년 묻혀 있었음에도 불구하고 사람들의 뇌리에 지금도 여전히 크나큰 영향력을 끼치는 그 무엇. 시대를 가로지르며 지역을 가로지르며 중국의 중국을 나의 작은 발로 한 걸음 한 걸음 밟으며 거대한 중국의 중국을 느끼려 애썼다. 과연 중국과 중국다움, 중국인과 중국인다움은 무엇일까?

중국 땅을 다시 밟게 된 귀한 기회를 가지게 되어 감사하다. 중국의 중국인 시안[西安]을 답사하며 '중국(中國)'이란 표현의 3천여 년 이전의 문자를 마주 대하며 중국, 중국인, 중국 문화에 대해 잠시 생각해 보는 시간을 가지게 되었다. 길지 않은 인생에서 나의 짧은 대답이다.

중국의 중국은 사람이다!

6

서안시 섬서고고박물관 방문기

조성덕

1. 섬서고고박물관(陝西考古博物館)

섬서고고박물관은 서안시 서안성 남쪽 장안구에 있다. 공식적으로 2021년 1년 12월에 세워졌으며, 2022년 4월 28일에 개관하여 시험적으로 운행되었다. 이 박물관은 섬서성 고고연구원의 고고출토문물을 전시한 박물관이다. 박물관 남쪽에는 진령(秦嶺) 종남산(終南山)이 있고, 동쪽에는 천년 사찰인 향적사(香積寺)가 있다. 총면적은 10,753평방미터이며, 이 중 실내 전시관의 면적은 5,800평방미터이고 실외 면적은 10,000평방미터이다. 주차장에서 내리면 유객중심(游客中心) 건물이 있고, 다리를 건너면 박물관 본관 건물이 나타난다. 본관 왼쪽에는 공중고고중심(公衆考古中心)이 있다.

박물관 본관 전시관은 모두 3층으로 되어 있다. 상설전시관은 "考古 聖地 華章陝西[고고학의 성지]"라는 대주제 아래 1층에는 <1.고고역정편(考古歷程篇)>, <2.문화보계(文化譜系篇)>, 2층에는 <3.고고발현편(考古發現篇)1>, 3층에는 <4.고고발현편(考古發現篇)2> <5.문보과기편(文保科技篇)> 등 4장으로 분류하여 신석기시대부터 시작하여 각 역사시기의 유적과 묘장(墓葬)에서 출토된 표본 등 20여만 점을 소장하고 있으며 이 중 약 4,000여 건 유물을 전시하고 있다.

<섬서고고박물관 전경>

1층 <1.고고역정편(考古歷程篇)>에는 용산(龍山) 시기(지금으로부터 4800~4000년 전), 양소(仰韶) 시기(지금으로부터 6800~4800년 전)의 유물이 전시되어 있다.

주요 유물로는 도력(陶鬲)과 도관(陶罐), 1954~1957년에 발굴한 서안 반파 유지의 목이 긴 항아리, 1979~1980년 발굴한 봉상 서촌 주나라 묘 등에서 출토된 기좌용(跽坐俑:무릎 꿇은 토용)을 비롯하여 1996년 함양 저장만촌(底張灣村) 우문검(宇文儉)의 묘에서 출토된 동경(銅鏡), 2001년 서안이공대학교 곡강분교에 있는 이수(李倕)의 묘에서 출토된 팔곡규화형나전동경(八曲葵花螺鈿銅鏡), 서안 장안구 남리왕촌(南里王村)에서 출토된 당삼채(唐三彩), 북주(北周) 약간운묘(若干雲墓)에서 출토된 8개 고리가 있는 접섭대(蹀躞帶)를 복원한 유물, 수나라 때 만들어진 백유(白釉:백색유약)를 바른 도자기, 서주시기 동정(銅鼎)과 동궤(銅簋), 2003년 서안시 장안구곽사진(鄂社鎭) 당나라 무덤에서 출토된 진묘용(鎭墓俑) 등이 전시되어 있다.

<도력(陶鬲)과 도관(陶罐)>

<동경(銅鏡)>

<당삼채(唐三彩)>

한자의 기원에서 통일과 완성

<2.문화보계편(文化譜系篇)>에는 중국의 신석기시대에 해당하는 전(前) 앙소(仰韶)문화((8000~6800년 전), 앙소문화(6800~4800년 전), 용산문화에 해당하는 유물이 진시되어 있다. 이 중 전(前) 앙소(仰韶)문화는 다시 백가문화(白家文化)와 노관태문화(老官台文化)로 분류된다. 전 앙소시기의 전형적인 유적은 전형적인 유적은 서안시 임동구의 백가(白家)와 위남시(渭南市) 화현(華縣)의 노관태, 위남시(渭南市) 북류(北劉), 보계시의 관도원(關桃園), 서향(西鄉)의 이가존(李家村) 등이다.

앙소시기의 유적으로는 서안시 안탑구(雁塔區) 어화채(魚化寨) 유지, 함양시 빈현(邠縣) 하맹촌(下孟村) 유지, 유림시(楡林市) 횡산현(橫山縣) 양계사(楊界沙) 유지, 위남시(渭南市) 화현(華縣) 천호촌(泉護村) 유지, 위남시 백수현 백수하하(白水下河) 유지, 서안시 남전현(藍田縣) 신가(新街) 유지가 있으며, 용산시기의 유적으로는 보계시 부풍현(扶風縣) 안판(案板) 유지, 유림시 가현(佳縣) 석라라산(石擺擺山) 석성(石城), 유림시 횡산현 와요거채산(瓦窯渠寨山) 석성, 서안시 임동구(臨潼區) 강가(康家) 유지, 보계시 석취두(石嘴頭) 유지, 유림시 채묘량(寨峁梁) 석성, 유림시 신목현(神木縣) 신화(新華) 유지 등이 있다.

전(前) 앙소시기 유적에서 발견된 유물은 종류는 도병(陶瓶), 도정(陶鼎), 도발(陶鉢), 도분(陶盆), 도관(陶罐) 등으로 다양하지 않았고 형태도 비교적 단순하였으며, 앙소시기 초기 유적[반파유형(半坡類型)]에서 발견된 유물은 다양한 크기와 다양한 형태의 도분(陶盆)과 채도분(彩陶盆), 첨저병(尖底瓶), 호로병(葫蘆瓶), 도항(陶缸), 도우(陶盂), 도반(陶盤), 도조(陶竈), 도관(陶罐), 도정(陶鼎), 도발(陶鉢), 도부(陶釜), 도고(陶鼓) 등의 토기와 골잠(骨簪), 골계(骨笄), 골추(骨錐), 석부(石斧), 석산(石鏟), 석도(石刀) 등이 있으며, 앙소시기 중기의 유적에서 발굴된 유물은 기존의 유형에 도도(陶刀), 도와(陶瓦), 채도기개(彩陶器蓋), 쌍부도조(雙釜陶竈), 홍도분(紅陶盆)과 다양한 형태와 다양한 크기의 골기(骨器), 석기(石器) 등이 있었다.

용산시기의 유물은 앙소시기를 계승한 형태를 비롯하여 단이관(單耳罐), 쌍이관(雙耳罐), 단파관(斷把罐), 단파가(單把斝), 절복쌍이분(折腹雙耳盆), 쌍이력(雙耳鬲), 단파도규(單把陶鬶), 단파력(單把鬲) 등 손잡이가 있는 형태가 나타나기 시작하였으며, 주둥이가 안쪽으로 들어간 염구옹(斂口甕), 기물의 위쪽이 좁아지는 절견관(折肩罐) 등이 있었다.

<전(前) 앙소(仰韶)문화>

<용산문화>

한자의 기원에서 통일과 완성

<앙소문화>

　하상시기(夏商時期:BC.2070~BC.1046)의 유적은 1950년대 황화 유역의 화양 (華陽)·화현(華縣)에서 하상(夏商) 문화의 단서가 발견되었으며, 1980년 이후 서안 노우파(老牛坡)·상락(商洛) 동용산(東龍山) 등 유적의 발굴로 관중지역 의 하상(夏商) 시기 문화 계보가 만들어지기 시작하였으며, 아울러 주나라 사람들의 초기 문화 유물을 식별할 수 있었다. 청간(淸澗) 이가애(李家崖)· 성고(城固) 보산(寶山) 같은 유적의 발굴은 섬서성 북쪽과 남쪽에 있었던 상대(商代) 지역의 문화를 판별할 수 있게 하였다.

하(夏)나라(BC.2070~BC.1600) 유적은 서안시 파교구(灞橋區) 노우파(老牛坡) 하대유존(夏代遺存), 상락시(商洛市) 상주구(商州區) 동룡산(東龍山) 유지에서 발견된 유물은 용산시기를 계승한 형태의 도정(陶鼎), 쌍이관(雙耳罐), 단파관(單把罐), 단파력(單把鬲), 양파관(兩把罐) 등은 기존의 유물보다 세련된 문양과 형태를 보였다. 이 외에 새로운 형태인 도화(陶盉), 대구준(大口尊), 고령관(高領罐), 석벽(石璧) 등이 발견되었다.

상대(商代:BC.1600~BC.1046)의 문화는 주개구문화(朱開沟文化), 이가애문화(李家崖文化), 선주문화(先周文化), 유가문화(劉家文化), 상문화(商文化), 보산문화(寶山文化)로 구분되어 있다.

상문화(商文化)의 유적으로는 서안시 노우파(老牛坡) 유지, 부풍시 예천현(禮泉縣) 주마취(朱馬嘴) 유지, 주개구문화(朱開沟文化)에 해당하는 안새현(安塞縣) 서과거(西坬渠) 유지, 가현(佳縣) 석라라산(石擸擸山) 유지, 선주문화(先周文化)에 해당하는 보계시 기산현(岐山縣) 쌍암(雙庵) 유지, 보산문화(寶山文化)에 해당하는 한중시(漢中市) 성고(城固) 보산(寶山) 유지 등이 있다.

노우파(老牛坡) 유지에서는 도력(陶鬲), 도관(陶罐) 등의 토기와 금속으로 만든 동언(銅甗), 동작(銅爵), 동고(銅觚) 등이 발견되었으며, 석라라산(石擸擸山) 유지에서는 도언(陶甗), 서과거(西坬渠) 유지에서는 도력(陶鬲), 쌍암(雙庵) 유지에서는 도력(陶鬲) 등과 옥으로 만든 옥장(玉璋), 옥병형기(玉柄形器), 옥종(玉琮), 옥룡(玉龍)이 처음 발견되었으며 보산문화(寶山文化)에 해당하는 보산유지(寶山遺址)에서는 도두(陶豆), 도궤(陶簋), 도력(陶鬲), 도관(陶罐)과 배가 납작한 편복도호(扁腹陶壺), 목이 길고 다리가 둥근 장경권족준(長頸圈足尊), 손잡이가 높은 고병기좌(高柄器座)가 처음 발견되었다.

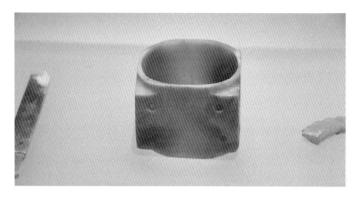

<옥종(玉琮)>

<도언(陶甗)>

2층 <3.고고발현편(考古發現篇)1>에는 양관채 환호(楊官寨環壕)와 노산묘 (蘆山峁) 용산문화 유지, 신목현(新木縣) 신화(新華) 옥기갱(玉器坑)에서 발굴 된 유물을 전시하고 있다. 양관채환호(楊官寨環壕)는 지금까지 발굴된 유적 중 유일한 묘저구무화(廟底泃文化) 중 가장 완전하게 보존된 해자로 인공으 로 만든 방어시설이다. 이 초대형 환호(環壕)에서는 앙소중기에 만들어진 흙으로 만든 도부(陶釜), 도조(陶竈), 아궁이와 솥이 하나로 연결된 연체부 조(聯體釜竈), 염구발(斂口鉢), 채도분(彩陶盆), 도소(陶塑) 돼지머리, 도훈(陶塤),

도우(陶盂), 도환(陶環), 도고형기(陶鼓形器), 니질고복관(泥質鼓腹罐), 회도원복관(灰陶圓腹罐), 첩순심복관(疊脣深腹罐), 대구심복관(大口深腹罐), 염구심복관(斂口深腹罐), 돌을 가공한 석구(石球), 석착(石鑿), 석부(石斧), 석환(石環), 석벽(石璧), 뼈를 이용한 골관(骨管), 골촉(骨鏃), 골추(骨錐), 옥을 가공한 옥산(玉鏟), 옥월(玉鉞), 조개로 만든 방식(蚌飾) 등이 출토되었다. 주둥이가 크고 밑이 좁은 대구소저항(大口小底缸), 중순구첨저병(重脣口尖底瓶), 첨저고형도기(尖底鼓形陶器)는 처음 보는 유물이었다. 특히 첨저고형도기(尖底鼓形陶器)의 윗부분에 튀어나온 6개의 투박한 장식이 매력적이다. 정교한 석환(石環)과 석벽(石璧)을 통해서 옥(玉) 이전에도 환(環)과 벽(璧)이 존재했다는 사실을 새롭게 알 수 있었다.

노산묘(蘆山峁) 용산문화 유지에서는 도가(陶斝), 단파력(單把鬲), 도병(陶瓶), 목이 없는 무령관(無領罐), 절견관(折肩罐), 단이관(單耳罐), 도관(陶罐), 사람의 두개골로 만든 골배(骨杯), 옥종(玉琮), 옥추식(玉墜飾), 옥아벽(玉牙璧), 옥병(玉柄), 옥황(玉璜), 옥월(玉鉞), 옥산(玉鏟), 녹송석(綠松石) 등이 발견되었으며, 신목현(新木縣) 신화(新華) 옥기갱(玉器坑)에서는 1평방미터가 안되는 면적에서 36건의 옥기(玉器)가 출토되었으며, 하부의 작은 구덩이 내부에서는 조류의 골격이 있었다.

한쪽에는 매우 특이하게 생긴 신면입주석추(神面立柱石雕)와 석묘벽화(石峁壁畫)의 조각도 전시되어 있는데, 이 벽화는 최근에 발견된 것 중에 시대가 가장 앞서는 것이며 같은 시기 중국 전지역에서 발굴된 것 중 수량이 가장 많은 벽화이다. 이를 통해 석묘왕국(石峁王國)의 회화 공예가 최고 수준이었다는 것을 알 수 있다. 무덤에서 발견된 40여 기를 검토한 결과 무덤이 형태와 장례 풍속, 무덤의 규모, 장례 도구, 벽감(壁龕), 순인(殉

한자의 기원에서 통일과 완성

시), 부장품의 차이가 있는 것으로 보아 석묘왕국(石峁王國)의 사회는 사람 간에 등급이 있었다는 것을 구체적으로 확인할 수 있다.

전시물 중에는 흙으로 빚은 큰 도응(陶鷹)이 인상적이었다. 이 도응이 발견된 황성대(皇城臺) 동쪽에서는 이런 대형 도응이 20여 건 출토되었는데 수량도 많고 규모도 크며 구조도 생동감 있어 중국 신석기시대 동물 조소 중에 매우 보기 드문 것이다. 이 도응이 실제 사용한 기물은 아니고 아마도 왕권을 상징하거나 종교와 제사와 같은 공동 활동과 관련이 있어 보인다.

<사람 얼굴>

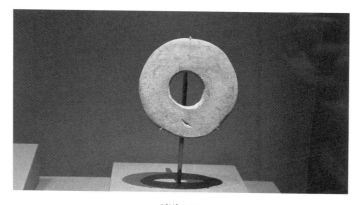

<석벽(石璧)>

서주시기 등급이 낮은 귀족과 평민의 묘지에서 출토된 부장품 중에는 과(戈), 극(戟), 모(矛), 검(劍), 도(刀), 월(鉞), 촉(鏃) 등이 있었으며, 이 중에서 과(戈)가 가장 많이 보인다. 이러한 장례 풍습은 상대(商代)부터 나타나기 시작하여 서주시기에 성행하게 되었다. 이들 무덤에서는 도력(陶鬲), 도관(陶罐), 도두(陶豆), 도분(陶盆), 도부(陶瓿) 등이 출토되었으며, 2004년 기산의 주공묘(周公廟) 유지에서는 청동으로 만든 윤아(輪牙), 액각(軶脚), 동예(銅曳), 액경(軶頸), 종식(踵飾), 현식(韅飾:말뱃대끈 장식)과 청동궤(青銅簋), 청동궤개(青銅簋蓋) 등이 전시되어 있다.

<청동궤개(青銅簋蓋)>

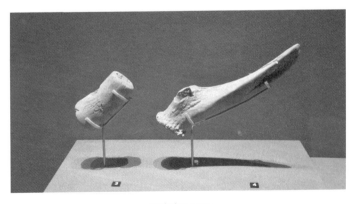

<골각기(骨角器)>

한자의 기원에서 통일과 완성

징성(澄城) 유가와(劉家洼)의 춘추시대 예국(芮國) 유지에서는 편종, 석경, 크기가 다른 구정(九鼎), 동언(銅甗), 동호(銅壺) 등 청동 유물을 주류를 이루며, 보계시 봉상현에서 출토된 전국시기 중기 유적인 손가남두(孫家南頭) M191에서는 도기(陶器) 제기(祭器)가 발굴되었는데 이 중 대형 채회쌍이호(彩繪雙耳壺)가 가장 특이하고 인상적이었다.

또한 옹성(雍城) 주변의 중소형 진나라 묘에서 출토된 기물을 유형과 시기별로 정리되어 있어, 형태의 차이를 통해 유물의 시기를 확인할 수 있어 차후 박물관을 관람할 때 유용한 자료가 되었다. 기물 유형은 동정, 동궤, 동호, 도력, 도부, 도분의 6종과 시기구분은 춘추초기, 춘추중기, 춘추만길, 전국초기, 전국중기, 전국말기의 6개로 분류되어 있다. 묘장형태도 시기별 평면도가 있다.

이 전시실에는 진공1호대묘(秦公1號大墓)에서 출토된 석경(石磬)과 전국말기~진대(秦代)에 만들어 진 것으로 추정되는 함양의 장흥(長興) 유지에서 출토된 도옹관(陶甕棺)과 전국시기 의 동편호(銅扁壺), 동정(銅鼎) 모양이 특이한 동제량화(銅提梁盉) 등도 전시되어 있다.

<동궤(銅簋)>

<동제량화(銅提梁盉)>

　3층 <고고발현편(考古發現篇)2>에는 외부에 문자가 새겨진 기물을 비롯하여 당나라 무덤을 그대로 옮겨 놓아 전시하고 있으며, 돌로 만든 궤(簋)의 외부에 명문을 새긴 희귀하고 감동적인 유물도 만날 수 있었다. <5.문보과기편(文保科技篇)>에서는 유물을 발굴하는 현장에서 사용하는 실험실이 있는 차량과 유물을 수리하고 보존하는데 사용하는 도구들을 전시하고 있다.

　섬서고고박물관에는 기존 섬서역사박물관, 서안박물관, 베이징박물관 등 다른 박물관에서 보지 못했던 새로운 유물을 시기별로 살펴볼 수 있어 매우 유익한 시간이었다.

<당나라 무덤 벽화>

<명문석궤(銘文石匭)>

7

중국 섬서성에서 만난 한자 그리고 한문

주헌욱

1. 백업(白業)이 흥왕(興旺)한, 금을 찍어내는 도시 서시(西市)의 점포들

당나라 시대 일반적인 상점은 크기에 따라 '점(店)' 또는 '포(鋪)'라고 불렀고, 구역을 나누어 별도로 둔 교역 구역은 '사(肆)'라 불렀고, 상품을 진열한 창고는 '저邸'라고 불렀고, 같은 상품을 파는 곳이 모인 곳을 '행(行)''이라 하였는데 문헌에 따르면 서시에는 최소 220개 行이 있었으니 상품의 체계화 규모화가 서시의 특징이다. 서시에는

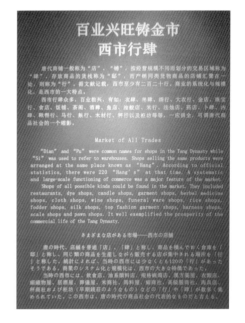

행과 사가 매우 많았고 백가지 사업이 발흥하여 옷, 비단, 비단실, 외투, 금, 보석, 식품, 식당, 차, 금, 생선, 안료, 쌀, 양초, 약, 점치기, 장례, 마구,

한자의 기원에서 통일과 완성

말, 목재, 저울을 팔아 당시 상품 사회의 축소판을 보여주었다.

2. 당나라 때 두예가 웅덩이 토지를 산후, 돌을 던져 웅덩이 속 깃발을 맞추는 사람에게 전병을 주어 웅덩이를 매우다
- 서안 서시 박물관에서

서안의 서시의 남쪽 칭행이라는 곳 남쪽에 8무 약 1,600평의 낮은 습지가 있었는데 여기에는 예전부터 물이 고여 매우 더러웠는데, 두예라는 사람은 온갖 더러운 것이 다 모여있는 이 땅을 마다하지 않고 3만 냥을 주고 샀다. 그리고 사람을 보내 구덩이 주변에 전병 떡을 팔게 했다. 또 저습지 안에 깃발을 세워 두고 여러 사람에게 알리기를 벽돌 조각을 던져 깃발을 맞추는 사람은 공짜로 전병 가게에서 전병을 먹을 수 있다고 하였다. 순식간에 응하는 사람이 구름같이 모여 한달도 되지 않아 8무나 되는 큰 구덩이가 채워져 평평하게 되었다. 두예는 평평하게 된 이땅위에 20여개의 여관을 세우고 위치가 좋은 점을 이용하여 오가는 상인들을 잘 맞이하여 매일 수천 냥의 이익을 올렸다. 이렇게 장사를 하여 그는 일대의 큰 거부가 되었다.

이 이야기는 당나라 문학가 온정균(溫庭均)의 소설 <두예(竇乂)>에 나오는 이야기이다. 이와 같이 기와조각을 이용하여 깃발을 맞히는 것을 흉내 내어, 모래 주머니를 던져 벽에 붙인 깃발을 맞추는 놀이가 한식 날에 큰 인기를 끌었다고 한다.

3. 신라 문무왕릉 비석에 자기의 선조라 언급한 흉노족 김일제 무덤이 한무제 묘역에 있었다

거기장군 김일제(金日磾, 중국 발음 Jin Jindi)

기원전 134년~전 86년, 무위휴도武威休屠(감숙성) 사람. 흉노 휴도의 왕태자. 기원전 121년 기련산 대첩으로 곽거병이 하서에서 흉노족의 항복을 받았는데 그 때 김일제는 항복한 사람들을 따라 장안에 와 궁중 내원에서 말을 키웠다.

그는 성실한 자세로 부지런히 일하여 마구간의 말이 살져 한무제의 칭찬을 받아 바로 시중으로 발탁되었고 김씨 성을 하사 받았다. 김일제는 체구가 크고 의젓하였으며 그 어머니 알(閼)씨를 잘 모셨으며 직임을 각별히 잘 수행하여 부마도위로 승진하였고 거기장군으로 임명되었다.

한자의 기원에서 통일과 완성

기원전 87년에 한무제가 병이 깊어 곽광과 김일제 등에게 태자 유불릉(劉弗陵)을 보좌하라고 부탁하였고 죽기 전에 남긴 조서에 따라, 그가 망하라(莽何羅)의 반란을 진압한 공으로 투후에 봉하여졌다. 김일제는 서한 왕조를 공고히 하고 민족 단결에 중요한 공헌을 하였는데 중국 역사상, 먼 장래를 내다본 탁월한 식견을 가진 소수민족 출신의 정치가이다.

기원전 86년 병으로 죽으니 한나라 소제가 개주군례로 (介冑軍禮 : 장수를 장례하는 예절)로 장안에서 무릉까지 따라와 배장하였다. 김일제 묘는 한무제 묘인 무릉과 약 1킬로 떨어진 곽거병의 묘 동쪽에 위치해 있다.

한편 위키백과에 다음과 같은 설명이 있다.

신라 문무왕릉비(文武王陵碑)에는 '투후(秺侯) 제천지윤(祭天之胤)이 7대를 전하여'(5행), '15대조 성한왕은 그 바탕이 하늘에서 신라로 내려왔고'(6행)라는 구절이 있다. 또한 당나라에 살았던 신라인 김씨부인의 업적을 기리는 '대당고김씨부인묘명'에도 신라 김씨의 뿌리가 투후 김일제라고 기록되어 있다. 이러한 기록을 볼 때 신라 김씨 왕족은 자신의 조상을 중국 한나라 때 투후를 지낸 김일제라고 생각했다는 것을 알 수 있다.

이러한 기록에 대해서 역사학자들은 7세기 후반 들어 형성된 신라 김씨의 관념적인 시조의식의 소산이지 실제로 김일제가 김씨의 시조인 것은 아니라고 판단하고 있다. 전근대에는 가계를 신성시하기 위해 고대의 전설적인 제왕 또는 유명한 위인들을 시조로 간주하는 일이 많았으므로 김일제 후손설은 사실로 보기 어렵다는 것이다.

대한민국의 일부 역사 다큐멘터리나 재야사학자들은 김일제가 신라 김씨의 선조라는 주장을 하고 있다. 문헌 기록 외에 돌무지덧널무덤(적석목 곽분) 및 부장품이 일부 북방민족 계통과 유사하다는 사실도 증거로 거론 된다. 하지만 2000년대 이후 고고학 발굴 성과를 통해 돌무지덧널무덤과 부장품의 발전 단계가 모두 밝혀지면서 4세기 신라 묘제의 북방민족 유래 설도 역사학계 및 고고학계에서 인정되지 않고 있다.(이상 위키백과 참조)

한편 가이드 말에 따르면 한때 신라 김씨가 서안에 와서 김일제 무덤 에 제사를 지낸 적이 있었는데 요즘은 오지 않는다고 하였다.

4. 서안 대당서시 박물관에서 본 신라왕 사촌 김일성(김일용)의 묘지명

서안 대당서시 박물관에 보관되어 있는 김일용의 묘지석이다. 원래 이름이 김일성(金日晟)인데 그 자를 따서 김일용 묘지명이라 부른다.

김일용(713-774)은 신라 사람으로 신라왕의 4촌이다. 중국 조정에 귀화 하여 만국에 모범을 보였다고 하였으며 62세에 사망하여 부인인 당나라 여인 장씨와 합장되었다. 신문왕의 손자이며 효소왕과 성덕왕의 조카이 며 효성왕과 경덕왕의 사촌형이라고 한다.

중국 섬서성 서안시 대당서시박물관에서 소장하고 있다. 묘지명의 재 질은 청석(靑石)이며 지석과 개석을 모두 갖추고 있다. 개석은 일부가 파 손되었으나, 정방형으로 가로 41㎝, 세로 41㎝, 두께 7㎝로 비교적 작은 편이며, 녹정형(盝頂形)이다. 명문은 전서(篆書)로 "유당고김부군묘지명(有 唐故金府君墓誌銘)"이라고 3행 3자 총 9자를 음각하였고, 사면(斜面)에는 운 문(雲紋)을 음각으로 새겨 장식하였다. 지석은 정방형으로 가로 42.5㎝, 세 로 42㎝, 두께 7㎝로 방격(方格)으로 계선(界線)을 그어 구획하였다. 전문 17

金日晟（shèng）墓志

時代: 唐大曆九年 (774)
投稿: 志: 长42.5cm, 宽42 cm, 厚7 cm; 盖: 长41cm, 宽41 cm, 厚7 cm
藏品单位: 西安大唐西市博物馆
盖铭: 有唐故金府君墓志铭
志盖: 有唐故银光禄大夫光禄卿兖州都督金府君墓志铭并序
说明:
金日晟 (713~774)，新罗人，大历九年秋八月五日与夫人张氏合葬于长安永寿之古原。高69今西安雁塔区三兆村一带。墓志铭文17行，行19字，楷书，素边，盖界栏，铭文3行，行3字。

행이며 해서체로 총 302자를 음각하였다. 글자 수는 9행까지는 계선에 맞
춰 행당 19자를 유지했으나, 그 뒤로는 3자에서 31자까지 불규칙하다. 지
석 사방의 옆면에는 아무런 문양도 새겨 넣지 않았다. 김일성이 신라로
다시 돌아가지 못한 것은 신라 중대 숙위의 특성상 근친과 혈족을 정치
로부터 분리시켜 왕권을 강화하고자하는 정책에서 비롯된 것이라고 판
단된다. (한국민족문화 대백과 사전)

5. 중국의 12-12사태, 서안사변이 1936년 12월 12일 서안 화천궁에서 발발하다

지인 가운데 서안에 놀러가서 화천궁에서 공연하는 양귀비 주인공 공
연 <장한가>를 보고 너무 규모가 크고 감동적이어서 중국어를 초급부터

다시 공부하기 시작하였다는 이야기를 들은 적이 있다. 이번 여행에서는
장한가 공연은 보지 못하였는데 화천궁 입장표에 이 장한가 공연과 함께
<서안 사변>을 공연한다는 안내가 이 입장표에 들어 있었다. 공교롭게도
이 서안사변[1]이 일어난 날이 12월 12일이란 것을 보았다. 이렇게 보면 중
국에서도 하극상의 12.12 사태가 있었다는 것을 알았다. 또 뒤에 안 것이
지만 안중근 의사가 이토 히로부미를 저격한 날짜는 10월 26이란 사실도
알았다.

6. 서안박물원 입구에 새긴 당시 두 수, 이백의 소년행, 두보의 음중팔선가

　서안박물원은 실크로드의 동쪽 출발점 <당 장안성>의 중축선인 주작
대로의 동쪽에 위치해 있다. 2007년 5월 18일에 정식 개장되었고 2010년

1　서안사변: 1936년 12월 12일 동북군 총사령관 장쉐량(張學良)이 국민당 정권의 총통 장제
스를 산시성의 성도(省都) 시안(西安) 화청지에서 납치하여 구금하고 공산당과의 내전을 중
지하고 일본 제국주의의 침략에 맞서 함께 싸울 것을 요구한 사건이다. 이 사건으로 국민
당군과 홍군은 국공 내전을 중지하고 제2차 국공 합작이 이루어져 함께 대 일본 전쟁을
수행하는 계기가 되었다. 그 후 대만으로 간 장제스는 장쉐량을 속여 용서한다고 하여 대
만으로 들어온 장쉐량을 평생 감금하였다고 한다.

3월 31일부터는 시민에게 무료 개장되고 있다. 총 부지 면적은 16만 평방 미터이고 그 중 박물관 건축 면적은 1만 6천 평방미터, 전시면적은 5천5백 평방미터, 문물 소장품 창고 면적은 4천 평방 미터이다. 박물원 터는 유명한 당나라 건축 및 세계문화유산과 전국 중점 문물 보호단위인 소안탑을 중심으로 박물관, 천복사, 유적지, 세 부분으로 구성되어 있다. 메인 건축물인 박물관은 유명한 건축 대가 장금주의 창조적인 디자인으로 천원지방(天圓地方)의 콘셉을 구현하였다. 현재 청동기, 옥기물, 금은 기물, 도자기, 돌조각, 비각, 인장, 삼채기물, 서화, 경책, 탁본, 진서 사본 및 기타를 포함한 소장품이 11만여 점이고 그중에서 3등급 이상의 희귀 문물이 1만점 이상이다. 소장한 고서들이 10만 점이고 37점이 제3차 국가진귀고적명록에 선정되었다. 컬렉션의 계통과 품종을 완벽하게 갖추어 중국 고대 정치 경제와 문화 생활의 다양한 면을 반영하였다. 박물원은 고도 서안을 기본으로 하고 <장엄한 보살 - 불교 조불 예술 전시>와 <천지의 영물-고대 옥기 전시>를 특별전시로 하며 각종 특별 전시회를 확장하는 구도로 이루어진 주, 진, 한, 당 문명을 강조하였고 여러 면으로 옛서울 장안의 문화 매력을 보여준다.

아래 이백의 소년행은 고문진보에서 읽었을 때는 크게 가슴에 닿지 않았는데 실크로드의 출발점인 화려한 서시에 가서 보니 정말 실감이 났다. 국제도시 서안의 화려한 밤, 젊은이들이 백마타고 모이는 곳, 이국적인 분위기의 서시 주점이 떠올랐다.

少年行(소년행; 소년의 노래) - 李白(이백)
五陵少年金市東 오릉의 젊은이들이 금시의 동쪽에서
銀鞍白馬度春風 은 안장 없은 흰 백마 타고 봄바람 가르며 달려가네
落花踏盡遊何處 떨어진 꽃잎 짓밟으며 어디에서 놀고
笑入胡姬酒肆中 오랑캐 여인들이 반기는 술집으로 웃으며 들어가네

飲中八仙歌(음중팔선가; 음중 팔선의 노래) - 杜甫(두보)
李白一斗詩百篇 이백은 한말 술에 백편의 시를 짓고
長安市上酒家眠 장안 거리 술집에서 잠에 떨어져
天子呼來不上船 천자가 불러도 배에 오르지 아니하고
自稱臣是酒中仙 자칭 신은 酒中의 神仙이라 말했다네

한자의 기원에서 통일과 완성

7. 서안에서 본 간판들 그리고 특이한 한자

서안 함양 공항 출구에서 본 간판인데 중국 어디서나 볼 수 있는 2012년 시진핑이 발표한 사회주의 핵심 가치관이다. 즉 부강,

민주, 문명, 화해, 자유, 평등, 공정, 법치, 애국, 경업, 성신, 우선(友善) 등이다. 부강과 애국을 빼면 전혀 중국 현실과 맞지 않는 구호인 것 같은데, 아마 우리가 생각하는 민주, 자유, 평등, 법치 등의 개념은 중국에는 찾아볼 수가 없는데 이런 말을 쓰는 것을 보면 아마 중국 사람들이 이 말에 대해 생각하는 의미가 우리와 많이 다른 것 같다. 또한 여기에 없는 것이 인권이다.

西安因你而美 서안은 그대로 인해 아름답고
古都因你而荣 고도는 나로 인해 번영한다

만남의 장소는 중국어로 汇合点라 쓰는 것을 보았다. 汇는 번체자로 滙 회합점=Meeting Point이니 물이 한곳으로 모이다는 뜻으로 우리말 음독은 滙(회)이다.

어디든지 사회주의 핵심 가치관이 적혀 있고 그 옆에 문명 도시 건설하자는 구호가 보인다.

西人人爭做文明市民 携手共建文明城市
사람 마다 문명 시민이 되자, 손잡고 문명 도시를 건설하자

暖心警務會 客廳. 따뜻한 경찰 업무회 로비 간판 아래 쓰인 구호. 이렇게만 되면 백성의 마음을 충분히 어루만져 줄 수 있을 것 같다.

聽民意 민의를 듣는다
化紛糾 분규를 잘 해결한다
辦實事 실질적으로 일을 처리한다
解民憂 백성의 걱정을 해결한다

招財進寶. 재물을 부르고 보화가 들어온다. 한 식당에서 파는 선물 포장에서 본 초재진보를 합쳐 쓴 글자. 사진 아래 중앙에 있는 이 복잡한 글자는 특별

한지의 기원에서 통일과 완성

한 발음은 없고 그냥 '초재진보'라고 읽으면 될 것 같다.

便利店(편의점). 'Yes Store'라는 이름의 편의점 간판이 諾(낙)으로 적혀 있다. 옛글에 '諾타'라고 하면 그래 알았다 Yes라는 뜻이다. 그래서 Yes Convenient Store 이름을 諾便利店이라고 이름 지은 듯하다.

西安文創. 아이스크림 집 간판이다. 冰은 뜻으로 ice이고 激凌은 소리를 따라 크림이니 冰激凌은 아이스크림을 말한다. 忒(忒, 틀릴 특)은 틀리다, 또한 매우라는 뜻이 있다. 중국어 발음은 te(4성)인데 여기에서는 tei라고 적혀있으니 tei라고 발음되기도 하나보다. 我在西安忒想你., 내가 서안에 있을 때 네가 억수로 생각난다. 西安文創冰激凌, 서안 문창 아이스크림.

바베큐(Barbecue)는 중국말로 뭐라고 할까. 여기 당당 통자 불고기 집 간판이 말해준다. 桶子烤肉. 그야말로 말 그대로 통째로 구운 고기이다. 오로지 통자 불고기 즉 바베큐만 30년간 전문으로 해왔다고 한다.

피자헛은 중국말로 必胜客인데 손님이 반드시 이긴다, 고객 제일이라는 뜻이다. 이런 뜻에서 필승객이라고 이름하였다고 한

다. 발음상으로는 피자헛과 필승객은 중국 보통어나 광동어발음과는 관계없는 것 같다.

우아함이 너와 함께 하여, 같이 흘러가 세월이 지나도 돌아올 줄 모르네. 원래 맹자에 나오는, 流連 배를 타고 강을 오르내리며 놀이를 하고 사냥을 가서 돌아올줄 모른다는 좋지 않은 뜻이었는데 요즘은 이렇게 영원히 함께하고 싶다는 좋은 뜻으로 사용되고 있는 것 같다.

회족 거리의 명물인 매운 혁대 국수 '뱡뱡면'. 이 뱡뱡면의 뱡자는 중국어에서 가장 획수가 많은 57획이라고 한다. <穴+言+幺+幺+馬+長+長+心+月+刂+辶>

보초는 신성하다, 침범을 용납하지 않는다. 병마용이 아무리 중요하다고 해도 보초가 신성할 필요까지는 없는 것 같은데 좌우지간 보초는 신성하다고 한다.

한자의 기원에서 통일과 완성

8. 섬서고고학박물관

수나라 제작, 낙타 등에
얹는 자루(타낭)에 주신도(酒
神圖)가 그려진 도자기 낙타
상 (隨酒神圖駝囊陶駱駝).

섬서고고학박물관 입구

낙타 양쪽 짐자루에 인
물이 새겨져 있다. 주인 한
사람과 두 시종 세 사람인데 형상이 비슷하다. 가운데 남성은 취한 모습
을 하고 있다. 술에 취한 사람은 아마도 그리스 신화 중의 술의 신 디오
니소스나 대역사 헤라클레스인 것 같다. 주신을 시종하는 사람은 실레누
스, 사티르 또는 고대인도 재물신 구비라 등 여러 가능성이 있다. 도자기
낙타는 당연히 수나라 대흥성 안의 명기 제조소에서 생산하였을 것이고
타낭에 그린 그림은 소그드인 기술자와도 관련이 있어 동서 문화 교류와
융합을 반영하고 있다.

9. 양귀비와 현종의 화청궁, 그리고 어서정

화청궁 안의 어서정(御書亭) 유지
는 성신탕 서쪽에 있다. 당현종 시기
에 수리해서 세웠는데 1982년 발견
하였다. 원래 당태종의 <온천명>비
석을 보호하기 위해 세웠다. 정관 18
년 당태종이 장작대장 염입덕에게
명령하여 어탑을 만들도록 명령하였
다. 3년 걸려 완공되었는데 탕천궁이
라고 이름을 내렸다. 백관을 거느리
고 행차하여 목욕을 하고 종이를 펼
처 <온천명>이라는 휘호를 적고 돌

을 깍아 비석을 세웠는데 이 비는 행서를 써서 비
석을 세운 최초의 비석이 되었다.

참고로 당태종 이세민 (599—649)은 두 개의 서
예작품을 남겼는데 모두 돌에 새긴 것이다. 하나
는 <진사명晉祠銘> 이고 다른 하나는 <온천명>
이다. 당태종이 직접 글을 지어 글씨를 쓰고 정관
21년(647년)에 새겼는데 원래의 돌은 없어졌고 탁
본만 남아있다.

한편 당태종이 戈 자를 잘 못써 고민했는데
마침내 戩 자를 쓸때 오른쪽 창과 글자는 남겨놓
고 우세남에게 써 채우도록 하였다. 당태종은 이

것을 위징에게 보여주며 말하기를 "짐이 우세남에게 배웠는데 잘썼지?" 하니 위징이 말하기를 "戩의 晉 글자와 戈 글자가 너무 붙어있습니다." 하였다고 한다. 아마 아래의 온천명에서 가운데 줄 제일 위에 보이는 戩 자가 바로 그 글자가 아닐까 한다.

10. 서안 반파 박물관(西安半坡博物館)과 앙소 문화. 어머니는 알지만 아버지는 모른다(모계사회)

오래토록 세월의 풍진에 의해 인류가 남긴 중요한 자취를 묻어 버렸지만 영원히 모든 자취를 숨길 수는 없다. 1953년 봄 고고학자들이 서안시 동부 교외 산하滻河 강가에서 반파촌을 우연히 발견하였는데 BC 4800~ 4300 전의 관중 지방의 전형적인 모계 씨족 공동체 사회 번영단계의 취락이 빛을 보게 되었다. 반파 유적은 신석기 시대 앙소문화 유적이다. 반파 선주민은 여기서 긴 세월을 생활하며 찬란하고 다채로운 선사 문명을 창조하고 총명과 재치를 드러내어 보여주었다. 1958년 박물관을 건립하였다.

한편 가운데 얼굴에 양쪽에 물고기가 있는 그림은 쟁반 위에 그려진 것인데 다음과 같은 설이 있다고 한다.

① 토템설: 반파인이 숭배한 토템의 형상이다

② 조상 모양설: 신령이 인격화한 것을 표현하였다

③ 권력 상징설: 고기 장식은 뒤에 권력을 상징하는 뿔과 모자가
   되었다

④ 무당 얼굴 가면 설: 무당이 술법을 행할 때 쓴 가면이다

⑤ 외계인 설 : 외계인 모습이다

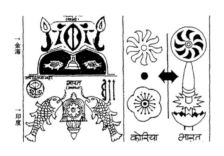

그리고 김해 허수로 왕능 입구에 물고기 문양이 있는데 허수로왕도 인도 아유타가 아니고 중국에 왔다고 한다. 아마 이 반파 유적의 물고기 형상이 허수로왕릉 입구 문 장식에 영향을 미쳤을지도 모르는 일이다. (하기 그림은 이영식 교수의 이야기 가야사 여행, 왕릉의 수수께끼에서 가져왔음)

11. 한무제능에서 쓰인 추풍사(秋風辭) 한무제가 지은 시

한무제가 하동으로 행차하여 토지신에게 제사를 올리고 배를 띄워 신하들과 함께 술을 마셨는데, 심히 즐거워하시며 「추풍사」를 지어 노래하였다.

秋風起兮白雲龍 가을 바람이 일어 남이여 흰 구름이 날리니
草木黃落兮雁南歸 초목이 누렇게 떨어짐이여 기러기 남쪽에 돌아

가도다

蘭有秀兮菊有芳 난초의 빼어난 꽃이 있음이여 국화에 꽃다움이 있으니

懷佳人兮不能忘 아름다움을 생각함을 잊을 수가 없도다

汎樓船兮濟汾河 다락배를 띄움이여 분하를 건너니

橫中流兮揚素波 강물 가운데 흰 물결 날리 도다

簫鼓鳴兮發棹歌 피리소리 북소리 울림이여 뱃노래를 부르니

歡樂極兮哀情多 기쁨과 즐거움이 극진하여 슬픈 생각이 많다.

少壯幾時兮奈老何 젊음이 얼마이겠는가 늙는 것을 어찌 하리오

12. 여름 복날에 처음 개를 잡은 것은 진(秦)나라 사람들

진공제1호묘에 걸린 그림에는 진나라가 제일 먼저 복날을 정하였다고 한다. 주(周)나라 때에는 여름 복날이 없었는데 진나라에서 처음 복날을 제정하였다. 진나라 덕공2년(기원전 676년)에 '초복에 개를 잡아 뱃속의 벌레(蠱)를 막았다.'고 했다. 개를 잡아 신에게 제사 지내어 몸속의 해충의

다리에서 개를 잡아 성벽에 걸어놓고
다리 건너 사당에서 제사 지낼 준비하는 그림

재앙을 막았다. 복일 열병은 양기가 넘쳐난 소치이니 진나라 사람들은 이 날을 알았을 뿐만 아니라 예방 조치도 취하였다. 이것은 진나라가 기후 천문 역법에 대해 중요한 공헌하였다는 증거라고 한다.

13. 고려 이재현이 보계시를 거쳐 티벳에 유배중인 충선왕을 면회가며 지은 곡조 수조가두 과대산관(水調歌頭 過大散關)

우리는 보계시 크라운 플라자 호텔에 묵었는데 이 호텔은 위하(渭河)를 내려다 보고 있었다. 아침에 잠시 시간을 내어 그 강가로 나가보았다. 위하 강 위에는 다리가 있었는데 석고문화랑교라고 하였다. 다리 양쪽 난간, 바닥 그리고 다리를 덮은 천장에는 옛날 시와 글들이 즐비하게 놓여 있었다. 여기에서 뜻밖에 고려 이재현의 시를 발견하였다.

고려 때 이재현(1287년 충렬왕 14 -1367년 공민왕 16)은 충선왕이 티베트로 유배되자 원나라에 사면을 청하였고 결국 충선왕은 감숙성의 도스마(朶思麻, 타사마)로 유배지를 옮기게 되었다. 1323년에 이재현은 유배된 충선왕을 만나기 위해 감숙성에 다녀오면서 보계시를 거쳐서 갔다.

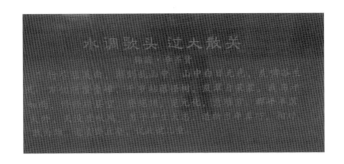

이 때 보계시에서 지은 水調歌頭 過大散關이 섬서성 보계시 석고문화랑교 다리에 걸려있다. 이 시 제목에 나오는 大散關은 또한 散關, 崤谷이라 불리는데 지금 섬서성 보계시 서남 대산령大散嶺에 있다. 진나라와 촉나라를 왕래할 때 지나가야 하는 길이고 군사들이 꼭 싸워야 하는 땅이다. 南宋 때에는 宋나라와 金나라가 이곳을 경계로 삼았다고 한다.

수조가두(水調歌頭) 대산관(大散關)을 지나면서.

푸른 시냇물 굽이돌아 / 行盡碧溪曲

깊은 산 속으로 다다르네 / 漸到亂山中

산 속에선 밝은 해도 광채가 없고 / 山中白日無色

범 울부짖으니 골짜기에 바람 인다 / 虎嘯谷生風

만 길 무너져 내리는 벼랑과 포개진 병풍바위 / 萬仞崩崖疊嶂

천 년 묵은 마른 등덩굴과 기괴한 나무에 / 千歲枯藤怪樹

푸른 산기운만 자욱하다 / 嵐翠自濛濛

내가 탄 말은 땀이 비처럼 흐르고 / 我馬汗如雨

긴 오솔길은 높은 하늘로 돌아든다 / 脩逕轉層空

절정에 올라가 / 登絶頂

조화의 위대한 작용 보자니 / 覽元化

그 뜻도 이루 다 헤아리기 어렵다 / 意難窮

무리진 산봉들은 하늘 밖에 솟아 있고 / 群峯半落天外

가을 기러기는 아득히 사라지는구나 / 滅沒度秋鴻

사나이 한평생의 큰 뜻과 / 男子平生大志

조물주의 참된 기교 / 造物當年眞巧

서로 마주 대하니 어느 쪽이 더 센가 / 相對孰爲雄

늙어서 산골에 누워 살 때에 / 老去臥丘壑

이 일 이야기하여 아이들에게 자랑하는 거라 / 說此詫兒童

14. 중국이란 말이 청동기에 처음 나오다. 보계청동기박물관 하준특별전(何尊特別展). 宅玆中國 이 중국에 거하라

하은주 이래 황하 유역을 중심으로 흥망한 역대 왕조들이 그 국호와 상관없이 실제 모두 중국으로 칭해졌다. 1689년 러시아와 대청국이 체결한 네르친스크 조약 만주어 전문이 청나라 강희 황제를 dulimbai guru i enduringge huangdi (가운데 나라의 성스러운 황제)라고 하여 가운데 나라 즉 중국이라고 표현하였으며 그 후에 중화민국이란 나라 이름에 정식으로 중국이란 이름이 들어가 있다. 그런데 청동기에 중국이라는 두 글자가 나왔다고 하여 보계 청동기 박물관에 특별 전시 코너를 전시하고 명문을 상세히 설명하고 있는데 이른바 하준이라는 청동기였다.

가을비 오는 밤 국보가 깜짝 나타나다.

1963년 가을비가 賈村源의 陳堆의 집에 뜻밖의 좋은 소식을 가져왔다. 빗물에 뒷뜰 흙 절벽에, 어렴풋이 번쩍이는 청동기 하나가 드러났다. 이 청동기가 여러 사람의 손을 거쳐 박물관으로 흘러 들어간 뒤 더 큰 놀라운 소식이 이어서 들려왔다. 녹을 제거하고 나니 기물 안 바닥에 122글자가 나타났다. 삼천 년 전의 진귀한 청동기로부터 나온 정보는 바로 '중국'이라는 예로부터 계속된 주제였다.

학자들 해석은 이렇다. 中이라는 본래의 뜻은 깃발의 장대를 뜻하는 것으로 중간에 있는 타원형 모양은 깃대를 잡고 있는 손이며 위아래 휘날리는 것은 깃발이다. 부락의 지도자가 일이 있을 때 깃발을 세워 여러 사람을 모았으며, 많은 사람들이 깃발 주위에 모여 명령을 기다렸다. 中은 한곳으로 치우치지 않고 두려워하지 않으며 또한 침범하지 않는다. 중용(中庸), 중정(中正), 중화(中和)는 중국인의 전통적 처세의 도리가 되었다.

金文 가운데의 國의 원시자형은 戈에 口를 더한 것으로 戈는 소리를 나타내는 성부이고 아울러 창을 잡고 성을 지킨다는 뜻인데 口는 사람들이 주거하는 성읍을 표시하며 춘추 시기에 오면 외곽에 口를 에워싸서 나라의 강계를 표시하였다. 최초의 나라는 명확한 경계가 없었으며 처음 나라는 글자는 충실하게 이러한 특징을 기록하고 있다.

<宅玆中國> 이 중국에 거하라. 복단대학의 葛兆光 교수는 이 명문에 나오는 이말을 가지고 자기의 책 이름으로 삼았다. 중국이란 무엇인가?

하준 명문은 삼천여년 전으로부터 내려온 진귀한 역사 자료이며 중요

한 사료 가치가 있다.

- 시간 장소 사람 사건

周成王 5년 4월 병술일에 주나라 서울에서 주나라 왕이 귀족 자제에 대해 훈시를 하였는데, 아버지한테 배우고 덕을 공손히 하며 하늘의 뜻을 따르라고 하였다. 젊은 何는 주왕의 칭찬을 받고 이 용기를 만들어 기념하였다.

- 주나라를 건설하는 과정에서의 중대한 역사적 사건을 기록하였다.

주나라 무왕은 한창 나이에 일찍 죽어 성왕이 이어서 왕이 되었는데 주공이 섭정하니 관숙 채숙이 불만을 가지고 은나라 주왕의 아들과 연합하여 반란을 일어키니 역사가 말하는 삼감의 난이다. 산동 지역의 은나라 옛 세력도 준동하니 한때 서주 정원은 비바람 가운데 흔들려 안정되지 못하였다. 주공이 동쪽을 정벌하여 삼감의 난을 평정한 후 무왕의 유지를 받들어 주나라를 굳건히 하여 이로써 동쪽 지역을 포함하여 다스렸다. 하준의 명문과 상서의 조고 낙고, 사기의 주본기 내용이 상호 똑 같아 역사 자료를 보충하는 역할을 한다.

　　　　　　　한자의 기원에서 통일과 완성

- 명문 가운데 중국이라는 두 글자가 최초로 나왔다.

학자들 통계에 따르면 중국은 선진 사에서 100회 이상 나오는데 국도, 중원 등을 가리킨다. 비록 당시의 중국이 단지 지리적 개념으로 지금의 중국이라는 말과 뜻이 다르지만, 역사발전의 각도에서 보면 양자 간에는 깊은 문화적 관련성이 있다.

尊은 금문에서 양 손으로 하나의 술을 담은 주전자를 받들고 있는 모습을 상징한다. 송대 금석학자들은 마침내 이러한 나팔 모양의 입, 긴 목, 다리가 둥근 기물을 尊이라고 이름 지었다. 상나라와 서주시대에 주로 유행하였으며 춘추전국 이후에는 점점 사라졌다. 하준은 총 높이 39센티미터이며 서주(BC 1046~BC 977)시기 고고학 발굴에 있어 사이즈가 가장 큰 것이다.

15. 원우당적비(서안 비림 박물관 소장 복사품).
왕안석 신법에 반대한 309명 이름이 적힌 블랙리스트
(원우당적비 탁본(복제품) 송나라. 현재 원본 보관소: 요녕성박물관)

북송 숭녕 년간에 蔡京이 전권을 잡고 권력을 휘둘렀다. 채경은 여러 번 원우 당적 명단을 만들어 모두 세번에 걸쳐 이 그룹에 속하는 사람들의 이름을 새겨 비석을 세우고 이 명단에 포함된 사람과 그 친척들이 벼슬을 하지 못하도록 하였다.

이로써 원우 당인 가족들 벼슬길에 오르거나 혼인하는데 또한 서로 교류하고 학문하는 데에 있어 여러 면에서 매우 불리한 대우를 받았다. 지금의 블랙 리스트와 같은 이 원우당적비는 북송 말기의 극렬한 당쟁의

산물일 뿐 아니라 숭녕 년간의 자기와 다른 당파를 탄압한 결과를 나타
내는 중요한 비석이다.

송나라 조정이 남쪽으로 천도하여 당금이 해제되었는데도 블랙리스
트에 포함된 당인의 자손들이 다시 그 비를 모방하여 새워 자기들의 조
상의 덕과 황제의 은혜를 입은 것을 자랑하였다. 이로 인해 원우당적비는
비록 북송 숭녕 5년(1106년)에 훼손되었지만 반대로 당적에 속한 사람의
자손들이 그 비를 다시 만들어 세우고 역사 자료들이 그 것을 인용한 것

이 지금까지 전해진다. 원우 년간에 재상이 된 여대방(呂大防)의 이름도 당적비에 이름이 적혀 있다.

숭녕 4년 1105년 송휘종이 재상 채경 등의 주장을 받아들여 원우 년간에 왕안석 신법을 반대하였던 사마광, 문언박, 여공저, 소철, 소식 등 구당 309명을 원우 간당이라 하여 단례문에 비석을 세웠다. 후세 사람들이 이 비를 원우당적비라 불렀다. 1년 뒤에 이 비석은 부숴졌지만 그 후 93년이 지난 뒤 원우 당인인 양도의 증손인 양율이 이를 복사 중건하였다.

원우당적이라고 쓴 것은 송 휘종의 어필이고 비의 서문과 당인의 이름은 채경이 쓴 것으로 모두 훌륭한 서예 작품이라고 한다.

16. 서안(西安) 비림(碑林)박물관에 있는 문묘(文廟)와 반지(泮池)

반지(泮池)는 옛날 공자 묘당의 중축선(中軸線) 앞단에 있는 상징성이 있는 특별한 연못이다. 서안의 공묘의 반지는 宋代에 처음 건설되었다. 주례에 따르면 "천자가 있는 곳의 학교는 '벽옹'辟雍이라 하고 사방을 물로 둘렀고 연못은 원형이며, 제후가 있는 학교는 남쪽으로 향해 단지 泮水 만을 만들고 연못의 모양도 반원형으로 泮宮이라 칭한다 하였다."고 하였다. 泮水 가운데는 泮橋라는 다리가 있어 옛날 신입생은 이 반교를 통하여 공묘에 들어가서 공자를 배알해야 했다. 그래서 학교에 들어가는 것을 입반入泮이라고 하였다.

조선시대에 泮館 半宮 등이 성균관을 칭하는 말로 사용되었다. 영어로는 다음과 같이 적혀있다.

Pan Pools

It is an iconic pool in the axial line of the Confucius Temple. Between the pools is a Pan bridge. In ancient china, the new students must cross it before consecrating Confucius.

공자를 뵙기 전에 목욕재계 대신 반수교를 지나감으로 재계를 대신한다는 뜻이 있을 것이다. 기독교의 세례나 유태인이 성소에 들어가기 전에 물로 손을 씻는 것과 비슷한 것 같다. 이런 것에 비추어 볼 때 유교에 종교성이 있다는 일면을 보여준다.

반지와 반교. 저쪽이 반원형으로 만들어진 들어오는 입구이며, 간판이 있는 이쪽이 직선 형태이며 공묘에 가까운 곳이다. 천자가 있는 태학은 완전한 원형으로 연못을 만들었고 제후의 나라는 반원의 형태로 연못을 만들었다. 반원 한 가운데 다리가 있어 학교에 들어갈 때 반드시 이 다리를 거쳤다.

반수는 중국 주나라 때 제후의 국학인 반궁(泮宮)의 옆으로 흐르는 물을 일컫는 말이다. 조선은 주대의 반수를 모방하여 성균관의 동문과 서

한자의 기원에서 통일과 완성

문 사이로 물을 흐르게 하고 이름을 반수라고 하였다. 반수 위에 다리를 세우고 반수교 혹은 반교라고 하였다. 『태학지』에 실린 「반궁도」에는 향석교(香石橋)로 되어 있다. 왕의 알성(謁聖)이나 왕세자의 입학례가 있을 때 참석한 관원들이 이 다리 위에서 행사를 구경하였다. (위키실록사전)

好古여행

—

채영화

한자가 변천해온 역사를 찾아가는 문자로드의 공지를 확인하는 순간 마음은 시안으로 향했다. 4박 6일의 여행 일정을 기다리는 동안 기대감으로 설레었다.

<동아시아 한자문명로드 답사 그 네 번째> '한자의 기원에서 통일과 완성'의 대장정을 위해 대구 일행과 리무진을 타고 김해공항으로 향했다. 조금 한산한 공항에서 새로운 모습, 오랜만에 보는 분들과 반갑게 인사를 나누며 여행이 시작되었다.

아직도 코로나19에서 벗어나지 못한 환경에서 탑승하고 시안에 도착해서도 비행기에서 잠시 지체하는 등 긴장했다. 첫새벽에 들어간 호텔은 일행의 방 키가 되지 않아 불안해하며 왔다 갔다 고충을 겪고 나서야 여장을 풀 수 있었다.

조식과 함께 하루의 일정이 시작되었다.

시안(西安)은 중국 산시성(陝西省)의 성도(省都)로 동서양의 문화교류에 중요한 역할을 했던 실크로드의 출발점으로 13개의 왕조가 수도를 건설한 가장 오래된 도시 중 하나이다. 문화유적의 보고(寶庫)로 중국의 자원이자 세계문화유산으로 관광객을 부르고 있었다. 개인적으로 세 번째 방문이지만 고도(古都)의 문화유적들을 항상 겉핥기로 보는 미진한 여행을 했었다.

첫 일정으로 섬서고고박물관을 찾았다.

넓은 국토만큼 박물관의 규모가 크다. 서안 임동강가유지(臨潼康家遺址)에서 나온 토기, 석고산청동예기(石鼓山靑銅禮器)와 도기(陶器), 다양한 기물들 특이한 토용과 황금호랑이 장식품, 금잔, 서한(西漢) 시기 수관만두(水管彎頭), 진한(秦漢) 시기 이궁별관(離宮別館)의 아름다운 기와의 문자 문양들, 현무문공심전(玄武紋空心磚)과 여러 문양의 벽돌들, 동한묘거마출행도의 화려한 그림, 증후을묘에서 출토된 청룡백호28수천문도, 방대한 자료들에 놀랐다. 옥기(玉器)와 낙타, 말, 이국적 인물의 토용, 북송(北宋) 이학자(理學)이자 금석학자(金石學者)인 여대림(呂大臨)의 묘에서 출토된 석돈(石敦), 이 기물은 양쪽으로 귀가 달린 뚜껑이 있는 것으로 묘지기록(墓地記載), 묘장배열(墓葬排), 기물명문(器物銘文)의 단서가 되는 중요유물의 하나로 분류되어 있었다. 당(唐), 오대(五代) 북송(北), 금(金), 원(元)의 각종 유어문(游魚紋), 연화문(蓮花紋)의 아름다운 문양들이 시대에 따라 달리 표현되어있다.

여행에서 또 하나의 재미는 현지식을 먹어보는 즐거움이다.

'대익선방(大益膳房)'이라는 규모가 큰 식당에서 점심을 먹었는데 입구에 실물 크기의 인형이 앉아 웃고 있었다. 중국 작가가 만든 예술품인 듯 모습이 매우 인상적이다. 식당 안에도 작품들이 있었는데 식당 주인의 안목이라 짐작된다.

다음으로 대당서시박물관(大唐西市博物館)으로 갔다. 신라왕의 종형이라는 김일성(金日晟)의 묘지석 "유당고김부군묘지명(有唐故金府君墓誌銘)"이 수려한 소전(小篆)으로 음각되어있고 사면에는 운문(雲紋)을 음각으로 새겨 장식하였다. 지석은 정방형의 방격(方格)으로 계선(界線)을 그어 구획하였는데 전문 17행은 해행(楷行)의 서체로 음각되었다. 당(唐)에서 활동한 신라 왕족의 면모를 살펴볼 수 있는 금석문 자료를 보고 왕족이면서 타국에서 살아야 했던 그의 삶이 어떠했을까 생각이 많아진다.

인도풍의 불상, 낙타를 타고 생활하는 다양한 모습의 조형물들, 유약을 발라 화려한 낙타의 무리 들이 실크로드의 길을 가고 있었다.

이어서 각 시대에 사용된 돈들이 보인다.

오대십국 전촉(前蜀)의 "영평원보(永平元寶)", 남민(南閩)의 천덕중보배(天德重普背) "은(殷)" 전, 신망(新莽) 의 "국보금궤직만(國寶金匱直萬)" 전, 서주(西周)의 환전(圜錢), 춘추전국시대의 삼공포잡(三孔布帀) 등등의 돈(錢)들이 크기와 모양을 달리하고 있었다.

여러 전적(典籍)들이 진열된 곳에는 섬서 출신 근현대 서화 작가 "우우임(于右任)"의 낯익은 초서가 있어서 감상하였다. 밖으로 나오니 천복사탑으로 알려진 소안탑(小雁塔)이 있다. 원래 15층이었으나 현재는 13층으로 처마가 빽빽한 벽돌탑의 대표적 작품이다. 당나라 불교 건축 예술의 유산이며 불교가 중원지역으로 전파되면서 한민족 문화에 융합된 모습을 보여주는 상징적 건축물이다.

종일 걸어서 다리는 무감각해졌지만 화기애애한 저녁 만찬을 하며 청도 맥주로 여독을 풀었다. 우리의 음식과 비교해서 상차림이 화려하게 느껴졌다.

내일의 일정을 살펴보다 18,000보(步) 덕분에 언제 잠들었는지 아침이 왔다. 서둘러 나섰지만 이미 내국 관광객들이 진시황릉 병마용박물관에 줄지어 서 있었다. 떠밀리며 발 디딜 틈 없는 곳에서 겨우 자리를 잡고 병

한자의 기원에서 통일과 완성

마용 토우들과 마주했다. 처음 발굴할 때의 아름다운 채색은 갑작스러운 노출로 색이 바래졌는지 잿빛 모습으로 묵묵히 자리를 지키고 있다. 뒤편에는 아직도 발굴과 복구를 하고 있다. 옆에 따로 둔 진열장 속 병마용 토우는 오른쪽 무릎을 땅에 대고 한 손을 왼쪽 다리에 얹은 모습이 사실적이며 무엇을 하려 하는 모습이 역동적이다.

다음은 화청궁(華淸宮)으로 향했다.

화청지華淸池의 풍만한 양귀비(楊貴妃) 동상은 변함없이 관광객들의 발길을 끊이지 않게 하고 온천물 없는 유적은 옛날을 상상하게 한다. 뒷날 당(唐)나라 시인 백거이(白居易)는 장한가(長恨歌)를 지어 현종과 양귀비의 사랑을 노래해 영원히 살게 하였다.

　　　이재천원작비익조(在天願作比翼鳥)
　　　하늘에서 만나면 비익조 되기를 원했고
　　　재지원위연리지(在地願爲連理枝)
　　　땅에서 만난다면 연리지 되기를 바랐지

구절이 떠올랐다.

다음은 능소화가 둘러싼 서안반파박물관으로 갔다. 반파유지(半破遺址)와 앙소문화유지(仰韶文化遺址)의 대형그림(圖例)은 진령산맥 앞 시안에서 보계까지 자세하게 나타나 있었다. 다듬은 것 같은 동그란 석구(石求)와 사용법 안내 그림까지 자세하게 안내되어 있다. 인면문채도분(人面紋彩陶盆), 어문채도문(魚紋彩陶盆), 변체어문채도분(變體魚紋彩陶盆), 망문채도분(網紋彩陶盆), 병 아래 부분이 뾰족한 여러 가지 첨저병(尖底甁)들과 도기 조각에 새겨진 초기 문자 같은 것들이 전시되고 있었다. 저녁에는 중국적인 딤섬으로 저녁을 먹으며 화려한 공연을 관람하고 하루의 일정을 마쳤다.

오늘은 한 무제 유철(劉徹)의 능침으로 한나라 여러 왕릉 중 가장 규모가 큰 한효무제무릉(漢孝武帝茂陵) 유지에 왔다. 와당, 청동기 명문이 고박한 예서체로 탁본이 되어 서체 변환기의 문자를 볼 수 있었다. 말이 흉노를 밟는 석상, 동(銅)으로 만든 말이 사실적이다.

이어서 주원 국제 고고 연구 기지에 갔다.

주원 유적의 대규모 고고학 발굴을 기반으로 설립된 주원박물관(周原博物館)은 보계시 봉상구의 남쪽에 위치한 진(秦)나라 이전의 무덤박물관이다. 무덤과 거마갱(車馬坑)이 발견되어 고대 역사와 문화에 대한 이해를 높일 수 있는 곳이었다.

진공1호대묘(秦公一號大墓) 배장갱(陪葬坑)은 진나라 시기 왕족 무덤으로 추정되며 큰 구덩이는 수레와 말을 함께 안장하는 장소로 무덤의 부속묘지이다. 관곽 내부를 재현해서 이해를 도왔는데 2500년이 지나도록 썩지 않은 나무로 황장(黃腸)을 곁들인 덧널목으로 만들어져 옛사람들의 지혜가 보이는 선진 시대의 자료를 볼 수 있었다.

주원갑골은 주周 초기에 거북의 배딱지와 소 견갑골에 점을 치고 기록한 것으로 시경·대아편에 "주원근도여이원시원모원계아귀周原菫荼如飴爰始爰謀爰契我龜(주나라의 넓은 들은 비옥하여 쓴 나물 씀바귀도 엿처럼 달다네, 이에 비로소 계획을 세우시고 거북으로 점쳐 보시고는)"이라는 기록과 일치하여 이름이 붙여졌다고 한다.

청동기 명문들은 주인의 업적과 덕을 기리는 내용을 주로 하며 고대 청동예술과 문화에 대한 풍부한 정보를 전달해 준다.

　　　　　　　　　　　　　　한자의 기원에서 통일과 완성

위궤(衛簋), 진대(秦代) 옥고족배(玉高足杯), 당대(唐代) 삼채등공마(三彩騰空馬) 등 청동기에 주조되거나 새겨진 금문은 획이 굵고 둥글어서 중후한 풍격이 있다. 대만 고궁박물관에 있던 모공정(毛公鼎)과 산시반(散氏盤)도 복제품으로 전시해놓고 있다. 자형이 아름답고 정치(精緻)함에 감탄이 저절로 나온다

비림박물관은 공묘(孔廟), 비림(碑林), 석각(石刻) 및 석각예술관으로 이루어졌는데 역대 중국의 귀중한 비석을 수집하여 모아놓은 곳으로 특히 한(漢), 당(唐), 송(宋) 시대의 석비·법첩을 많이 보존하고 있다. 서예술에 대한 관심에 가장 기대했던 곳으로 이전에 왔을 때도 발길 돌리기가 아쉬움이 많이 남았던 곳이다. 언제나 견학 온 학생들, 관광객들의 무리로 인산인해(人山人海)를 이루고 있다. 비림의 석각들은 유리곽을 덮어쓰고 자신에게 쓰여진 글자체를 뽐내고 있었다.

역대 명필의 작품 앞에서 글씨의 아름다움을 감상하며 그 무한한 세계에 빠진다.

처음으로 조전비의 자태가 보인다. 너무 많은 사람들이 모여 감상이 어려웠다. 동한(東漢)시대의 비석으로 합양령(郃陽令) 조전(曹全)의 공덕을 찬양한 글을 예서로 새긴 비로 보존상태가 아주 좋았다. 당시에는 글씨를 쓴 작가의 기록이 없어 누구의 글씨인지 알 수 없지만, 서체는 부드러우며 필획이 굵지 않아 소박, 웅건한 맛은 없으나 횡으로 길게 쓴 서풍이 우아하고 수려한 모습이다.

고개를 돌리니 회소초서천자문(懷素草書千字文)이 기다리고 있다. 당대 저명한 서법가인 회소의 작품으로 종횡으로 자유로운 광초(狂草)가 친숙하다. 글을 따라 눈길을 이어가는데 인파에 밀려 저절로 다음으로 옮겨

간다.

해서(楷書) 최고의 범본(范本)이라는 안근례비(顔勤禮碑)가 엄정한 모습으로 맞이한다. 당(唐) 4대가 중 한 분인 안진경이 71세 때에 당초(唐初)의 저명한 학자였던 증조부 안근례를 위하여 온 정력과 심혼을 기울여 짓고 쓴 역작이다. 처음 해서(楷書)를 배울 때 임서(臨書)했던 비문이라 한눈에 들어왔다. 원필로 강, 유가 잘 조화되어 있고 남성적이고 후덕한 느낌이 나는 글씨이다, 탁본을 확대하여 만든 법첩에서 느끼지 못하는 운치를 느낀다.

당현종(唐玄宗)때의 서예가 장욱(張旭)의 <단천자문(斷千字文)>도 있다. 이왕(왕희지,왕헌지)의 서법을 배웠고, 분방하게 느껴지는 광초(狂草)로 초성(草聖)이라 불리는 그의 글씨는 호방하고 유쾌했다. 그가 술 취해 머리채를 먹물에 적셔 글씨를 쓰는 취태(醉態)가 있었다는 이야기를 떠올리며 감상했다. 자간의 간격이나 공간, 미세한 획, 가감한 선은 자유로운 풍격을 형성하고 있었다.

송대(宋代) 미불(米芾)의 4폭 병풍시비, 명조(明朝) 축윤명(祝允明)의 초서(草書) 작품 <낙지론(樂志論)>은 책으로 본 것보다 활달하고 시원한 필체가 느껴진다, 북송 시대 황정견(黃庭堅)의 7언시에서는 그의 작품 송풍각(松風閣)과 같은 특유의 행서 필의가 정겹다.

또 동한(東漢) 시대 '희평석경(喜平石)'이 호방한 예서체로 반긴다.

경서(經書)의 문자에 이문(異文)이 많아 표준을 정정하여 비로 새겨서 낙양 태학의 문 앞에 세웠다는데 지금은 주역잔석(周易殘石)만이 남아있다. 당시 저명학자이며 서법가인 채옹(蔡邕)의 글씨라고 한다.

전진(前秦) 시대의 광무장군비(廣武將軍碑)가 정의하비(鄭義下卑)와 비슷

한자의 기원에서 통일과 완성

하게 느껴지는 고박한 아름다움을 간직하고 서 있다. 예서(隸書)가 해서(楷書)로 변화해 가는 사이의 글씨체를 볼 수 있었다.

비림에 모아진 방대한 자료들은 한(漢), 당(唐)이후의 서예의 변천과 석비의 양식을 알 수 있게 하는 역사의 보고(寶庫)이다.

당시의 문인들이 관우를 칭송하기 위하여 지어낸 한시(漢詩)의 문자유희(文字遊戱)라는 안내문이 있는 관제시죽(關帝詩竹)은 관우가 조조 진영에 붙잡힌 포로 시절에 변함없는 충성심을 대나무 잎 그림에 담아 유비에게 보낸 죽엽 그림 편지이다. 댓잎을 따라 글을 떠올리며 읽어 보았다. 옛사람들의 기발한 기지와 운치가 돋보인다.

웅장한 조형물 석대효경비(石臺孝經碑)가 시선을 압도한다.

당 현종이 직접 효경비를 썼는데 큰 글자는 예서체로 쓰고 작은 글자는 해서체로 쓴 주석으로 예서는 곡선의 파임이 화려하다. 세칭 "개원체(開元体)"라고 안내문에 적혀있다. 자료집에서 읽었던 이야기 "며느리인 양귀비에게 마음을 빼앗긴 나머지 자식들에게 효경을 공부하라고 하고 자신은 정작 효를 내세워 며느리이던 양귀비를 취하기 위함"이라는 뒷이야기를 떠올리며 쓸쓸하게 정도를 잃어버린 결과를 생각하게 한다.

시간에 쫓겨 나오다 탁본 전시관을 발견했다. 유리에 반사되어 보기 힘들었던 석비(石碑)들이 탁본으로 일부 전시가 되어있어서 반가웠다. 모습을 한 번 더 보여주면서 작별 인사를 하는 것 같았다.

문묘 앞에서 단체사진으로 비림 관람을 마무리하고, 비림 옆 서원문 거리 문물천지(文物天地)에서 지인들에게 줄 붓과 먹도 샀다. 일행이 줄 서서 사 온 중국의 아메리카노 커피는 미지근하니 커피의 향도 느껴지지 않아 한국의 커피가 그리웠다.

비림박물관 입구에서 일행을 기다리며 주변을 둘러보다 가로수 보호용 덮개를 보게 되었다. 서예의 기본 획을 무늬로 투조(透彫)하였는데 비림 문화 역사지구의 거리답다는 생각이 들었다.

창힐(蒼頡)의 한자 창제 신화 이전의 문자부호가 새겨진 토기, 물고기와 새 모양의 호리병, 삼각 무늬의 채도 그릇, 붉은색의 화려한 토기 등 과거로 돌아가 어느 지점에서부터 어떻게 문자가 만들어졌는지를 대략적으로 이해하고, 표시하고, 긁고, 새기고 주형에 글씨를 쓰고 다듬고 문자가 확장되어 현재에 이르렀는가 보여주는 자료와 유물들이 잘 정리된 박물관 투어 시간이었다.

시대를 징검다리 건너듯 건너가며 돌아보는 도안들은 황홀경에 빠지게 했다. 보고 또 보고를 거듭해도 눈을 떼지 못하는 유물들을 할애된 시간 안에 담아내는 것이 어려웠다.

일정은 꿈같이 지나가고 돌아갈 곳이 있다는 편안함에 피로가 몰려왔다. 정해진 짧은 기간에 여섯 개의 박물관을 뜀박질하듯 다니며 며칠이라도 더 머물며 보계 청동기박물관의 반盤, 궤簋 등의 금문과 비림박물관의 문자들을 감상하고픈 간절함을 뒤로 하고 사진에 담았다.

이번의 답사는 서예가로서 필요한 더없이 소중한 시간으로 작품활동에 유익한 에너지가 되리라.

한자의 기원에서 통일과 완성

9

보계시 청동기 박물원 소장 청동기

—

최남규

　서안은 몇 번을 다녀왔는지 모른다. 갈 때마다 다르다. 경제적 번영이
눈부시다. 서안, 장안의 고적으로 도시이다. 5미터 땅을 파면 골동품이 나
오고, 10미터 파면 샘물이 나온다는 말이 있듯이 곳곳이 유적지이다.

　섬서성을 청동기의 고향이다. 특히 서주 시기의 청동기가 가장 많이
출토되는 지역이기도 하다. 1998년 섬서성 역사박물관을 방문했을 때는
그래도 관람객이 적어 한가했는데, 지금은 입장권 표 구하기도 힘들다.
그만큼 문화재에 관심이 많아졌다.

　2007년에 기산박물관, 부풍현 박물관과 보계청동기 박물관을 다녀왔
다. 2003년에 보계시 미현眉縣에서 27건의 청동기가 발견되었는데 그중
에서 《逨鼎》과 《逨盤》이 유명하다. 당시 2007년 보계청동기박물관(지금은
'보계청동기박물원'이라 칭한다)을 방문했을 때, 《逨鼎》과 《逨盤》의 탁본을 직
접 찍어서 팔았는데 비싸긴 했으나 그래도 살만한 가격이었는데, 당시 구
입하지 않은 것이 내내 후회스럽다.

　지금은 보계시청동기박물원은 규모면이나 소장면이나 시설면이나
모두 세계적이 수준이지만 2007년에는 소박한 청동기 박물관이었다.

　본문에서는 함께 했던 분들이 각각의 많은 소개가 있을 것 같아, 본문

은 보계시 일대에서 발견되고, 이 일대의 박물관에서 소장하고 있는 청동기의 내용과 가치에 대하여 간략이 소개해 보고자 한다.

보계시청동기박물원은 '周秦文明之光'이란 주제 아래 주나라 진나라에서 발견된 청동기를 특별히 전시하고 있다. 물론 일찍이 이 보계시 일대(岐山이나 扶風縣 등)에서 발견된 《大盂鼎》·《散氏盤》·《虢季子白盤》·《毛公鼎》등은 다른 박물관에 진열되어 있어, 청동기의 복제품이 놓여져 있었다. 《大盂鼎》과 《虢季子白盤》은 中國國家博物館에, 《散氏盤》과 《毛公鼎》은 台北故宮博物館에 각각 소장되어 있다. 보계시 일대에서 발견된 《何尊》·《秦公鎛》·《秦公鐘》·《잉이(𪉂匜)》·《伯格卣》 등과, 岐山博物館이 소장하고 있던 《九祀衛鼎》·《衛盉》 등과, 扶風博物館이 소장하고 있던 《종궤(牧簋)》·《호궤(𪊽簋)》와 周原博物館에서 소장하고 있던 《牆盤》과 《折觥》 등을 전시하고 있다. 21세기 2003년에 보계시 楊家村에서 발견된 《逨鼎》·《逨盤》·《逨盉》·《單五父壺》 등 모두 27개의 청동기는 銘文이 총 4000여자 에 달해 한곳에서 발견된 청동기 명문 중 가장 많은 숫자이기도 하다. 《逨鼎》과 《逨盤》 등은 현재 보계시청동기박물관의 가장 자랑거리이기도 하다. 보계시청동박물원은 보계시 일대의 박물관에서 소장하고 있는 청동기를 자주 대여 전시한다.

《何尊》은 '보계청동기박물원'이 가장 아끼는 청동기 중의 하나로, 1958년 개관이래 가장 먼저 소장한 청동기 중 하나이다. 이 청동기는 1963년 陝西省 寶鷄縣 賈村鎭에 살고 있던 陳湖라는 사람이 비가 온 뒤 무너져 내린 흙더미에서 발견하였다. 그 후 집에서 보관하고 있다가, 1965년에 먹을 것이 없어 30원에 고물상에 팔았다한다. 1966년에 당시 박물관 직원이었던 王光永이 고물상에서 보통 물건이 아님을 알아보고 사

한자의 기원에서 통일과 완성

들여다고 한다. 1970년대 중반에 북경 고궁박물관에서 개최하는 특별전시회에 이 기물을 전시하기 위하여 쓴 녹을 제거하다가 안쪽 아래 부분에 새겨진 명문 11행 119자(합문 3자)를 발견하였다한다. 周나라 成王이 宗小子인 何에게 훈계하는 내용이다. 이 명문 중에는 또한 武王이 商國을 멸망시키고 난 다음 하늘에 제사올리고, 洛邑(洛陽)에 成周를 건설한 중요한 역사적 사실을 기록하고 있다. 이 명문 중에는 '余兲(其)宅丝(兹)中或(國), 自之辥(辟)民('나는 장차 洛邑에 宮室을 건설하고, 중앙 지역인 이곳에서 백성을 다스리고자 한다')'이라는 내용이 보이는데, '中國'은 '중심이 되는 중앙지역'라는 의미로, 鎬京(宗周)에서 洛邑(成周)로 수도를 옮기는 이유는 나라의 중심이 되는 지역에서 백성을 다스리기 위한 것이라는 것이다. 史記에는 武王이 '營周居于雒邑而後去(주나라의 都邑을 洛邑으로 옮길 것을 계획하고 떠났다)'라는 내용과 '成王在豊, 使召公復營洛邑, 如武王之意。周公復卜申視, 卒營築, 居九鼎焉(成王은 豊에서 周公(召公)으로 하여금 武王의 뜻을 받들어 洛邑을 건설토록 하자, 周公은 다시 점을 치고 잘 살펴서 이 곳에 도읍지를 건설하고 九鼎을 옮겼다)'라는 기록이 있는데, 《何尊》의 내용과 일치한다. '中國'이라는 단어가 최초로 보이는 자료이다.

《衛盉》는 西周 恭王시기의 술 담는 제기다. 1975년 2월 2일, 中國 陝西省 寶鷄市 岐山縣 董家村 교장(窖藏, 움집저장소)에서 발견된 37개 중의 하나이다. 그중에서 衛가 만든 《衛盉》·《五祀衛鼎》·《九祀衛鼎》과 《衛簋》 등 네 개가 학계에 상당히 주목을 받았다. 특히 《衛盉》와 《衛鼎》은 물건과 토지를 교환하는 내용을 포함하고 있어, 서주 당시의 경제제도와 법률을 이해하는 중요한 자료가 되고 있다. 《衛盉》의 명문은 모두 12行 132자(合文 2, 重文 12자)이다. 이 명문은 왕이 풍(豊)에서 깃발을 세우는 근례(覲禮)를

행하자, 규백(矩伯)이 조근할 때 사용할 瑾, 璋, 虎皮, 鹿皮 등을 裵衛에게 구입하였다. 그 가격은 싯가 100朋에 해당되는데, 지불한 금전이 없어 그 댓가로 토지 13田을 지불하였다. 상호간 물건을 양도할 때, 둘이서 마음대로 하는 것이 아니라, 참관인이 파견되어 보증하는 합법적인 절차를 밟고 있다. 《九祀衛鼎》은 《五祀衛鼎》과 함께 발견된 《衛鼎》이다. 명문은 모두 19행 195자이다. 9年 정월에 미오(眉敖) 자부탁(者膚卓)이 사신을 파견하여 왕을 조견하자, 왕은 치관례(致館禮)를 베풀어 주었다. 치관례를 주관하는 矩伯은 裵衛로부터 화려한 수레를 가져오고, 裵衛가 또한 矩伯의 처자에게 비단을 하사하자, 矩伯은 裵衛에게 임의리林𣅼里('𣅼'자의 음은 '擬'자에 가깝다)를 주었다. 임의리는 顏씨의 산림이기에 裵衛는 顏陳와 그의 아내 등에게 말과 옷을 하사하였다. 이러한 일을 기념하기 위하여 衛는 정을 만들었다는 내용이다. 이 명문은 西周의 토지 제도 중 최초로 林地를 상호 교환하는 내용이다. 임의리는 원래 천자가 矩伯에게 하사 分封한 토지를, 후에 그 林地를 顏家에게 주었고, 다시 矩伯는 이 林地를 양도받기 때문에 顏家에게도 그 대가를 지불하고 있다. 이 명문을 통해서 王有制가 私有制로 변해가는 토지제도를 엿볼 수 있다. 이외에도 또한 이 명문을 통하여 周 王室의 大臣이었던 矩伯은 몰락해가고, 裵衛는 당시의 재력가로써 신흥귀족으로 부상하고 있음을 알 수 있다.

《잉이(𤭛匜)》는 1975년 岐山縣에서 발견된 청동기이다. 《衛盉》와 《衛鼎》과 함께 발견된 중요한 기물 중에 하나이다. 명문은 모두 157字가 있다. 명문 중에 '𤭛'자가 있는 것으로 보아, 이 기물을 '화(盉)'로 보고 있기도 하나, 이 기물이 '이(匜)'이기 때문에 혹은 '匜'의 초기적인 형태가 아닌가 한다. '匜'는 쟁반(盤)에다 물을 따르면서 세면을 하는 水器이다. 명문은 뚜껑 안쪽과 몸 밑바닥에 157자가 있다. 이 명문은 중국 최초의 法律 판결문이다. 백양보(伯揚父)는 牧牛로 하여금, 上司인 잉(膡)과 화해하고 배상하고 서약을 이행하고 판결에 복종하도록 판결한다. 이 명문을 통하여 서주 시대의 형벌, 소송, 맹서, 판결, 벌금 등의 법률제도와 편형, 묵형, 속형, 선서(先誓), 종서(從誓) 등의 형벌의 내용을 이해할 수 있다.

《折觥》은 주기로 뚜껑과 몸체에 각각 64자의 명문이 새겨져 있다. 이 청동기는 1976년 12월에 《商尊》과 《墻盤》 등과 함께 寶鷄市 扶風縣 法門鄕 莊白村1號 교장(窖藏)에서 출토되었다. 이곳에서 모두 103개의 청동기가 발견되었는데, 이 기물들은 微氏 가족 七代가 조상 대대로 전해 내려오는 보물들이다. 《折觥》은 명문의 내용보다는 청동기의 아름다운 형태가 더 유명하다. 서주 청동기 중 이만큼 예술적 미감을 갖춘 기물은 그다지 많지 않다. 전체적인 형태는 綿羊의 모습이나, 기룡(夔龍)과 도철(饕餮)의 장식을 절묘하게 결합하고 있다. 동그란 눈과 납작하고 큰 코, 양의 뿔과 꼬리, 용의 비늘과 도철의 몸통, 이외에도 운뢰(雲雷), 코끼리, 뱀 혹은 매미 등과 같은 각종 장식무늬의 자유스런 조화는 매우 신미적이고 살아 있는 듯한 생생한 느낌을 갖게 한다. 삼천 여 년 전에 이미 이와 같은 예술적인 작품을 만들었다는 것이 믿기지 않을 정도다. 과학이 발달된 현재에도 이와 같은 작품을 만들기엔 쉽지 않을 것이다. 명문은 왕이 作冊 折에게 천자를 대신하여 相侯에게 望土를 하사하도록 하자 이를 기념하기 위하여 折이 이 觥을 만들었다는 내용이다.

《종궤(夨簋)》는 1975년 3월에 寶鷄市 扶風縣 法門鄕 莊白村 墓葬에서 18개의 청동기가 출토되었다. 그 중에서 《夨簋》와 《夨鼎》이 비교적 유명하다. 그 중에서도 《夨簋》가 기물의 아름다움 때문에 더욱 유명하다하겠다. 몸과 뚜껑에 각각 마주보는 형태의 봉황이 쌍을 이루어 장식되어 있다. 길게 늘어진 벼슬 깃 털과, 그 중 끝 부분의 깃털은 꼬리의 깃털과 연결되어 매우 풍성한 느낌을 갖게 한다. 손잡이는 또한 벼슬을 세우고 있는 매의 모습으로, 전체적으로 안정감을 주는 아름다운 형태이다. 이 기물의 명문은 모두 134자(重文 2자)로 西周 穆王 시기에 백종伯戎이 有司와 師氏 등을 이끌고 급히 출격하여 戎族과 淮夷族(戎族)을 물리친 내용을 기록하고 있다. 고대 전쟁사 이해에 중요한 자료이다.

《逨鼎》·《逨盤》과 《래화(逨盉)》 등은 2003年 1月 19日 오후 陝西省 寶鷄市 眉縣 楊家村에서 농민 王寧賢 등은 벽돌공장에서 사용할 흙을 언덕에서 파다가 약 10미터 높이에서 구멍에서 발견하였다. 이 窖藏에서 鼎 12개, 鬲 9개, 壺 2개와 匜·盘·盂·盉 등 모두 27개가 발견되었다. 鼎 중 《四十二年逨鼎》에는 "唯四十又二年五月既生霸乙卯王在周康穆官王呼史淢……" 등 모두 280여 자가 새겨져 있으며,《四十三年逨鼎》에는 모두 316자가 새겨져 있고,《逨盤》에는 모두 372자 새겨져 있다. 이 기물 27개의 명문은 모두 합하면 약 4000여 자에 달한다. 이 숫자는 한 교장(窖藏)에서 발견된 기물 중 역대 가장 많은 명문이며, 또한 楊家村에서 그동안 적지 않은 청동기가 발견되었으나, 한 窖藏에서 이처럼 많은 기물이 발견된 것은 이번이 처음이다.《逨盤》의 명문은 1976年에 扶風縣에서 발견된《史墙盘》의 284자 명문보다 80여 자 더 많은 숫자다. 명문 중에는 "逨日朕皇高祖單公不顯文王·武王……甫有四方……成王……康王……昭王……穆王……龔王……懿王……孝王" 등 모두 9代 周나라 天子의 연호를《史墙盘》보다 懿王과 孝王이 더 많이 언급하고 있다. 이 명문들을 통하여 單氏 집안은 單公부터 逨까지 모두 8대에 걸쳐 文王과 武王을 보필하고 紂를

　　　　　　　　　　　　　　한자의 기원에서 통일과 완성

멸망시켰으며, 주나라를 건설하고, 戎狄·獫狁이나 荊楚 등과의 전쟁에서 戰功을 세우는 등 단씨 가족사를 전체적으로 이해할 수 있다. 이외에도 《逨鼎》에는 歷法의 네 가지 요소인 年, 月, 干支, 月相 등을 모두 기록하고 있어, 周나라 斷代를 단정하는데 중요한 자료가 되고 있다.

《秦公鎛》와《秦公鐘》은 1978년 1월 陝西省 寶鷄縣 楊家溝鄕 太公廟村에서 출토된 8개 중의 하나이다. 이 중 鐘이 5개이고, 鎛이 세 개이다. 청동 기물의 형태 장식이 매우 수려할 뿐만 아니라, 이 청동기는 秦 武公때의 것으로 秦 文公, 靜公과 獻公 등의 공적과 西戎 등의 주변 부족국가들을 다스린 내용을 언급하고 있어, 秦의 초기 역사를 연구하는데 중요한 자료가 되고 있다. 이 이외에도 이 명문의 가늘고 수려한 필체는 전국시기 다른 명문과는 또 다른 독특한 풍격을 띠고 있어, 서예 연구에 중요한 자료가 되고 있다.

《史牆盤》은 원래 寶鷄市 '周原博物館'에 소장하고 있는 것을 현재는 '寶鷄靑銅器博物院'에 전시하고 있다. 1976년 12월 陝西省 扶風縣 法文公社 莊白1號 교장에서 모두 103개의 대량의 청동기가 발견되었는데, 이 盤은 그 중의 하나이다. 이 盤은 아름다운 기물의 형태뿐만 아니라, 牆의 가족사를 상세하게 기록하고 있어, 중국 고대 사회의 이해의 중요한 역사 자료가 되고 있다. 牆은 商代의 구족(舊族) 微氏로부터 五代가 된다. 微氏族은 商代에 중신이었고, 周代에도 여전히 중신이었다. 西周 恭王시기, 高官인 牆은 조상 대대로 받은 천자의 은덕을 찬미하고 이를 기념하기 위하여 西周 文·武·成·康·昭·穆·恭 등 일곱 천자의 사적과 자신의 4대 조상의 공적을 명문 284자로 상세하게 기록하고 있다. 문장은 압운 형식을 취하는 등 아름다운 문체로 쓰여져 있기 때문에 중국 고대문학 작품과 비교되기도 한다.

《㝬簋》는 원래 扶風縣 박물관이 소장하고 있었는데, 현재는 '寶雞靑銅器博物院'이 진열하고 있다. '㝬'자의 음은 '胡'과 같다. '胡'는 厲王의 이름이기 때문에, 이 기물은 厲王이 직접 만든 王器이다. 이 기물은 厲王 22年(BC 866年)에 선왕의 업적을 계승하고, 하늘로부터 복을 기원하기 위하여 조상에게 제사를 드릴 때 사용하는 제기이다. 지금까지 발견된 궤 중에서 가장 커서 궤의 왕으로 불리운다. 이 청동기는 1978년 5월에 陝西省 扶風縣 法門鄕 齊村에서 출토되었다. 농사용 저수지를 만들기 위하여 불도저로 땅을 파다가 불도저의 삽에 걸려 깨진 조각들을 농민들이 주워 가버린 바람에, 농민들을 설득하여 30여 편 조각을 수집하고, 이를 다시 조립한 바로 이 《㝬簋》이다. 명문은 모두 12行 124字(合文 1, 重文 1)이다. 이 명문을 통하여 宗法제도가 官僚정치로 전환하게 된 중요한 자료가 되고 있다.

이외에도 '寶雞靑銅器博物院'에는 《伯格卣》·《四耳簋》·《單五父壺》·《三年㿻壺》 등을 전시하고 있다. 이들 청동기 또한 매우 중요한 역사적 가치를 지니고 있으나, 지면상 상세한 설명은 생략하기로 한다.

청동기 명문은 매우 중요한 고대 지하출토 역사 자료이다.

한국은 역사가 거슬러 올라갈수록 중국 문화와 관련이 깊은데 그 중 하나가 유교문화이다. 고대에는 국가 개념이 지금과 사뭇 다르고 중국인이 말하던 야만의 개념도 달랐다. 선진 시기 당시 야만인은 중국의 중원 지역 즉 황하 근처를 중심으로 한 지역으로부터 멀리 떨어져 있는 타지역에 사는 민족을 총칭하는 개념이었다. 그러므로 동북삼성(중국 동북부에 있는 흑룡강성, 길림성, 요녕성)에 있던 고조선, 고구려, 발해 등에 살던 민족들

역시 오랑캐였다. 그러나 이들은 중원에 있는 중국과 밀접한 관계를 맺고 있는 독자적 문화를 가진 민족이었다. 단지 이들이 주류와 비주류로 인식되는 것은 부락의 크기, 국가로 발전했는가의 여부, 문헌기록 여부 등에 의해 좌우되는 것일 뿐이다. 이 시기 각 민족 간에는 자신들의 문화 뿐 아니라 밀접한 상호관련을 통해 영향을 주고받는 문화가 있었다. 한반도 지역의 민족은 고조선, 고구려, 부여, 발해를 거쳐 신라 때에 이르면 중국 문화와 더욱 활발한 교류를 하였다. 조선시대 세종대왕에 의해 한글이 만들어지기 전까지는 지속적으로 한자를 사용한 한자문화권에 속한 사람들이었다. 물론 한글이 만들어졌어도 한자의 위상은 크게 달라지지 않았다. 조정 및 양반들은 여전히 한문을 사용했을 뿐 아니라 한글은 단지 여성이나 사용하는 천한 글로 여겼다. 조선시대의 역사에서 볼 수 있듯이 한반도에 대한 중국의 영향은 더욱 커졌고 그로 인한 문화교류 역시 밀접하였다.

중국의 대표적 고전서인 사서삼경(四書三經) 중 삼경에 속하는 《상서(尙書)》와 서주 시기 청동기에 새겨진 금문(金文) 하나가 《상서》 각 한 편에 해당하는 경우도 있다. 《상서》는 고대 한민족의 지식 습득과 문화 형성에 상당한 영향을 끼쳤지만 여전히 문헌에만 의존하기에는 부족한 상황이기에 새롭게 발견된 금문이 보완할 수 있는 것들이 많다. 때문에 중국 각지에서 발견되는 청동기 금문에 학자로서 관심을 갖지 않을 수 없다. 그런데 고대 은나라 상나라, 서주의 금문은 모두 중국 문화와 문명인데 우리가 왜 그걸 알아야 하는가? 라고 반문할 수 있다. 그렇지 않다. 금문은 분명 우리민족의 문화이자 문명이기도 하다. 한(漢)나라 왕 무제가 기원전 108년에 고조선을 멸망시키고 낙랑군, 임둔군, 현도군, 진번군 등 한사

군을 설치하였는데, 난 그곳이 지금의 북경 위쪽 요동 일대였을 것이라는 주장에 전적으로 동의한다. 비파형동검, 돌널무덤(石棺墓), 명도전, 청동단추의 출토와 고인돌의 분포로 보아 과거 고조선 지역은 옛 동이족의 터전이었던 산동과 지금의 요녕성 일대까지를 포함한 아주 넓은 지역이었을 것이다. 고조선은 고구려, 부여, 발해를 거쳐 한반도 문화를 형성하였다. 따라서 우리는 이들 금문을 통해 한국 고대 문화의 근원인 그 당시의 생활규범이나 규율 혹은 제도를 확인할 수 있다. 금문은 해당 시기를 살았던 사람들의 삶과 문화를 확인해 볼 수 있는 자료일 뿐 아니라 역사적으로도 사실관계를 증명할 수 있는 자료가 될 것이다.

따라서 앞에서 소개한 각종 청동기의 내용은 곧 우리의 문화와 문명을 역사를 알 수 있는 자료이기도 한다. 우리가 우리의 고대문화를 알려한다면 지금 우리는 중국 고대 청동기의 명문을 읽어야 하는 이유이기도 하다.

절굉(折觥)

동궤(弢簋)

사장반(史牆盤)

사십이년래정(을)(四十二年逨鼎(乙))

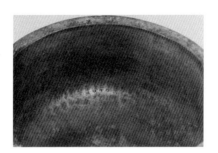

사십이년래정(을)(四十二年逨鼎(乙))

《할궤(𩰫簋)》(높이59.1, 구경(口徑)42.3, 복심(腹深)22.6cm, 무게59kg)

한자의 기원에서 통일과 완성

10

청동기의 고향에서 『시경』을 읽다

하영삼

1. 한자의 고향, 섬서

인류는 도구를 먹고 사는 존재다. 네발로 기어 다니다 두 발로 걸을 수 있게 됨으로써 두 발이 해방되었고, 해방된 두 발은 손이 되어 그 교함으로 각종 도구를 만들어냈다. 돌에서 청동과 철로, 이를 넘어서 전기와 전자, 다시 인공지능(AI)으로, 새로운 물질과 활용을 통해 문명을 발전시켰다.

그러나 그 어느 것보다 더 획기적이고 다른 것과 비교 불가능한 '킬러 도구'는 말과 문자였다. 말을 통해 정교한 의사소통이 가능해 협력과 지식의 전수 등이 가능해졌고, 문자를 통해 지식과 지혜를 더욱 정교하게 축적할 수 있었다. 말이 하지 못했던 다른 곳으로 공간이동은 물론 다른 시간으로의 여행과 전파가 가능할 수 있게 되었던 것이다. 문자를 가지게 된 인류는 이제 시간과 공간의 제약에서 해방되어 상상할 수 없는 고도의 문명을 만들어냈다. 유발 하라리의 말처럼, 그것으로 인간은 경전을 기록하고 인류에게 공통의 상상력과 믿음을 만들어 진정한 '호모 사피엔스'가 되게 했다. 문자를 두고 인류 최고의 도구라고 하는 것은 바로 이런 이유이다.

'한자'는 인류가 만들어낸 최고의 도구, 문자 중에서도 가장 대표적이라 할만하다. 이집트 문자와 비견되는 역사성도 그렇지만, 서구 알파벳 문자와는 달리 뜻을 형체 속에 담은 채 발전한 것도 매우 특징적이다. 이는 서구 알파벳 문자가 독음의 '음성' 중심으로 발전해 온 것과는 달리 형체의 '의미' 중심으로 발전해, 한자문화권으로 대표되는 동양 문명의 사유와 문명의 특색을 결정지었기 때문에 더 그렇다. 그래서 학자들은 인류의 문명을 알파벳 문자를 사용해 온 '음성(로고스) 중심 문명'과 한자를 사용해 온 '문자 중심 문명'의 둘로 나누기도 한다.

한자의 역사는 오래되었다. 갑골문만 하더라도 이미 3300년의 역사를 갖고 있다. 그러나 갑골문은 개별 글자가 이미 5천 자에 달하고, 형체도 사물을 그대로 그린 것이 아니라 상당히 추상화된 단계에 이르렀으며, 고도의 체계까지 갖추고 있다. 구조적인 측면에서도 초기의 상형과 지사를 넘어서 회의와 형성은 물론 가차자가 상당히 발달했다. 이러한 것들로 미루어 볼 때, 갑골문은 초기의 한자가 아니라 상당히 발전한 단계의 한자이다. 그래서 그 이전 이미 상당한 세월의 발전 과정을 거쳤을 것으로 생각된다.

갑골문 이전의 초기 한자를 찾는 것, 그것은 중국 문명의 역사성을 증명하고 중국 문명이 언제 문명사회에 진입했는가를 밝히는 결정적인 증명이 된다. 이는 중국 문명에도 중요하겠지만, 인류 문명 역사의 절반 이상을 담당해온 전 인류의 문명사에서도 그 실제를 규명한다는 점에서도 매우 중요하다.

중국의 서부 내륙에 자리한 섬서(陝西) 지역은 중국 문명의 발원과 발전에서 매우 중요한 지역이다. 특히 한자를 놓고 본다면, 한자의 기원에

한자의 기원에서 통일과 완성

서부터 갑골문은 물론 이후 한자의 기본적 정형을 마련한 서주 금문(金文), 그리고 최초의 통일 서체인 소전(小篆) 등의 역사적 부대가 되었다. 그래서 그 어느 지역보다 중요한 한자 유적을 많이 갖고 있는 곳이다.

이번 우리 경성대학교 한국한자연구소에서 마련한 한자 로드는 "한자의 기원에서부터 완성까지: 섬서성 한자 탐방"이라는 제목이 알려주듯, 한자의 역사를 근원부터 탐색하고 그 발전의 역사 현장을 직접 찾겠다는 의지가 반영되었다.

섬서성은 오늘날 보면 중국의 서부에 자리했지만, 중국 문명의 요람이고, 한자에서는 더 그렇다. 한자를 창제했다는 전설적인 존재 창힐(蒼頡)의 사당이 있고, 체계적인 한자가 만들어지기 전의 단계로 보이는 한자부호가 대량 발견된 서안 반파(半坡)유적지(기원전 45세기 경)도 있다. 또 주(周)나라의 발상지 주원(周原)에서 발견된 서주 갑골은 주나라 문명을 다시 보게 했다. 이들 갑골은 대부분 문왕(文王) 때의 유물들인데, 상나라 말기에 해당한다. 그 후 주나라는 세력을 키워 동방의 상나라를 멸망시키고 제국의 표준 서체로 사용하게 된 서주 금문(金文)은 오늘날 한자의 정형을 만들었다. 또 8백 년간의 주나라 통치를 종식하고 진정한 통일 제국을 형성했던 진(秦)나라도 그 주요 활동지가 여기다. 즉 통일전 진나라의 서체인 대전(大篆) 혹은 주문(籀文)은 물론 통일 후 서동문(書同文) 정책에 의해 만들어진 소전(小篆)의 근거지가 바로 여기다.

그뿐만 아니다. 단명의 진(秦) 제국을 이어 등장한 한(漢)나라의 표준 서체인 예서(隸書), 그 이후 예서에 필사 속도를 강조해 만든 행서(行書)와 초서(草書), 이들 서체의 각종 장점을 종합하여 표준화 한 해서(楷書) 등 한자의 변천사를 살필 수 있는 진정한 자료들은 모두 서안(西安)의 비림(碑

林)에 집중적으로 모여있다. 서안은 중국의 역사에서 가장 대표적인 수도 였듯, 섬서성은 한자의 보고이자 수도이다.

이 정도만 해도 너무나 행복하지만, 그 즐거움은 여기서 그치지 않는다. 현대 중국에서 표준 서체로 확정한 간화자의 주창자, 모택동이 게릴라전을 펼치며 실험 정부를 운영했던 연안(延安)도 여기에 있다. 연안 정부에서 중국공산당은 기존의 해서체보다 훨씬 실용화된 '간화자'를 실험하고 사용했다. 그리고 그들은 1949년 정권을 쟁취하자마자 한자 개혁을 신정부의 제1호 공약으로 내걸고 간화자를 중국의 표준체로 확정하여 지금에 이르렀다.

이렇게 본다면 "한자의 기원부터 완성"까지 모든 것을 한곳에서 볼 수 있는 곳이 바로 '섬서' 지역이며, 이의 중심이 바로 서안(西安)이다. '서쪽의 안정'을 의미하는 '서안', 그것은 서쪽에 있는 수도라는 의미를 담았지만, 그 옛날에는 그것이 중국 전체의 수도이자 중국 문명의 핵심이었다.

한자를 전공하는 필자에게, 그래서 이번 여행은 그 어느 때보다 가슴 설레고 기대되는 탐방이었다. 물론 이곳의 답사가 이번이 처음은 아니다. 이전에도 몇 번 가긴 했지만, 이렇게 전문적으로 '한자의 역사'만을 대상으로 '한자에 관심 있는 동호인들'이 모여서 '전문적인 탐방'을 한 적은 없기 때문이다.

4박 6일의 긴장된, 정말 빡빡한 여행은 이렇게 시작됐다. 그러나 이들 중에서도 단연 최고를 꼽으라고 한다면 '금문' 여행일 것이다.

2. 금문의 제국, 주(周)

금문(金文)의 금(金)은 '쇠'도 아니고 '금'은 더더욱 아니다. 바로 '청동'

이라는 뜻이다. 그것은 금(金)이라는 글자 자체가 청동 기물을 만드는 '거푸집'의 모습에서 생겼기 때문이다. 그림(1)에서와 같이, 두 손으로 도가니를 들고 쇳물을 거푸집에다 붓는 모습이 주조(鑄造)라고 할 때의 주(鑄)자이다.

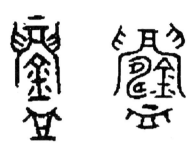

[그림 1] 금문에서의 주(鑄)자. 두 손으로 도가니의 금속 용액을 거푸집에 붓는 모습인데, 거푸집이 금(金)의 모습으로 표현되었다. 아래에 그려진 명(皿)은 기물을 상징해 이런 과정을 거쳐 '기물'이 만들어짐을 형상화했다. 오른쪽의 그림에서는 독음을 나타내는 주(壽)가 추가되었다.

중국의 청동기 제작은 주(鑄)자를 비롯한 다양한 글자들과 발굴된 청동 주조 관련 유물과 유적지 등을 종합해볼 때 도범법(陶范法) 즉 거푸집을 사용했는데, 이는 서양의 실랍법(失蠟法, lost-wax casting)과는 대립하는 독창적인 제작법으로 알려졌다. 즉 도범법은 순전히 진흙을 사용하여 안쪽 거푸집과 바깥쪽 거푸집 사이의 공간에 쇳물을 넣어 굳게 한 다음에 거푸집을 제거해 기물을 제작하는 방식이다. 이에 반해 실랍법은 기물이 만들어진 공간에 밀랍을 바르고 이를 쇳물로 녹여내 만드는 방식이다. 실랍법은 밀랍에다 문양이나 글자를 조각하고, 도범법은 진흙 자체에다 조각하기 때문에, 실랍법에 비해 덜 정교하지만 투박하면서도 정제되며 중후한 아름다움을 가진다.

이러한 배경에서 청동 기물을 만들던 진흙 '거푸집'을 금(金)이라 했던 것이다. 그래서 금(金)은 오늘날에서처럼 '황금'이 아니라 '청동'이 원래 뜻이다. 금(金)자에서도 반영된 두 점은 청동 원석을, 나머지는 진흙 조각을 묶어놓은 거푸집을 뜻한다. 그래서 금문(金文)은 '청동기에 새겨진 글자' 즉 청동기 명문을 말한다.

이후 인류는 청동 외에도 철이라는 금속 제련법을 만들어냄으로써 철기시대에 들게 되었는데, 지금도 철은 여전히 가장 중요한 금속이다. 한자에서 철(鐵)자는 鐵(금문)에서처럼 금속을 모루에 놓고 단련하는 모습을 그렸다. 신축성이 뛰어난 금속 철을 두드려 낫창(戈) 같은 각종 무기나 기물을 만들던 모습을 잘 반영했다. 나아가 인류는 철 이외에도 여러 가지 금속을 만들어냈다.

철이 인류가 발견된 최고의 금속이었음에도 중국에서는 이들 금속을 지칭하는 보편 명사는 '청동'을 뜻했던 금(金)이 차지했다. 서구에서는 쇠는 '철(steel)'이다. 이는 중세 영어의 'stēl', 고대 앵글로색슨어의 'stȳle' 또는 'stēli'에서 기원했으며, 모두 '강철' 또는 '강철로 만든 도구'를 의미했다. 이는 한자의 철(鐵)자가 '강한 쇠'로 만드는 단조(鍛造) 과정을 반영한 것과 대비되며, 청동이 '쇠'를 지칭했던 전통과도 대비된다. 강철은 그 강도와 내구성 때문에 무기, 도구, 건축 자재 등 다양한 용도로 널리 사용되어왔으며, '쇠'의 대표가 되었다. 그러나 중국에서 철(鐵)은 금(金)이라는 부류에 속하는 하나의 금속일 뿐이었다. 금속을 제련하는 글자 련(鍊)에도 이 금(金)이 들었다. 청동이 여전히 모두를 대표하는 금속이었음 보여준다.

이후 금(金)은 쇠를 비롯한 모든 금속은 물론 황금(黃金)을 뜻하기도 했고, 또 자본주의사회에서 최고의 지위를 갖는 '돈'을 뜻하기도 한자. 세상에서 가장 고귀한 가장 지위 높은 글자가 금(金)일 것이다.

　유독 중국에서 '청동기'가 이렇게 대접받는 것은 특이한 현상이다. 중국 고고학의 세계적 대부, 하버드대학의 장광직(張光直) 교수는 이 특이성에 주목했다. 중국은 왜 청동기를 뜻하는 금(金)이 모든 금속을 대신하는 보통 명사가 되었을까? 특이한 것은 여기에 그치지 않았다. 인류의 역사에서 새로운 재료가 발명은 새로운 문명 단계로의 진입을 뜻한다. 새로운 재료로 생산력을 높일 도구나 적을 지배할 무기를 만들어 세계를 지배하기 때문이다. 구석기, 신석기, 청동기, 철기, 전기, 전자, 스마트폰, 인공지능 등이 모두 그렇다. 그러나 중국은 석기와는 비교가 안 되는 청동을 발명하고, 그것을 도구나 무기 대신 신을 모시는데 쓰는 '제기'를 만들었다.

[그림 2] 장광직(Kwang-chih Chang, 張光直, 1931~2001). 중국 고고학의 세계적인 대부로 평가받고 있으며 그의 The Archaeology of Ancient China(4th ed. 1986)은 중국고고학의 교과서이다.(사진: 위키백과)

　지금까지 발견된 청동기 중 가장 크고 무거운 기물은 하남성에서 발견된 '사모무정(司母戊鼎)'이다. 무게가 무려 832킬로그램이나 되는 엄청난 '네발 솥'이다. 기물로 남은 청동기의 무게가 이러하니, 가장 질 좋은 원석이라 해도 동의 함유량이 5%를 넘지 않으니, 약 1톤의 청동을 추출하려면 적어도 20톤이 넘는 원석이 필요했을 것이다.

　상나라 때의 기물이니 3300년 전 상나라에서 이 정도의 원석을 채취하여 수도 은허(殷墟)로 옮기고, 여기에다 주석과 아연을 적당한 비율로 섞어 이를 녹여 기물을 만들었다고 생각해 보라. 얼마나 큰 용광로가 필요했으며, 또 얼마나 센 불이 필요했을까? 또 얼마나 많은 인력이 동원되었을까? 아무리 나누어 주조한다고 해도 당시로 보아서는 엄청난 규모의 국가 프로젝트가 아닐 수 없었을 것이다. 박정희 정부 때의 경부고속도로나 이명박 정부 때의 4대강 사업에 버금가는 규모 아니었을까?

3. 권력의 장악수단, 청동기

그들은 왜 그렇게 엄청난 비용을 한낱 제기의 제작에 들였던 것일까? 무슨 목적으로 그랬을까? 정말 이상하지 않을 수 없다.

권력은 세상을 지배하는 힘이다. 그 권력을 행사하고 유지하는 방식, 즉 지배방식을 여러 가지이다. 세계의 역사를 보면, 무기를 만들어 살상과 복종을 통해 직접 지배하는 방식이 대부분이지만, 중국은 그렇지 않았다. 대신 '권위'를 통해 세상을 지배하는 했던 것이다. 아무도 만들 수 없는, 보기만 해도 기가 죽을 최첨단의 최고의 청동기를 만들어 상대를 마음으로부터 굴복시켜버리는 방식이다. 이는 중국이 세계를 지배하던 독특한 방식으로 알려져 있으며, 이러한 지배 방식은 이후로도 계속되었고, 지금도 이어진다.

진시황 병마용을 보면 그 규모에 놀라고 만다. 인류의 상상력을 넘는 작품이라고들 한다. 전체의 약 15%밖에 되지 않는 현재의 병마용의 규모가 그럴진대 진시황릉 전체의 규모는 어떠할까?

이뿐만 아니다. 명나라 정화(鄭和, 1371?~1433?) 군단의 해군은 그 당시

아무도 생각할 수 없을 정도의 규모였고, 지금 생각해도 엄청난 규모다. 한번에 최대 3백 척 이상의 배와 약 2만7천~2만8천 명의 선원, 병사, 수공업자, 학자 등으로 구성된 함대를 이끌고 1405년부터 1433년까지 총 7차에 걸친 대규모 해상 원정을 수행했다. 당시 함대에는 거대한 '보선(寶船)'이 포함되었는데, 길이가 148미터, 너비가 60에 이르러 당시 세계에서 독보적인 배였다. 이는 대항해 시대를 열었던 콜럼버스의 선단과 비교해보면 더 선명해진다. 콜럼버스가 이끈 군단은 1492년의 첫 번째 탐험대의 경우 3척의 배(산타 마리아, 피나, 니냐)에 선원도 90명 정도에 지나지 않았다. 정화는 이러한 거대 해군을 이끌고 동남아를 건너 인도로, 아라비아 해역을 거치고 아덴만을 지나 동부 아프리카까지 갔다. 그것도 6차례나 그랬다. 당시 해당 지역 국가들의 군사력은 중국과 아예 비교 자체가 불가했다. 그러나 가는 곳마다 그들은 '정복과 지배' 대신 중국의 자부라 할 만한 도자기와 차, 비단과 종이 등 세계 최고의 발명품을 마음껏 나누어 주면서 중국문화의 우월성을 과시했다.

아니면 북경의 자금성을 가 보라. 기가 죽을 수밖에 없다. 더구나 조선시대, 문화 대국, 동양의 예의지국의 사절단이 몇 달을 걸어 북경에 도착하고 자금성을 보았을 상상을 해보라. 담장은 높이가 8미터나 되고, 성을 둘러싼 해자는 너비만 50미터를 넘는다. 해자는 그냥 건널 수 있는 그런 해자가 아니고 담은 사극에서 볼 수 있는 그런 넘을 수 있는 높이의 담이 아니다. 그리고 큰 문 하나를 지날 때마다 하루씩 머물며 환영 잔치가 이어졌고, 일주일을 지나서야 황제를 알현하게 된다. 저 전각 높은 곳에 앉은 황제를 보면 그냥 탄성조차 나오지 않았을 것이다. 돌아올 때도 마찬가지였다. 종이와 어피와 인삼 등 진상품을 가져다 바쳤지만, 최소 수십 배의 선물을 안겨주었다. 어떤 서양학자는 청나라의 멸망 원인을 이러한 체면 유지를 위한 조공 무역의 적자에서 그 원인을 찾기도 했다. 그 위압감을 넘어서 그냥 경외심이 나올 수밖에 없었을 것이다. 끝없는 부러움과 함께.

그래서 청동기는 중국 문명에서 매우 중요한 요소이다. 그냥 청동 기물이 아니고 그냥 제사 등 의식에 사용하는 기물이 아니다. 그것은 세계를 지배하는 고도의 문명적 상징물이었다, 그래서 장광직 교수는 이러한 특징에 주목하여 "중국 청동기 시대(하영삼 역, 학고방)"라는 책을 썼다. 뛰어난 저작이 아닐 수 없다.

청동기에 새겨진, 지금 보아도 너무나도 아름다운 형상미 넘치는 금문, 금문은 청동제기에 새겨져 각 제후와 대부들, 또 그 다음 단계의 지방왕과 그에 소속된 관료들에게 하사되었다. 그리하여 청동기는 그 자체가 계급의 상징이었고 거기에 새겨진 명문은 오늘날의 증명서에 다름 아니었다. 이렇게 그 화려한 청동 기물에 내용을 담아 천자는 제국을 경영하는 권력으로, 제후와 대부 및 귀족들은 그것을 증명 삼아 공동이익을 취하면서 제국을 유지했다.

청동기는 상나라에서도 유행했지만, 권력의 지배 수단으로, 제후를 지배하고 통제하는 체계적 수단으로 사용한 것은 서주가 대표적이다. 상나라를 멸망시키고 중국 대륙 전체를 지배한 서주는 건국하자마자 종법제(宗法制)와 분봉제(分封制)와 소목제(昭穆制) 등을 동원해 제국을 행정체제와 같은 형식뿐만 아니라 정신적 문화적인 부분까지 세밀하게 철저하게 통일하고 통제했다. 공자가 "훌륭하기 그지없구나, 주나라 문화여!"라고 감탄했고, 이상향을 주나라로 삼았으며, 이들을 설계한 주공(周公)을 꿈에서도 그렸던 이유가 여기에 있다.

한자의 기원에서 통일과 완성

4. 새로 연 전문 박물관, "중국 고고학 박물원"

그래서 이번 여행에서 한자의 기원부터 완성까지 모든 자료가 존재하지만, 가장 중요한 것은 금문이었다. 완성 단계의 금문, 최고 성행기의 금문이 기록된 청동기가 수도 없이 존재하고, 하나하나가 중국을 넘어서 세계적인 보물 급인 청동기를 질리도록 볼 수 있는 곳이다. 이탈리아를 비롯한 유럽 여행에서 끝도 없이 이어지는 세계의 문화유산 성당과 교회를 보듯이 말이다. 하나하나가 세계적 걸작이고, 하나하나 모두 서양의 역사이고, 하나하나에 숱한 인물과 사건과 이야깃거리가 들어 있는 장소이다.

정말 운이 좋게도 이들 청동기의 보고인 "중국 고고학 박물원"과 "보계(寶鷄) 청동기 박물원"을 방문할 수 있었다. 게다가 덤으로 일반적인 여행에서는 잘 가지 않는 "주원(周原) 박물관"까지 볼 수 있었다.

2012년 건립하기 시작한 중국 최초의 고고학 전문 박물관인 "중국 고고학 박물원"은 2022년 일반인들에게 시험 개방을 거쳐 우리 일행이 방문하기 직전인 2023년 6월에 비로소 외부에 전체를 공개한 '따끈따끈한' 박물관이었다. 그런 탓에 어쩌면 우리가 처음 방문한 외국의 단체여행객일지도 모를 뜻하지도 않은 행운을 누리게 되었다. '뜻하지도 않게'라는 것은 원래는 "섬서성 역사박물관"을 참관할 예정이었으나, 코로나 이후 최근 바뀐 온라인 예약 관람 정책 때문에 입장권을 구할 수가 없어서 할 수 없이 '대신' 택한 곳이었기 때문이다.

"섬서성 박물관"의 표를 구하지 못해 그간 인연이 있던 섬서사범대학에 계신 당회홍(黨懷興) 부총장에게 체면 불고하고 미리 연락하여 한국의 문자학 전공 교수 일행이 방문하니 특별관람이라도 주선해 달라고 간절히 부탁했으나, 새 시대에 '평등해진' 중국에서 '특별관람'이 불가해진 터라 그마저도 성공하지 못했다. 그리하여 중국에 도착하여 이곳 고고학 박물원에 오기 전까지 내내 마음속에 아쉬움이 남았었다.

그러나 항상 반전이 존재하는 게 인생인 법, 너무나 훌륭한 유물들, 다른 곳에서는 절대 볼 수 없는 유물들이 즐비했다. 이를 보지 못했다면 어떠했을까는 탄식이 나올 정도였다. 뜻하지 않은 행운이었다. 그도 그럴 것이 보통 유물은 국가의 승인 아래 고고학자들이 팀을 이루어 발굴하고, 결과물을 각지 박물관에 보내 전시한다. 중요성에 따라 급이 높은 박물관으로 옮겨가고, 심지어는 출토지와 전혀 관계없는 북경의 국가박물관으로 가는 것도 많다. 그것은 중요한 유물들이 지역의 의지와 관계없이 국립중앙박물관으로 이전되는 것과 마찬가지이다.

[그림 3] 2023년 6월 전면 개방한 "중국고고학박물원". 고고학자들이 만들고 고고학을 위한 중국 최초의 전문박물관이다.(사진: 바이두백과)

한자의 기원에서 통일과 완성

아침 일찍 도착한 고고학 박물원, 이름 그대로 '고고학'자들이 중심이 되어 만든 전문 박물관이기에 매우 특징적이었다. 처음 공개되는 진귀한 자료들, 눈이 휘둥그레지는 즐비한 고급 유물들, 새로 건축한 최신 설비의 쾌적한 전시 공간, 모두가 최고였다. 그뿐만 아니었다. 은허(殷墟)에서의 갑골문 발견으로 시작된 중국 고고학의 탄생부터 지금까지의 역사와 현황, 숱한 고고학자들의 땀과 열정을 한 땀 한 땀 바느질하듯 섬세하고도 정교하게 기록하고 전시해 두었다.

특히 '고고학'이라는 다소 일반인들에게는 낯선 전문 영역의 소개, 열악한 환경에서 학문적 열정 하나만으로 일구어낸 선배 학자들의 자료 수집과 전시가 매우 인상적이었다. 이를 보고 있으면 고고학이 무엇인지, 왜 고고학이 필요한지, 스스로 고고학자가 되고 싶은 욕망이 절로 생기게 한다. 그리고 저 자리에 나의 흔적을 남기고 싶은, 꿈을 키우게 해 준다.

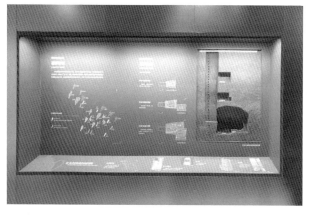

[그림 4] 2006~2011에 걸쳐 섬서성 남전(藍田)에서 발굴된 북송의 대문호이자 금석학자인 여대림(呂大臨)의 가족묘 구성도. 도굴꾼들이 탐측하지 못하도록 한 특이한 구조이다. 직선으로 된 지하의 우측에 3층으로 된 굴을 다시 뚫고 제일 아래쪽에다 시신과 유물을 안치했다. 그 덕분에 제1층은 도굴을 당했으나 제일 아래쪽에 있던 무덤은 무사했다.(사진: 화상망)

"중국 고고학 박물원"은 중국의 고고학자들이 현장을 발굴하고 그 자료들을 자신들이 보관하고 전시하기 위한 특화된 박물관이었다. 그래서 그간 다른 곳에서 보지 못했던, 공개되지 않은 새로운 자료들이 대거 포함된 것이었다. 또 고고학계의 자존심을 걸고 중국에서 처음 개관한 것처럼 정말 좋은 작품들이 많았다.

그중에서도 송나라 때의 금석학 대가로 『고고도(考古圖)』를 저술하여 금석학의 기틀을 마련했던 여대림(呂大臨, 1042~1090)의 가족묘를 발굴해 통째로 전시하고 있다. 그의 집안 대대로 금석학자였고 대단한 골동 수집가였던지라, 자신들의 묘가 도굴될 것을 염려하여 여러 층으로 굴을 파서 도굴이 쉽지 않도록 특별히 고안한 무덤은 과연 당시 성행했던 도굴에 대한 경험이 많았던 '고고학자'의 지혜구나 싶을 정도로 정교하고 특징적이었다.

5. 최고의 청동기 박물관, "보계 청동기 박물원"

또 다른 한 곳은 '보계(寶鷄) 청동기 박물원'이었다. 동서로 흐르는 위수(渭水) 가의 보계의 석고산(石鼓山)에다 건립하여 2010년 개관한 중국 최대의 청동기 전문 박물관이다. 그 유명한 석고문(石鼓文)이 발견된 곳이라 '석고산'이라 이름 붙여진 곳이니 역사성도 대단하다.

'석고문'은 한자의 역사에서도 매우 중요한 유물이다. 진(秦)나라 귀족이 사냥을 나갔을 때 사냥의 즐거움과 정경을 읊은 4언 시이다. 당나라 초기에 발견되었는데, 총 10개의 북처럼 새긴 돌에 718자가 새겨졌다고 한다. 지금은 거의 소실되고 일부가 북경의 국가발물관에 소장되어 있다.

[그림 5] 하준(何尊). 서주 때의 하(何)라는 서주 종실 귀족 소유의 기물이다. 1963년 선서성 보계시 보계현에서 출토되었다. 총 12행으로 된 122자의 명문이 새겨졌는데, '중국 (中國)'이라는 단어가 최초로 등장하여 중국인들의 특별한 사랑을 받고 있다.(주원박 물관)

「석고문」에 새겨진 글자는 보통 주문(籍文)이라 불리는, 진시황 통일 서체인 소전(小篆)의 전신이 되는 글자이다. 그래서 소전과 대칭하여 대전(大篆)이라 불리기도 한다. 글씨도 힘차고, 문장도 현장감 넘쳐 마치 앞에서 사냥 장면을 보는 듯 착각하게 한다. 이 역사적인 장소에 터를 잡았다. 강태공이 낚시로 세월을 낚았던 그 위수를 내려다보는 자리에 우뚝 섰다.

정말 규모도 어마어마했다. 정말 청동기에서는 최고였다. 보계(寶鷄)는 서주 때의 중심지였다. 천자국이 된 주나라의 최고 귀족들이 모여 살았던 곳이다. 헤아릴 수도 없이 많은 명문가가 서로 경쟁하며 국가를 이끌었다. 주 왕실을 제외하고도 산씨(散氏)가 그렇고, 미씨(眉氏)가 그랬다. 그러나 영원한 제국은 없는 법, 북쪽 이민족의 침입을 받아 동쪽으로 천도를 하게 된다. 잠시 떠나 있다 돌아오리라 생각했던 그들은 집안의 최고 보물, 그들의 신분증명서였던 청동기를 가져가지 못하고, 구덩이를 파서 묻어 두고 떠났다. 그러나 그들은 영원히 다시 돌아오지 못했다. 지금도 무더기로 발굴되곤 하는 청동기들은 당시에 묻어 두었던 그런 구덩이에서 보관된 청동기들이다.

6. "중국"의 시작, "주원 박물관"

또 주원(周原) 박물관도 너무나 좋았다. 주원은 주나라의 원 거주지라는 뜻인데, 섬서성 서부의 부풍(扶風)과 기산(岐山)에 이르는 동서 70킬로미터, 남북 20킬로미터의 지역이 중심이다. 주나라의 선조들이 서북쪽에서 산을 넘고 물을 건너 남하하여 기산(岐山) 아래 칠수(漆水)와 저수(沮水) 사이에 안착한 곳이다. 얼마나 비옥하였던지 그야말로 꿀이 흐르는 땅이었다. 그래서 『시경』에서도 "비옥하구나 주원 땅이여. 씀바귀조차도 단맛이

한자의 기원에서 통일과 완성

난다네.(周原膴膴, 菫茶如飴.)"라고 노래했다.

[그림 6] 주원유적박물관. 한자문명로드 답사단과 함께.

이 역사적인 땅에서 1970년대부터 본격적인 발굴이 시작되었다.

1974년 장백촌(莊白村)의 한 움집에서는 청동기 103점이 출토되었고, 1975년 동가촌(董家村)에서는 37점의 청동기가 출토되었다. 그런가 하면 1977년에는 봉추(鳳雛)에서 무려 17만 편의 서주 시대 갑골이 발견되어 세상을 놀라게 하였다. 계속되는 유물들을 보존하기 위해 1987년 여기에다 주원(周原)박물관을 세우게 되었고, 이후 2022년에는 이 주원 박물관과 보계의 기산 박물관을 합병하여 대규모의 '주원박물관'을 세우게 된 것이다.

우리는 운 좋게 새로 개원한 주원 박물원을 탐방하게 된 것이다. 시설도 좋았지만, 아직은 덜 알려지고 멀어서인지 가의 우리 전용이라 할 만큼의 독점 관람을 할 수 있었다. 한국의 금문 최고가로 동행한 최남규 교수의 자세한 설명이 더해져 더욱 깊이 있는 관람이 되었다.

주나라가 중국 전체를 통일하기 전, 주나라 조상들의 최고의 유적지에는 내성과 외성을 포함한 성곽, 당시의 각종 건축물, 거기서 나온 대량의 갑골문과 청동 제기들, 그들이 타고 다녔던 말과 전차 등이 수없이 발견되었고, 3천 년 이상의 시간을 넘어 세상에 모습을 드러낸 명품들을 우리는 타임머신을 타고 그 시대로 되돌아간 듯, 한없이 관람했다. 왜 그토록 이 땅이 축복받은 땅이라고 했던가? 그 험준한 산맥과 큰 강들을 건너 여기에 정착했던가? 이 땅을 터전으로 어떻게 전 중국을 지배하게 되었던가? 그 모든 답이 이 박물관에 전시되어 있었다.

박물원의 초입부터 『시경·대아(大雅)』의 「면(綿)」에 나오는 시를 인용해 주나라의 이동과 정착을 노래하고 있다.

> "길게 뻗은 외 덩굴이여!
> 백성들을 처음 다스린 것은,
> 두수로부터 칠수에 이르는 지역이었네.
> 고공단보(古公亶父)께서는
> 굴을 파고 기거하시고
> 집을 지으셨네."

여기 이 박물관에는 주나라의 본거지답게, 헤아릴 수도 없는 숫자의, 그 하나하나가 국보급이라 할 대단한 청동기들이 즐비하게 전시되었다.

이름만 들어도 알 수 있는 아름답기 그지없는 절굉(折觥), 청동기에 새겨진 역사서라 일컬어지는 사장반(史牆盤), 최고의 호(壺)라 일컬어지는 3년 흥호(三年興壺), 최고의 궤(簋)라 불리는 왕호궤(王胡簋), 전쟁 역사서라 불리는 사동정(師同鼎) 등이 박물원의 보물들이다. 끝도 없이 이어지는 청동기들은 생각했던 것보다 훨씬 크고 웅장했으며, 명문도 정교하여 실물을 보는 즐거움을 마음껏 누리게 했다.

이들 청동기는 앞에서 말했듯, 주된 목적이 제사를 지내고 그 의례를 통해 권력을 획득하고 유지하려는 데 있었던 탓에 술 그릇이 절대다수를 이룬다. 전통 문헌에서 청동 기물 하면 제일 먼저 떠올리는 것이 『시경』의 체일 첫 부분인 『국풍·소남』에 배치된 「권이(卷耳)」라는 시이다.

7. 청동기와 『시경』

멀리 떠난 연인의 그리움에 사무침을 우리는 어떻게 표현할 수 있을까? 「권이」는 전쟁을 치러 떠난 연인을 그리며, 이 만나러 가지 못하는, 오지도 않는 한스러움을 한탄하여 부른 시로 알려져 있다. 유가의 가장 중요한 경전이 하나로 평가받는 『시경』, 엄선된 305편 중에서도 「관저」와 「규목(樛木)」 시 다음에 3번째에 배치된 매우 중요한 시가 아닐 수 없다. 그래서 수 천년 동안 사람들 즐겨 불렀던 시이다.

[1] 采采卷耳, 不盈頃筐.
　　도꼬마리 뜯고 또 뜯어도/ 납작 바구니에도 차지 못하네.
　　嗟我懷人, 寘彼周行.
　　아아. 내 그리운 님 생각에/ 바구니도 행길 위에 내던지네.
[2] 陟彼崔嵬, 我馬虺隤.
　　높은 산에라도 오르려 하나/내 말 병이 났네.
　　我姑酌彼金罍, 維以不永懷.

에라, 금잔에 술이나 따라/ 기나긴 수심 잊어볼까?

[3] 陟彼高岡, 我馬玄黃.

돌산에라도 오르려 하나/내 말 병이 낫네.

我姑酌彼兕觥, 維以不永傷.

에라, 쇠뿔 잔에 술이나 부어/기나긴 시름 잊어볼까?

[4] 陟彼砠矣, 我馬瘏矣.

돌산에라도 오르려 하나/내 말 지쳐 늘어졌고,

我仆痛矣, 云何吁矣！

내 하인 병이 났으니/어떻게 하면 그대 있는 곳 바라볼까나?

(김학주, 『새로 옮긴 시경』)

이 시를 읽노라면 화자가 둘임을 쉽게 발견할 수 있다. 제1장은 여성, 제2장~제4장까지는 남성이 부른 것으로 보인다. 작자가 가상으로 남녀 둘을 번갈아 넣은 것인지, 지금도 소수민족 사회에 잘 남아 잇는 사랑하는 남녀가 번갈아 가며 부르는 대창(對唱)의 형식인지는 몰라도, 그리움에 사무친 두 사람의 감정을 극적으로 잘 그려냈다. 대창이라면 제3장과 제4장 사이에는 제1장이 반복해 들어갔을 것이 생략됐는지도 모르겠다.

제1장에서는 그리움에 지쳐 들에 나가 도꼬마리라도 따 보지만 그리운 님 생각은 여전히 떨쳐버릴 수가 없다. 온 마음이 콩밭에 가 있다. 그래서 따고 따도 그 얕은 광주리조차 채우지 못하고, 급기야 혹시라도 님이 마차 타고 돌아올 큰 길가에 내팽개치고 하염없이 먼 길만 쳐다본다.

제2장에서부터 4장까지는 이 여인의 연인으로, 그런 그리움에 답이라도 하는 듯, 저 험산 산을 넘어 당신에게로 달려가고 싶지만, 말이 병이나 갈 수가 없다. 말이 지쳐서 갈 수도 없다. 하인조차 병이나 갈 수가 없다.

그리움에 사무친 연인을 당장이라도 달려가 안아주고 싶지만, 길은 멀고 수 자리나 전쟁터에 있는 터라 어쩔 수가 없다.

이 기나긴 시름, 어떻게 잊을 것인가? 조조의 「단가행(短歌行)」에서처럼 오직 두강(杜康)만이 시름을 잠시나마 잊게 해 줄 것이다. 그리움이 깊고 시름이 큰 만큼 술도 잔으로는 어림없다. 술독 채로 마셔야 겨우 잊을 수나 있으려나?

그래서 금루(金罍)에서 술을 담고, 시굉(兕觥)에 술을 따라 퍼마셨을 것이다. 아니면 술통째로 마셨을지도 모를 일이다. 그러나 위의 인용과 같이 전통적인 해석에서는 금루(金罍)를 '금잔'이라 번역했고, 이를 '금으로 장식한 잔'이나 '금칠을 한 잔'으로 풀이했다. 금(金)을 황금으로, 뢰(罍)를 '잔'으로 본 것이다. 그러나 이 시기 지어졌을 서주 시대 때 금(金)은 앞서 이야기했던 것처럼 '황금'이 아니라 '청동기'를 지칭했다. 그냥 청동 술독일 뿐이다. 금(金)의 원래 의미를 몰라 '금으로 칠을 하거나 장식을 한 잔'이라고 친절하게 부연 설명까지 했던 것이다. 오류로 보인다

[그림 7] 명방뢰(皿方罍), 상, 호남성박물관
소장(사진: 바이두백과)

[그림 8] 시굉(兕觥), 서주초기, 중국국가박물
관 소장(사진: 바이두백과)

그뿐만 아니다. 시굉(兕觥)은 그림에서처럼 무소 모양을 한 작은 술 독인데, 굉(觥)을 '뿔로 만든 잔'으로 해석한 것이다. 굉(觥)에 각(角)자가 들어서 그렇게 쉬 해석하고, 전통적인 해설서에서는 뿔에 조각을 한 잔으로 그려졌다.

그러나 굉(觥)은 사실 동물 모양을 한 작은 술통을 말했으며, 상나라 말에서 주나라 초기 시기에 주로 등장한 기물이다. 모양은 프랑스 요리에서 소스를 담아 테이블에 제공하는 용기인 '소스 보트(Sauce Boat)'를 매우 닮았는데, 한쪽 끝에는 소스를 쉽게 붓기 위한 주둥이가 있다. 모양은 주로 용, 소, 무소, 양, 코끼리 등 다양한 짐승의 모양을 하였다. 초기 단계의 용에는 두 뿔리 특징적으로 그려졌기 때문에 이 기물을 굉(觥)이라 하였을 것이다. 소나 양이나 코끼리 등도 모두 뿔이 있기에 같은 명칭이 가능하다. 코끼리와 무소는 지금은 중국의 중원지역에서 볼 수 없지만, 당시에는 상당히 많이 서식한 것으로 알려져 있다. 코끼리를 동원해 일을 시키는 모습을 그린 위(爲)나 코끼리의 조심성을 관찰한 예(豫) 등은 물론 갑골문이 출토된 은나라 수도 은허(殷墟)에서는 사육하던 코끼리 새끼의 뼈가 그대로 발견되기도 했다. 세월이 흐른 후 오월 전쟁에서는 코끼리를 동원해 상대 진영으로 밀고 들어가는 전법도 있었다. 무소의 가죽은 질겨 갑옷의 제작에 최고였다. 초나라 사람들이 최고로 쳤던 무소 갑옷은 그 예리한 창으로도 뚫을 수 없었고 화살도 막아냈다고 한다.

발굴된 청동기를 보면 술을 마시는 잔은 크게 3가지이다. 작(爵), 가(斝), 고(觚) 등이 있다. 작(爵)은 주둥이(流)와 꼬리(尾)가 있고 기둥(柱)를 갖추었고, 둥근 배에다 손잡이가 있고, 발은 보통 3개이다. 작(爵)아 형태에서 주둥이(流)와 꼬리(尾)가 없어진 것이 가(斝)이며, 고(觚)는 지금의 칵테

한자의 기원에서 통일과 완성

일 잔 비슷하다 보면 쉽게 이해될 것이다.

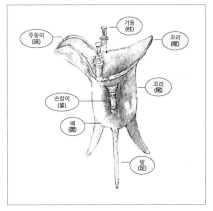

[그림 9] 작(爵)의 부위별 명칭.
(하영삼, 『사진으로 떠나는 한자역사기행』)

　따라서 「권이」 시에서 말한 뢰(罍)와 굉(觥)은 '잔'이 아니다, 술을 저장하던 술독에 더 가깝다. 상심이 컸던 마음을 헤아린다면 작(爵)이나 가(斝)나 고(觚)가 아니라 뢰(罍)나 굉(觥)으로 퍼마셨다는 표현이 더 적절할 것이다. 얼마나 그리웠으면, 얼마나 절망적이었으면 그랬을까? 그래서 이 시를 다시 내 식으로 번역해 본다.

　　도꼬마리 뜯고 뜯어도/
　　작은 바구니조차 채우지 못하네.
　　아아, 그리운 님 생각에/
　　바구니를 한길에다 내던지네.
　　높은 산이라도 넘어가고프지만/
　　내 말 병이 났네.
　　에라, 술통에 술이나 따라/
　　이 기나긴 수심 잊어볼까나?

돌산이라도 넘어가고프지만/

내 말 지쳐 늘어졌네.

에라, 술독에 술이나 부어/

이 기나긴 시름 잊어볼까나?

험산이라도 넘어가리라/

하지만 내 말 큰 병 났네.

내 하인도 병나고 말았으니/

어찌해야 그대 있는 곳에 갈 수 있을까?

2023년 12월, 겨울인데도 봄비 같은 비가 촉촉이 내리고 있다. 한 해를 보내면 그간 아쉬움도 미안함도 그리움도 달래며 파전과 막걸리 한 잔이 그리워진다. 그 옛날 젊음 시절에는 항아리나 술독 채 마신 추억도 있지만, 이제는 사치스러운 객기에 지나지 않게 느껴짐이 새삼 한스럽다.

한자의 기원에서 통일과 완성

漢字文化之旅 - 陝西遊記

張源心

在2023年8月秋意漸濃的時節, 韓國慶星大學漢字研究所主辦了陝西漢字文化之旅, 我有幸以一名工作人員的身份, 踏上了這場關於漢字與文化的旅程。首先在此表達我的感激之情, 不僅是這一路的所見所感, 更因此行有幸結識了同行的各位鴻儒, 作為一個在學界初窺門徑的學生能有這樣的機會實感三生有幸。同時, 這也不是一次簡單旅行, 這是一次對千年文明的探尋, 一個穿越歷史的機會。而作為這次文化旅的主題--漢字, 如同是靈魂的樞紐, 連接著中韓兩國千年的文明。而陝西, 則是這段文明歷史中的一顆璀璨明珠, 沉澱著無數的故事和記憶。這次旅行, 將漢字的力量與歷史的深度相結合, 成為我探索漢字之美的一次奇妙冒險。

對於陝西這個區域, 所有的中國人都不陌生, 它是十三朝古都, 它是中華民族的發祥地, 它是新中國革命的聖地。與我而言, 此行的主要目的地西安, 更是有著不一樣的情感, 十多年前我大學時在外求學, 由於歸家與出發路線和一位摯友的緣故, 曾多次往返西安, 所以它對我而言西安既是歸家之路, 也是世界之窗, 雖然如前面所說的多次往返西安, 名勝古跡卻只去過城牆與秦皇陵且都是棲棲遑遑。與之相對的, 西安的美食我卻一個也不曾落下, 羊肉泡饃、涼皮、肉夾饃、鍋盔、葫蘆雞、褲帶面所有美食都如數家珍。至此之後的十餘年，由於工作與學習的關係，我再未踏入陝西半步，也因如此我更對這片滄桑古樸的大地念念不忘，心之神往。而此次西安文化之旅滿足了我長久以來故地重遊的渴望，我更對此次旅行充滿期待，它包含了所有與漢字文化相關的名勝古跡與博物館十餘處，穿越六千多年的歷史，更是涵蓋從文字符號到楷書幾乎所有漢字的類型。從報名開始，我便寸陰若歲的期盼著。終於，2023年八月十九日夜，在金海機場與此次同去旅行的各位老師見面，可以看得出來面對這次獨特的文化之旅，大家的心境如同書頁上的詩篇，被文字渲染著。對漢字的熱愛和嚮往，如同一簇燃燒的火焰，照亮前行的路途。出發前夜，我徜徉在對漢字深深的思索中，似乎能聽見千年文字的悠遠呼喚，感受到歷史的柔和微風。旅程開始了。

2023年8月19日本人攝於金海機場

落地西安之後到達酒店已接近凌晨三點，但在早上8點半集合時各位老師的臉上卻沒有絲毫的疲態，反而難掩興奮之意。簡單準備之後出發前往落地陝西之旅的第一站——陝西歷史博物館。當巴士緩緩駛入，窗外藍天如洗，白雲悠悠，雖然已經入秋，但作為中國四大火爐之一的西安，還是能感到一些暑意。步入陝西歷史博物館，仿佛進入了一座宏偉的文明殿堂，這裏不僅是展覽歷史的場所，更是漢字的精神搖籃。博物館的大門敞開，透露著歲月的深厚沉香，如同古老的書頁一一展開。全省行政區域內國有可移動文物收藏量為3009455套7748750件，占全國可移動文物總數的12.09%，位列全國第二。最吸引肯定是曾登上《國家寶藏》的杜虎符，關與它的用法，《說文解字》中也早已說的十分清楚：“信也，……分而相合。”這也是中文“符合”一詞的來源。這件源於戰國晚期的青銅兵符不僅做工精細、外形流暢唯美，其上更是有九行四十字清晰可見的小篆銘文，文字與歷史在這裏交融，彼此相依。每一筆的起源，都承載著一個時代的記憶，每一字的演化，都是文明發展的軌跡。當然別的展品比如皇后璽、五祀衛鼎等，滿目琳琅。

第二站是大唐西市博物館，在唐朝時期，長安呈現出了獨特的市區格局，東市和西市的差異如同兩個獨立的世界，構成了“東市貴、西市富”的景象。太極宮屹立於市中央，而大明宮和興慶宮則稍偏東，為了方便上朝，百官紛紛選擇在皇城東邊置業，形成了一個勳貴高檔的住宅區。而各地設立的駐京辦事處“進奏院”多集中在平康坊和崇仁坊，成為地方官員雲集之地。在教育方面，考場和學府多與東市相鄰，學子為了趕考紛至東市，使得該地區成為繁榮的教育中心。同時，東市的餐飲和娛樂業也異常發達，形成了長安城內最大規模的旅館街。東市的商品交易和消費水準逐漸趨向高端，商業繁榮，成為獨特的市場。與東市不同，白居易曾言：“東京收粟帛，西市鬻金珠”，西市因其金市的富庶而著稱。靠近長安西大門的金光門，使得西市成為胡人聚居之地，也因此被稱為“西市胡”。胡商的增加帶動了西市的商業繁榮，西市內的珠寶店、酒食肆、邸店等形成異域風情。事實上，西市內店鋪數量是東市的1.6倍，商賈雲集，西市的商業氛圍較之東市更為濃厚。作為唐都長安最繁華的國際貿易中心，西市扮演著至關重要的角色。東市和西市的共同繁榮展現了大唐的寬容和包容，也促進了東西方文化的交流。這座古都成為國際大都市，彙聚了包羅萬象的大唐氣度。西市作為大唐外來商品集散貿易的場所，出土文物也極具西域特色，絲綢之路的繁盛使得中西方文明在這裏得以交匯融合。大唐西市博物館展示的文物，不僅僅是歷史的見證者，更是漢字演變和運用的實例。從古老的碑文、經書，到商家的賬簿和文書，都反映了當時社會中文字的廣泛運用。文字的力量在這裏得以充分展示，漢字成為了大唐繁榮的不可分割的一部分。漫步在展覽廳中，仿佛能夠聽見古老的商賈談笑風生，感受到那個熙熙攘攘的盛唐市場的生動場景。漢字在大唐的繁華時期承載著文化的瑰寶，也見證了商賈的繁榮。大唐西市博物館成為了這段歷史的見證者，將大唐盛世的文明之花展示在世人面前。

此次漢字路攝於秦始皇陵

　戀戀不捨的離開了大唐西市博物館，我們來到了小雁塔，可能是因為名氣比大雁塔稍弱，國內的旅行團似乎對小雁塔有些忽視，也因如此使得小雁塔有一種清幽之感。其實小雁塔只是因為形態於大雁塔相似才叫小雁塔，也可稱其為薦福寺塔，並有"三開三合，地震不到"的威名！在塔下仰望雄偉的塔身，感受到的不僅是建築的雄偉和古老，更是漢字在佛教傳播中的燦爛光芒。經文的誦讀、傳抄、研讀，使得信徒們能夠更深刻地理解佛法，修行

　　　　　　　　한자의 기원에서 통일과 완성

自己的心靈。小雁塔作為佛教文化的代表，見證了漢字在佛教傳播中的功用，為後來的學者和信徒提供了豐富的學術和靈性資源。

秦始皇陵雖然壯觀，但實在是人山人海，人潮湧動的景象反而比兵馬俑更壯觀，加上時間緊湊，只是匆匆一瞥，回程路上順便見識了貴妃出浴的華清池。

來到了半坡遺跡，門口的人面魚紋就已經吸引了大家的眼球。半坡遺址，位於滻河岸邊，是一座具有約6000年歷史的原始聚落，代表了一種氏族部落的形態。半坡人作為西安地域新石器時代的重要代表之一，在考古發掘中留下了豐富的遺存，為我們揭示了他們古老而豐富的生活方式。考古發現表明，半坡人的生產以農業為主，同時也從事家畜飼養、捕魚打獵和採集等多樣活動。出土的勞動工具和半成品反映了居民的生產水準，這包括用石、骨、角、陶等原料製成的各類工具。特別是發現的石鏃、骨鏃、石網墜、帶倒鉤的魚叉、魚鉤和石矛等工具，顯示了漁獵業在半坡人生產中的重要地位。半坡人的日常生活用具主要以陶器為主，其中最為典型的是繪製生動人面魚紋等動物紋彩陶盆、缽以及各類幾何形彩陶。此外，石、骨、陶、蚌等裝飾品也豐富地展現了半坡人的手工製作技術。半坡遺址的發現不僅讓我們窺見半坡人的物質生活，還暗示著當時社會分工的存在。婦女和兒童主要負責農業和採集，而漁獵生產則主要由男性負責。這種分工不僅反映了當時社會的組織結構，也為我們提供了對半坡人古老文明的深入認識。雖然遺址壯觀，但更讓我期待的還是1952年半坡遺址露出了一組神秘的古老符號，這些符號刻在陶器和陶片上，遠古的密碼在時間的深處靜靜等待，距今已有六千多年。這些符號仿佛是一個古老的密碼，每個符號都是一個獨特的密碼片段，隱藏著一個古老時代的深邃故事和智慧。雖然早對陶符如雷貫耳，但見到實體確實第一次，對於半坡出土到底是符號還是文字，郭沫若、於省吾、李孝定、陳煒湛、王志俊、陳全方等專家，共同認為半坡遺址中出土的27個"半坡陶文"具備文字性質，甚至可以被歸類為漢字或文字範疇的一部分。在這個集結了多位專家的論述中，無論如何劃定界限，他們一致認為半坡遺址中的這27個"陶文"具備了文字的特徵且是漢字起源的重要一環。但這種說法仍有爭議，其實從形態上來講半坡陶符，與一些甲骨文是有著一些千絲萬縷的聯繫的，且甲骨文已是相對成熟的文字體系了，不可能是憑空出現的，一定是經歷了很長發展歷程。只能期盼再多一點出土物，來證明陶符不是符號而是文字了。仰紹文化聚落的遺址、陳列的古老陶器、石器等文物，無聲地述說著史前人類的智慧和演化。而陶符的出現，更是史文明的密碼，一個連接古今的紐帶，讓殘破的遺跡有了一絲鮮活。

　　來到周原博物館，就不得不提到我的家鄉，我來自安陽，也就是殷代的朝歌，我也終於有幸體驗了周武王"從朝歌到西岐"的旅程，也是從甲骨文到金文的變遷。周原廣袤的面積超過一千平方公里。正如《詩經》中所描述的："周原膴膴，堇荼如飴"，描繪了這片富饒肥沃的土地。三千年前，古公亶父率領著周族在此遷徙並定居，為周人的崛起奠定了堅實的基石。周原成為了西周王朝的發源地，同時也孕育了光耀華夏的禮樂文化。儘管周原遺址出土的文物大多數藏於中國國家博物館和寶雞青銅器博物館，但周原博物院內仍保留著許多珍品。比如折觥，這個有"青銅動物園"之稱的青銅酒器；折觥的設計獨具匠心，以羊首、龍背、饕餮尾為主要元素，融入夔龍、大象、小蛇、飛燕、鳴蟬、鴟鳥、神龜等多個栩栩如生的動物形象，巧妙地組成一件華麗的青銅器。這些生動的動物形象不僅巧妙地融入整體

　　　　　　　　　　　한자의 기원에서 통일과 완성

設計, 還展現了古代工匠卓越的藝術造詣。四層花紋造型的裝飾更進一步提升了折觥的藝術價值, 被譽為巧奪天工的傑作。設計中最令人讚歎的之一是"尾巴"與鋬 (器物側邊供手提拿的部分) 的精妙結合。該部分由三種動物形象組成：上部為獸首, 中部是鷙鳥欲飛, 下部為象首。象形象生動活潑, 象牙下垂, 象鼻上卷猶如魚形；而鳥的翅膀則由兩條曲蛇組成, 鋬內還飾有展翅鳴叫的蟬紋, 呈現出一種靈性和生命力的奇妙交融。這樣的設計在距今三千年左右的西周時期, 無疑凸顯了古代工匠高超的造型技術和對合範技術的縝密嚴謹。這件折觥不僅是一件實用的容器, 更是一件集藝術、工藝和文化於一身的珍貴之物。館外的建築同樣是令人注目的亮點。建築採用了召陳西周宮殿的形制, 土黃色的夯土牆、圓形茅草頂、朱砂紅門窗漆柱, 甚至門鎖把手都是根據館內藏品刖人守門鼎的樣式仿製而成, 展現出深厚的歷史文化內涵。

　　不像昨日的驕陽似火, 今日陰天並伴隨著一絲絲涼意。漫步於寶雞青銅博物館, 仿佛穿越時光回到青銅時代, 青銅器的藝術外觀不僅令人歎為觀止, 更是漢字在青銅器上留下的精緻印記。寶雞雖然城市並不算特別發達, 但寶雞青銅博物館的級別可以算得上是國家級的, 且是中國唯一一座以青銅器為主題的博物館, 寶雞同為周和秦的發源地亦有青銅器之鄉的美譽, 在"何樽"特別展上, 展廳中赫然擺放著由金文書寫的"中國"二字, 這也是"中國"作為詞組第一次出現, 何尊之於今日的卓越地位, 除了中國二字的初次顯現外, 其發現之路亦是一段曲折而奇幻的歷程。1963年, 它的存在首次被偶然揭示；而1965年, 這件珍寶卻曾一度淪為廢品, 唯有偶然的巧合讓其遇上寶雞市博物館的一位領導, 並以30元微薄的價格被收購, 正式投入博物館的懷抱。然而, 直到1975年, 何尊的真正珍貴之處才被揭示, 當時, 上海博物館館長、青銅器專家馬承源在對其底部進行研究時，意外地發現了隱藏其中的銘文。如此一來，這座歷經波折的器物方得以揭開真相，成為國之重寶，更是國家首批禁止出國、出境展出的重要青銅器——何尊。何尊的發現史宛如一部傳奇，由偶然到曲折，每個環節都讓這件青銅器的來歷愈加引人入勝。如今，何尊以其獨特的歷史價值和文化內涵屹立於寶雞的的文物寶庫之中，見證著時光的流轉，也將這段曲折而輝煌的發現之旅留存在中華文明的珍貴檔案中。博物館還陳列著各類青銅器，從大型禮器到小巧的器皿，每一件都散發著古老而深沉的氣息。青銅時代是中華文明的發展階段之一，而這些青銅器則是古代人民智慧和藝術的結晶。其中還有一件物品不得不提，便是青銅器上的漢字，如同歷史的符號，為我們打開了一扇通向古代的窗戶。刻畫在器物表面的文字，既是實用的標識，更是一種獨特的藝術表現。漢字的線條在青銅器上流暢而精緻，傳達著古代人們對美的追求和對文明的創造。在青銅時代，漢字的應用不僅局限於文字書寫，更融入到藝術創作中。青銅器上的銘文、紋飾，如同一篇篇古老的詩章，講述著那個時代的風土人情。從青銅器上的漢字中，我們不僅能夠瞭解社會的制度、禮儀，還能感受到古代人們對生活的熱愛和追求。

此次漢字路活動攝於茂陵

한자의 기원에서 통일과 완성

懷著憧憬，來到可與秦始皇起名的漢武帝之陵。《史記·武帝本紀》有"建元二年，初置茂陵邑"的記載，可見漢武大帝劉徹早在自己剛登上的皇位的第二年就已經開始修建自己的陵墓，直至漢武帝駕崩，共修建長達五十三年，顯然我們看到的只是茂陵東500米茂陵陪葬之一的霍去病墓區域，既是如此仍能感受到它的浩瀚與肅穆，武帝一生功績無數，在政治經濟文化多個方面都有諸多貢獻，奠定了漢王朝的強盛穩定，且西漢時隸變也到了很關鍵的時刻，不僅持續發展覆蓋，也開始用於石刻，打破了之前石刻只用篆文的局面，說明隸變後的字體已得到官方與社會的認可。烈日當空，我們來到了碑林，關於碑林這一名稱，顧名思義意指"碑石叢立如林"，"碑林"起源於西元1087年，迄今已有悠久的900餘年歷史。它是中國古代碑石的最早、最豐富收藏的藝術寶庫，因此人們尊稱它為"石質書庫"。西安碑林的發展始於對唐代石經的保存。包括了《石臺孝經》，由唐玄宗於西元745年親自書寫，以及西元837年刻成的《開成石經》。這些珍貴的文物原本立於唐長安城國子監太學內，但唐朝末年，由於動盪時局，石經被遺棄於長安城郊。經過多年，這些碑石在1087年由北宋漕運大使呂大忠的組織下，遷至今天的位置，形成了最早的西安碑林。"碑林"這一名稱起源於清代，它收藏了自漢代至清代的3000餘件碑石，分佈在七個陳列室、八個碑廳和六座碑廊之中。整個博物館占地面積31900平方米，陳列面積3000平方米，是典型的中國傳統廟宇式建築群。其前半部分由原先拜謁孔子的孔廟改建而成，保留了孔廟的痕跡，而碑林博物館則成為中國傳統廟宇式建築的代表。館內的碑石主要分為"碑林"和"石刻藝術室"兩大部分，展示了豐富的石刻藝術和文化內涵。碑林博物館以其獨特的建築風格、豐富的文物收藏和歷史傳承，成為中國文化傳統的生動縮影，也是對中華文明輝煌歷史的生動見證。

晚飯時, 大家大快朵頤, 舉杯暢飲, 並在飯後去大唐不夜城溜達了一圈, 告別了燈火輝煌, 火樹銀花的"長安", 我們也踏上了歸途。這次漢字文化之旅如同漫步在歷史的長廊, 每一站都是一篇篇精彩的篇章, 留下了深刻的感悟和豐富的收穫。這段旅程不僅讓我領略了陝西豐厚的文化底蘊, 更深刻地理解了漢字在中韓文化交流中的重要地位。陝西漢字文化之旅讓我對漢字在中韓文化交流中的未來展望更為明朗。漢字作為一種獨特的表意文字, 具有豐富的內涵和深厚的歷史淵源, 將在文化交流中發揮獨特的作用。隨著中韓友好交往的深入, 漢字的魅力將進一步被展現和傳揚。在這次旅程中, 我深感漢字之美不僅僅在於其形式, 更在於其蘊含的文化底蘊。漢字是一扇打開古代文明的窗戶, 透過這扇窗, 我們能夠看到古代人們的智慧、藝術和對生活的熱愛。這趟文化之旅不僅為我帶來了視覺的震撼, 更激發了我對中韓文化交流的濃厚興趣。在未來, 我期待著漢字文化能夠在中韓兩國之間搭建更多的橋樑, 促進文明的互鑒和共同發展。漢字以其獨特的藝術魅力, 必將在跨越國界的文化交流中繼續發揮重要的作用。願這份文化之旅的心得能夠成為中韓文化交流的一份微薄貢獻, 讓我們共同見證漢字文化的璀璨繼續在未來綻放。

제2부

마음으로 보는 답사

1

좋은 기회, 좋은 인연, 좋은 경험

—

김가영

경성대학교 한국 한자연구소 HK+사업단이 주최하는 '동아시아 한자 문명 로드 답사 그 네 번째: 한자의 기원에서 통일과 완성' 프로젝트에 참여하게 된 계기는 단순했다. 우리 학교 중국학과에서는 매년 '차이나 챌린지'라는 대회를 개최하는데, 계획서를 제출하면 지원금을 받고 중국 답사를 원하는 학우들과 같이 갈 좋은 기회다. 서현이 언니, 이번에 알게 된 현지 언니, 수영이 언니와 함께 참여했지만, 좋은 결과를 얻지 못했다. 특히 우리 조에는 졸업을 앞둔 현지 언니가 있었기 때문에 아쉬운 마음이 컸다. 시원섭섭한 마음을 뒤로하고 다시 내년 기회를 생각하며 위로할 찰나에, 다른 조의 미리 언니가 그 모습을 보고 안타까워 보였는지 이런 프로젝트가 있다는 것을 알려줘서 우리 조의 서현이 언니, 현지 언니와 함께 신청하게 되었다. 처음에는 다른 아르바이트를 하지 않아 학생 신분에 꽤 큰 돈이 부담스럽기도 했지만, 이참에 학우들과 좋은 추억을 쌓고 동행하는 교수님, 연구원님, 다른 시민분들을 통해 많은 배움을 얻는다면, 귀중한 경험을 한다면 전혀 아깝지 않을 거란 생각에 신청하기까지 오랜 시간이 걸리지 않았다. 더불어 예전 백종원이 출연한 '스트리트 푸드 파이터- 서안' 편을 본 뒤로, 서안만의 특이한 향토 음식(특히   미엔-넓은 면

요리)과 유서 깊은 관광지에 대한 환상을 가지게 된 점도 좋게 작용했다. 이제 들뜬 마음을 차분히 가라앉히고 짐 쌀 준비만 남았다.

김해공항행 버스 타러 가는 길, 비가 오고 우중충한 흐린 날씨였다. 이런 날씨에 비행기가 안전하게 운행될지 우려되기도 했지만, 두근거리는 마음으로 뒤덮인 지 오래다. 307번 버스를 탔다. 운 좋게 빈자리에 앉아서 창문을 바라보며 도착하기를 기다렸다. 이럴 때는 낭만 있게 음악이 나오는 헤드셋 같은 거 있어야 하는데, 하며 속으로 생각했지만 없는 걸 어찌하랴. 대신 창문 밖 넘어 자잘하게 떨어지는 빗소리와 일정한 톤의 버스 안내 소리, 규칙적으로 사람들이 타고 내리는 소리를 들으며 묘하게 포근한 느낌과 함께 설레는 이 순간이 꽤 오랜 시간 동안 지속되면 좋겠다는 생각을 했다. 약 1시간 정도 지나자, 김해공항 국제선에 도착했다. 멋들어진 선글라스를 낀, 외국에서 오래 살다 온 느낌이 드는 아저씨와 함께 내렸다. 약속한 장소에 도착하니 이현 교수님, 현지 언니가 보였다. 반갑게 인사하는 와중에 다른 사람들도 하나둘씩 모였다. 전부 모이자, 여행사에서 간식, 현지 여름의 더위를 물리치기 위한 용품, 기행 계획서 등을 나눠줬다. 소중히 받은 다음, 설명을 듣고 출국 절차를 받으러 일어섰다. 요즘은 여권도 스스로 작은 화면에 찍고 들어갈 수 있도록 편리해졌다. 편리해진 만큼 사람들이 점점 사라지고 있는 것 같다. 모든 절차를 마치고 비행기를 타기 전, 편의점에서 주전부리를 사서 자리를 잡고 먹었다. 하영삼 교수님께서 나란히 앉아있는 우리 앞으로 오셔서 좋은 말씀들을 많이 해주셨다. 꿈과 AI에 관련된 내용으로 기억한다. 함께 중국 기행을 앞두고 공항에서 교수님과 학생들 간의 질문과 답변이라니, 새롭고 퍽 낭만적이다. 어쩌면 멋진 교수님들 사이에 끼여 따라가는 깍두기와 같은

한자의 기원에서 통일과 완성

학생들일 수도 있는데 세심하게 챙겨주시니, 우리가 여행에서 소중한 존재가 된 기분이다. 탈 예정인 비행기는 에어부산 BX341, 한국 항공사 중 유일하게 서안과 길이 열려있는 비행기다. 비행기 안에서 언니들과 장난을 치고 사진을 열심히 찍은 뒤 지쳐 말수가 줄어들 때, 기내에서 잠을 자라고 배려를 해줘서 편하게 눈을 감았다. 약 3시간 정도 지나고 서안에 도착했다. 이번엔 중국입국 절차를 받을 차례다. 여권을 보여주며 지문을 찍는데, "사지를 올리세요"라고 하길래 웃음이 나왔다. 여기서 '사지'는 명사로 사람의 두 팔과 두 다리를 통틀어 이르는 말이 아니라 손가락 네 개였다. 무사히 통과하는데 뒤에서 유일하게 서현이 언니가 지문이 찍히지 않아 애를 썼다(웃음). 건조한 손 때문이다. 우리나라 주민등록증까지 보여준 뒤, 겨우 들어가라는 손짓을 받았다. 앞에서 우리끼리 소심하게 항의하고 있는데 관계자분이 보시더니 얼른 나가라고 휘이휘이 손짓했다. 약간의 불만을 가진 채 빠져나왔다. 짐을 챙기고 한숨 놓으며 공항을 빠져나오자마자 느껴진 특유의 중국 냄새, 건널목 앞에 멈춰 선 택시들의 번호판(서안은 한자-陝), 빨간 글씨의 공항 지명 표지판을 보고 중국에 왔다는 게 실감이 났다. 가이드님의 안내를 받으며 버스를 탔다. 특이하게 안전띠를 안 매면 매미 소리가 나는데, 매우 신경에 거슬리기 때문에 후딱 안전띠를 맬 수밖에 없다. 가이드님이 이번 기행에 교수님들과 함께해서 (좋은 의미로) 긴장된다고 하셨는데, 똑똑하신 교수님들과 함께해서 본인도 왠지 모르게 어깨가 으쓱했다. 가이드님의 설명을 들으면서 숙소로 향했다. 밖은 아무래도 새벽이라 그런지 어두컴컴했다. 건물도, 차도 잘 보이지 않고 빨간 홍등만이 눈에 제대로 띄었다. 그리고 분명 아파트처럼 생긴 건물이 보이는데 전부 깜깜해서 "아, 중국에 빈집이 많다고 하던데 이

것들도 전부 빈집일까?" 혼자 생각하며 중국경제 시간에 배운 내용을 상기시켰다. 우리가 묵을 숙소는 5성급의 깨끗하고 고급스러운 호텔이었다. 룸메이트는 미리 언니. 첫날부터 가만히 있을 우리가 아니다. 우리는 여행지에서 뭐든 경험하고 누비려는 성향이 비슷하다. 숙소에 짐을 풀고 몰래 나왔다. 가볍게 구경하고 편의점에 가보기로 했다. 호텔을 한 바퀴 도는데 술집에서 윗옷을 탈의하고 서성이는 아저씨들이 보였다. 편견이지만 이것이 말로만 듣던 중국의 아저씨들인가.! 정겨운 마음도 들고 한편으로는 주위에 우리 둘뿐이라서 약간 무섭기도 했다. 건널목을 건너니 세븐일레븐 편의점이 보였다. 편의점에는 우리나라에서 유행했던 라티아오(중국식 쫀드기)도 있었고, 한국과일 소주, 일본의 편의점에서 팔 것 같은 아기자기하게 생긴 빵들도 있었다. 특히 눈에 띄었던 제품은 먹는 방송에나 나올 법한 중국의 향신료(마라 따위)와 재료를 사용해서 만든 반찬, 간식, 술안주로 보이는 음식들이었다. 궁금하긴 하지만 맛이 생소할까 겁나는 음식들이었다. 미리 언니가 고맙게도 시원한 음료수와 먹을거리를 사줬다. 중국은 차의 나라답게 차 음료가 꽤 많았고, 가격도 5위안 내외로 우리나라 천원 정도였다. 이후 편의점을 두 군데 정도 더 들린 뒤, 식당 앞 당나라 전통 옷을 입은 귀여운 여자 동상과 호텔의 계묘년 기념의 화려한 그림 앞에서 사진을 찍고 빗속을 헤쳐 무사히 호텔로 귀환했다. 도착하니 약 3시간 정도 잘 시간이 남아서 씻고 바로 누웠는데, 아뿔싸! 잠이 안 온다. 잠을 자려고 끙끙거리다 겨우 1시간 정도 잤다. 버틸 수 있을 것인가..이십 대 초반의 건강한 체력을 믿고(운동은 안 하지만) 다음 날 몸을 일으켰다.

투어가 시작되는 날이다. 일정은 주나라-진나라-한나라-당나라 4대

　　　　　　　　　　　　한사의 기원에서 통일과 완성

왕조의 유물들과 한자를 중점적으로 볼 수 있는 서안 박물관, 소안탑 그리고 실크로드의 기점에서 만나는 한자 유적 대당 서시 박물관이다. 하지만 일정에 앞서 무엇보다 중요한 것은 호텔 조식이다. 접시에 국수와 전병을 담았다. 중국 음식은 기름을 많이 사용하는데, 따뜻한 차와 함께 먹어도 솔직히 거북한 느낌이 있었다. 그래도 맛 자체는 크게 모난 것 없이 무난했다. 다 먹고 버스를 탔다. 버스는 2대로 나눠 타는데, 좋아하는 이현 교수님과 같은 버스였다. 자리에 앉고 차의 시동이 걸리자 어김없이 매미들이 다시 출몰했다. 후딱 매미를 잡고 가이드님의 안내와 함께 버스가 출발했다. 다시 눈을 감고 싶지만 자면 왠지 손해를 볼 것 같은 느낌이라 무거운 눈꺼풀을 힘겹게 올리고 가이드님의 안내를 들으며 창문 밖 풍경을 바라보았다. 공항 가는 길 한국의 날씨와 비슷하게 비가 추적추적 내렸다. 가이드님이 말씀하시길, 서안에는 비가 자주 오지 않는다고 한다. 그래서 우리가 운이 되게 좋다고 하셨다. 여행에 불편한 날씨지만 좋게 받아들이고 편하게 해주시는 가이드님의 자세를 본받고 싶다. 그 외로 서안의 대학들, 엄마와 아들이 옹기종기 함께 타고 있는 바람막이를 씌운 오토바이, 멈춤 표시의 신호등 옆에 한두 발짝씩 앞으로 더 나와 있는 사람들이 눈에 띄었다. 창문 밖 도시 풍경은 옛 수도인 만큼 어딘가 낙후된 듯하면서도 깨끗한, 오래된 옛 건축물과 새로 지은 건물들이 섞여 있는 모습이었다. 전체적으로 차분하면서 옛날 부흥했던 당나라 수도 장안의 거대한 기운을 숨기고 있는 느낌이었다. 30분 정도 시간이 흐르고, 서안 박물관에 도착했다. 서안 박물관의 외형은 굉장히 깔끔하고 옛 궁전의 건축 모양을 흉내 낸 것 같이 생겼다. 내부에는 정말 많은 전시물이 있었는데, 하나하나 세세히 기억은 못 하지만, 가장 기억에 남았던 것은 실크로드 당시의 낙타와 외국 상인·당나라 여성들의 의복과 스타일을 알 수 있는 도자기 인형들, 원나라 당시 무덤, 무덤 뚜껑으로 보이는 돌판에 그린 별자리 등이 생각난다. 왠지 세계사 교과서의 중국 역사 부분에서 볼 수 있을 법한 것들이 많이 있었다. 박물관을 나온 뒤 첫 현지 중식을 먹었다. 중국식 원형 식탁에 여러 요리가 나왔는데, 붉은 수프에 꽈배기 같은 튀김을 넣은 요리가 유일하게 입맛에 맞지 않았다. 밍밍하고 걸쭉한 수프에 과자 같은 것이 들어있으니 영 별로였다. 우리나라 떡볶이 소스에 튀김을 찍어 먹는 것과 다른 맛, 식감이었다. 다음 장소인 대당 서시 박물관은 옛 당나라 시절 수도인 장안의 성벽 기준으로 동쪽에는 "동시"라는 국내 시장이 있었고, 서쪽에는 "서시"라는 국제시장이 있었다고 한다. 박물관에는 당나라 서쪽 시장의 모습을 재현해 놓은 모형이 있는데 지금으로부터 오래전인데 불구하고 계획도시인 만큼 굉장히 체계적으로 보였다. 이곳에서 많은 외국 사람과의 교역이 있었으니, 활발했을 것이다. 대당 서시 박물관에서부터 소안탑까지 설명해 주시는 큐레이터분이 있으셨는데 자꾸 눈이 갔다. 감명 깊게 본 '산사나무 아래'라는 영화의 남자 주인공의 옷차림과 비슷해 연상되었다. 더불어 박물관에서 병마용을 막 꺼낸 색칠된 머리 사진도 보여주셨는데 실제 사람의 형상과 비슷했다. 그리고 꽤 실감이 날 정도로 생생하게 느껴졌다. 그 사진이 아직도 기억에 남는다.

삼 일째, 병마용과 진시황릉에 갔다. 사람이 많다는 것을 알고 갔지만 많아도 너무 많았다. 그나마 조금 덜 한 거라고 하던데, 입구에서부터 새치기 당하고 사진 찍기 위해 병마용 주변을 막아서 잘 보이지 않았다. 병마용 자체는 정말 컸다. 사람 키의 병마용, 말이 있고 심지어 바닥도 벽돌을 촘촘히 깔아둔 그 당시의 길과 비슷한 것 같다. 개인적으로 워낙 유명

한자의 기원에서 통일과 완성

하기도 하고 실제랑 사진이랑 놀랄 정도로 똑같아서 크게 감흥이 없었다. 옆에는 아직 발굴 중인 직원들도 보였는데 진시황릉의 비밀이 아직 완전히 풀리지 않았다는 것을 알 수 있다. 유명한 병마용들은 따로 유리 전시관에 안에 갇혀 있었다. 모양이 온전하다. 사람들이 많이 모였지만 재빠르게 사진을 찍고 무리 밖으로 나올 수 있었다. 그때 현지 언니를 중간에 놓쳤다. 서현이 언니 손만 잡고 사람들 틈을 빠져나온 것이다. 현지 언니는 이 일로 섭섭했는지 여러 번 되새겨 주었다(웃음). 진시황릉의 묘는 수은으로 뒤덮여 있다고 알려져 현재 기술력으로는 개봉할 수 없다고 한다.

넷째 날, 한무제 무덤에 도착했다. 초록 들판에 거대한 봉우리가 올라와 있었다. 주원 유적지에서는 주위에 동물을 본떠 깎아놓은 돌이 있었다. 그 외에도 그 당시 돌이 널브러져 있었다. 진공 1호 대묘에서는 무덤을 도굴한 흔적들을 볼 수 있었다.

다섯 번째 날, 보계 청동기 박물관에서는 말 그대로 청동기들을 볼 수 있었는데, 특히 중국(中國)이라고 처음 적힌 청동기가 기억에 남는다. 그 당시의 중국은 현재의 중국을 뜻하지 않고, 천자가 살던 곳을 뜻한다. 다음 장소인 비림 박물관에는 비석과 문묘가 많이 전시 되어있다. 서예 하는 사람들이 굉장히 좋아하는 곳이며, 가이드님 말씀 중 한국에서 온 관광객이 박물관에 한 달 동안 하루도 빠짐없이 방문하여 종일 머무르다 가는 것을 보고 박물관 직원이 감동하여 입장료를 무료로 해줬다는 내용이 기억에 남는다. 비석에 쓰인 글자는 하나하나 섬세하고 또렷했다. 비림 박물관 주위는 한국의 인사동 같았다. 서예 도구, 도장, 부채, 책, 기념품 등을 팔고 있다. 비림 박물관부터 주변 거리까지 특유의 고즈넉한 분위기는 사람을 차분하게 만들었다. 거리를 한 바퀴 돌고 버스를 타러 가는데, 성벽 입구를 통해서 나왔다. 커서 압도감이 느껴졌다. 마지막으로 대당 불야성을 보러 갔다. 대당 불야성은 번성했던 과거, 장안의 모습을 재현한 상업 문화 구역이다. 먹을거리도 많이 팔고, 무엇보다 거리가 굉장히 화려했다. 울긋불긋한 색이 주위를 뒤덮었다. 구경할 것이 많은데, 마지막 날이라서 오랜 시간 동안 있지는 못했다.

　이제 아쉬운 마음을 뒤로한 채, 한국행 비행기를 탈 시간이 왔다. 서안으로 들어왔던 입구로 돌아갈 차례다. 다 못 먹었던 한국 음식을 가이드님께 드렸다. 여행을 마무리하며 그 외에도 기억에 남는 장면이 많았다. 저녁에 측천무후 공연을 관람한 것, 회족 거리에 방문한 것, 서안에 외국인이 많이 없어 한국인이라는 소리를 듣고 관심을 받은 것, 초등학생처럼 1번부터 몇 번까지 사람들 번호로 인원수를 확인한 것, 교수님께서 탕후루, 월병, 러킨커피 등등 중국에서만 맛볼 수 있는 음식들을 경험시켜 주신 것, 여름 중국의 울창한 나무.... 전부 하나같이 머리에서 떠나지 않을 것 같다. 또한, 가이드님 안내가 정말 열성적이었다. 덕분에 깊이 있는 여행이 되었다. 이번에 서안에 방문하며 깨달은 것이 있는데, 중국인들이 자국의 문화에 대한 높은 자부심이 있는 이유, 새치기가 많은 이유다. 관광지를 방문하며 하나같이 중요하고, 압도적인 크기를 자랑하는 그것들이 단지 서안에 한정되는 깃뿐만 아니라 중국 전역에 퍼져 있다는 것을 생각하면, 일개 관광객인 본인조차도 부러운데 자국민들은 오죽할까 싶다. 그리고 사람이 워낙 많다 보니 부지런히 자기 것을 챙기지 못하면 뒤처지기 십상이다. 이런 것들이 뒤 합쳐서 국내에서 중국인에 대한 반감이 생기는 것 같다. 하지만 문화를 들여다보면 이 또한 이해할 수 있는 부분인 것 같다. 중국 서안에 방문함으로써, 이론으로만 들었던 중국

　　　　　　　　　　한자의 기원에서 통일과 완성

을 오감으로 경험하는 좋은 시간이었다. 마지막으로 언니들, 교수님들과 함께한 이 순간을 영원히 간직하고 싶다.

2

유구한 역사를 지닌 신비로운 땅, 중국 서안을 거닐다

—

박서현

나는 중국어와 중국 문화에 대해 관심이 많다. 고등학교 때는 중국어 과를 지원해 배울 만큼 언어에 매력을 느꼈고 언어가 재미있다보니 자 연스레 중국문화에도 관심이 생겼다. 내가 대학에서도 중국학과를 선택 하게 된 계기가 바로 여기 있다. 중국어와 중국문화에 폭넓고 깊은 연구 와 공부를 해보고 싶었기 때문이었다. 중국 여행도 꼭 가봐야겠다고 다짐 했지만 코로나로 인해 여행을 갈 수 없어 안타까움만 가득하던 차에 반 가운 소식이 날아왔다. 바로 우리 학교에서 학생들, 교수님들과 함께 가 는 중국 서안으로 떠나는 '한자의 기원에서 통일과 완성'이라는 테마 여 행이었다. 마침 평소 친하게 지내던 우리 중국학과 4인방이 똑같이 관심 이 생겨 함께 가보자고 뜻을 맞추었다. 외국 여행 기회가 많지 않았던 나 에게는 너무나 큰 설렘으로 다가왔다. 여행 떠나기 전부터 들뜬 마음으로 일정과 준비물, 코스 등을 꼼꼼히 챙겨보며 나의 들뜬 마음은 쉽사리 진 정되지 않았다. 떠나기 전 무엇보다 중국 서안이라는 곳에 대해 자료조사 가 시급했다. 그래서 여러 가지 자료와 네이버 검색 등을 통해서 미리 공 부도 해보았다. 여행의 기쁨도 좋지만 내가 가는 여행지에 대해 미리 알아보는 기쁨 또한 너무나 컸다. 중국이라는 나라에 대한 선입견이 그다지 좋지만은 않아서 걱정도 되었지만 우리 4인방과 함께라 든든한 마음이 들었다. 그리고 내가 좋아하는 교수님도 함께 가신다고 해서 너무나 기쁘고 안심이 되었다. 여행은 가는 것도 즐겁지만 준비하는 것은 더할 나위 없이 즐겁다. 친구들과 각자 준비물도 서로 나누고 일정에 대해 서로 의논하면서 벌써 나는 서안에 몸이 가 있는 듯하였다. 이번에 서안으로 여행을 가게 된 가장 큰 동기는 서안이 풍부하고 깊은 역사로 많은 역사적 유물과 문화재가 많이 남아있는 장소이기 때문이다.

여행을 시작하기 전부터 정말 다사다난했다. 출발 당일 새벽하늘에서 천둥과 번개가 치고 비가 억수같이 쏟아부었다. 나는 과연 여행을 갈까말까 아니 갈 수 있을까 하는 생각에 거의 뜬눈으로 밤을 지새웠다. 혹시나 비행기가 이착륙을 잘할 수 있을까, 날씨도 더운데 비까지 이렇게 많이 내려 혹시나 다니는데 힘들지는 않을까, 지금이라도 취소를 할까, 내 머릿속은 너무나 복잡했다. 이런 고민 속에서도 친구들과 내가 관심있는 곳으로의 여행만 생각하며 나는 결국 떠나기로 마음먹었다. 공항에 도착했을 때는 언제 그랬냐는 듯 내 고민은 사라지고 기대와 설레임만 가득한 채 친구들과 즐겁게 일정 이야기를 나누었다. 그런데 역시나 나의 여행길은 순탄치만은 않았다. 출국 전 공항에서 여권 검사를 할 때 나만 지문 인식이 잘되지 않아 너무나 당황스러웠다. 땀을 여러 번 닦아가며 결국 통과할 수 있었다. 심지어 중국 공항에 도착했을 때는 나만 또 지문 인식이 되지 않아 신분증 검사까지 받게 되었다. 일정을 소화하기도 전에 체력이 다 고갈되어 힘이 쫙 빠지는 느낌이었다. 이대로 내가 여행을 무사히 마칠 수 있을지 의문스러웠다. 이렇게 나의 첫 중국 여행은 너무나도 힘들게 시작되었다.

　중국에 도착해보니 역시나 빨강을 좋아하는 민족답게 온통 빨간색으로 물들어있었다. 공항에서 호텔까지의 거리는 꽤 멀었다. 새벽에 도착한 관계로 호텔에서 짐을 풀고 바로 휴식을 취했다. 생각보다 호텔은 깨끗하고 넓었다.

　다음 날 호텔 조식을 기대했으나 입에 맞지 않아 요거트만 먹었던 기억이 난다.

　첫째 날의 코스는 섬서고고사박물관, 소안탑, 대당 서사 박물관, 회족 거리이다. 그 중에서 가장 기억에 남는 장소는 소안탑과 회족거리이다. 소안탑은 작은 기러기 탑이라는 별명을 가지고 있는데 실제로 보니 생각했던 것보다 훨씬 커서 작다는 생각을 하지 못했다. 소안탑을 보면서 우리나라 전북 익산에 있는 미륵사지 석탑과 너무 흡사하다는 생각이 들었다. 웅장하거나 화려하지 않고 단순미가 느껴져서 더 아름답게 느껴졌다. 소안탑에 가까이 있는 박물관도 관람했었다. 전시실 벽 쪽에 실크로드에 대한 설명이 되어있는 지도가 붙어있던 것이 제일 기억에 남는다. 시안이 중국 실크로드의 시작점이기에 그 지도가 더 눈에 들어왔던 것 같다.

내가 특히 소안탑이 기억에 남는 이유는 가이드님께서 사전에 모기가 많다고 말씀하셨음에도 불구하고 너무 안일하게 생각하고 돌아다녔었는네 모기를 너무 많이 물려 나 자신을 반성하게 되었기 때문이다. 집에 도착해 내 다리의 모기 자국을 보면서 소안탑의 힘들었던 추억은 절대로 잊지 못할 것이다.

내가 이번 여행에서 가장 걱정거리였던 부분 중 하나가 먹거리였는데 저녁으로 먹었던 마파두부, 생선찜 요리는 담백하고 맛있었다. 중국 요리는 전반적으로 기름기가 많고 향신료 맛이 강해서 나에게는 조금 맞지 않았지만 여행의 즐거움으로 충분히 커버할 수 있었다. 저녁을 먹은 후 회족거리에 갔을 때 날씨가 너무 더워 아이스크림을 샀다. 그때 처음으로 현지인과 대화를 해봤는데 확실히 언어라는 것은 배우는 것도 중요하지만 직접 사람과 이야기함으로써 실력이 더욱 향상될 수 있다는 것을 깨달았다.

둘째 날 코스는 가장 하이라이트라고도 할 수 있는 병마용과 화청지, 진시황릉, 반파 유적박물관이다. 전날 일정을 확인했을 때 다음 날 병마용 관람이 있다는 것을 확인한 순간 미리 알고 있었지만 설레이던 그날 밤을 잊을 수가 없다. 병마용은 세계 8대 불가사의로 꼽히기도 하는 곳으로 중국 서안에 있어 나의 기대가 컸다. 중국사에 가장 큰 영향력을 끼친 인물인 진시황이 만든 진흙 병마용인데 진시황은 자신의 무덤이 발견되는 것도 싫어서 가묘를 만드는 등의 눈속임을 썼기 때문에 2천년이 넘은 뒤까지도 진시황릉의 위치를 알 수 없다가 우연히 농부에게 발견된 이후 현재까지 발굴 작업이 완료되지 않은 규모가 어마어마한 곳이다. 예전에 병마용이 실제 사람의 모습과 흡사해서 실제 사람으로 만들어진 것이라는 논란이 있었다. 눈으로 직접 보니 병마용의 정교함에 감탄을 금할 수 없었다. 그리고 왜 그런 논란이 있었는지 이해할 수 있었다. 병마용은 생각했던 것보다 훨씬 웅장하고 장관을 이뤘다고 표현할 수 있었다. 어렸을 때 역사 교과서에서만 보던 것을 실제로 보니 입이 다물어지지 않았고 중국의 대륙 스케일이 어마어마하다는 것을 느꼈다. 더불어 그 시대의 진시황의 위엄이 얼마나 대단한지 새삼 느낄 수 있었다. 그리고 병마용 하나하나의 표정과 모양이 다르다는 것이 신기했다. 기대를 가장 많이 했던 곳인데 관람 인원이 너무 많아 사람들에게 치여 다니다 보니 제대로 관람할 수 없었다는 점이 너무 아쉬웠다. 실제로 나중에 촬영한 사진들을 보니 사람들이 점처럼 나와서 웃음이 났다.

한자의 기원에서 통일과 완성

　화청지에 관련된 당 현종과 양귀비에 대한 이야기는 워낙 유명하기
도 하고 교양 수업 시간에 들어봤던 내용이라 가이드님께서 설명해 주실
때 이해하기가 수월했다. '아는 만큼 보인다'라는 것이 정말 와닿는 순간
이었다. 당락궁쇼를 관람했었는데 측천무후의 14살 입궁부터 67살에 황
제가 되는 순간까지에 대한 내용이었다. 화려한 의상과 중국 고대 악기가
한데 어우러져 눈과 귀가 모두 즐거운 시간을 보냈다. 쇼를 관람 후 친구
들과 저녁에 맥도날드에 가서 간단히 먹을 것을 사 왔다. 아주 긴 시간 동
안은 아니었지만 친구들과 수다를 떨면서 스트레스도 풀고 이런저런 얘
기도 나누며 즐겁게 두 번째 일정을 마무리했다.

　셋째 날의 코스는 무릉, 주원유적지, 진경공묘이다. 그중에서 진경공

묘가 가장 기억에 남는다. 진경공은 진나라의 통치자이자 진시황제의 전조상이다. 이 무덤은 진공릉원에서 먼저 발견되었다. 얼마 전 가족들과 경주에 갔을 때 봤을 때 돌무지덧널무덤 발굴 현장 모습이 떠올랐다. 진경공묘과 돌무지덧널무덤의 공통점은 현재까지 계속 발굴이 진행되고 있는 유일한 무덤이라는 것이다. 이후 숙소에서 자는 마지막 밤이 지나가는 게 너무 아쉬워 교수님과 함께 친구들과 호텔 근처에 있는 쇼핑몰에 갔다. 같이 인생네컷도 찍고 버블티도 마시면서 이번 여행에 대한 소감에 대해 얘기도 하고 대학교 생활 등 다양한 얘기를 하면서 마지막 밤을 보냈다. 여행을 오면 관광이나 견학도 즐겁지만 같이 동행한 사람들과의 이런저런 이야기로 친목 도모도 될 수 있어 나는 그 점이 더욱 좋았다.

마지막 날의 아침과 점심은 둘 다 너무 만족스러웠다. 아침은 진짜 5성급다운 호텔의 근사한 조식을 먹는 느낌이 들었고 빵,면 종류가 정말 다양해 빵순이인 나의 입맛을 저격했다. 특히 김치를 보니 너무너무 반가웠다. 내가 김치를 이렇게 좋아했었나 하는 생각이 들 정도였다. 점심에는 드디어 기다리던 한식을 먹게 되었다. 사실 비빔밥이나 찌개일 거라고

한자의 기원에서 통일과 완성

생각해서 크게 기대는 하지 않았다. 그러나 삼겹살과 차돌박이를 본 순간 저절로 입가에 웃음이 번졌고 너무 행복해하며 엄청 많이 먹었었던 기억이 난다. 역시 한식이 최고임을 다시금 느낄 수 있었고 한식을 먹으면서 나는 진짜 한국인이라는 것을 한 번 더 느끼게 되었다. 네 번째의 코스는 보계청동기박물관, 비림박물관, 서원문거리, 대안탑과 대당 불야성이다. 비림박물관, 대안탑, 대당 불야성이 가장 기억에 남는다. 비림박물관은 가장 오래되고 잘 보관된 유가의 경서인 당나라 시대의 개성 석경을 보유하고 있다. 개경 석경을 보면서 우리나라의 직지심체요절이 떠올랐다. 둘 다 가장 오래됐다는 공통점을 가지고 있으며 개경 석경은 돌에 새겼고, 직지심체요절은 금속활자로 인쇄했다는 차이점이 있다. 대안탑 앞에 삼장법사가 있다는 것도 신기했다. 알고 보니 이 탑이 삼장법사가 가져온 불경을 보관할 목적으로 만들어졌다는 것이다. 그리고 첫째 날에 보았던 소안탑은 남성적인 선에 비해 소안탑은 곡선이 두드러져 여성적인 선이라는 차이점이 있다.

대당 불야성은 시안의 가장 아름다운 밤을 본 것 같아 잊을 수가 없었다. 화려한 조명과 활기 때문에 잠들지 않는 밤이라는 뜻의 대당 불야성이라는 이름이 붙여졌다고 생각했다. 여기를 방문할 때는 낮이 아니라 무조건 밤에 가야한다고 느꼈다. 당나라 시대의 건축예술의 화려함보다 중국 전통 옷을 입은 사람들이 이곳을 더 환하게 만들어주는 것 같았다. 이곳을 공항 가기 직전에 들러 시간이 촉박해서 제대로 시안의 밤을 느껴보지 못한 채 집으로 가야 했기에 너무나 아쉬움이 컸다.

혼자 다녔다면 알기 힘들 유물이나 역사적 장소에 대한 지식들을 가이드님께서 상세히 알려주셔서 역사에 더 큰 흥미도 생겼고 재미있게 투어를 할 수 있었다. 2000년 역사를 자랑하는 중국의 옛 수도 서안의 매력에 흠뻑 빠지게 되어 나에겐 굉장히 뜻깊었다.

혼자 다녔다면 알기 힘들 유물이나 역사적 장소에 대한 지식들을 가이드님께서 상세히 알려주셔서 역사에 더 큰 흥미도 생겼고 재미있게 투어를 할 수 있었다. 2000년 역사를 자랑하는 중국의 옛 수도 서안의 매력에 흠뻑 빠지게 되어 나에겐 굉장히 뜻깊었다.

이번 중국 서안 여행을 통해 과연 그 오래된 역사 속에서 지금까지 어떻게 이런 유물들을 잘 지켜온 것인지 신기했고 중국 문화와 역사에 대해 더 공부하고 싶다는 생각이 들었다. 돌아오는 마지막 밤 중국 공항 면세점에서 가족들과 친구들의 선물을 사려고 했으나 절대 사 오지 말라는 부모님의 만류에 사 오지 않았다. 그러나 여행을 다녀온 사람들의 푸바오 캐릭터 상품을 보면서 내가 가장 좋아하는 동물인데 그것만이라도 사 올걸 하는 가장 큰 아쉬움이 남았다. 부모님 말씀을 너무나 잘 들은 나를 다시금 칭찬해 본다.^^

이번 여행의 일정이 생각했던 것보다 많이 빡빡했고, 중국의 날씨가

한자의 기원에서 통일과 완성

너무 더워서 일정을 소화하기에 몸이 많이 힘들었지만 마음만은 정말 즐거웠다. 몇 년 동안 코로나 때문에 여행을 가지 못하는 상황이 계속 이어지던 찰나에 가게 된 여행이라 더 소중하게 여겨졌고 마음이 맞는 친구들과 함께 가게 되어 더더욱 행복했다. '백문이 불여일견'이라는 말이 있듯이 책이나 인터넷으로 배우며 얻는 기쁨도 있지만 직접 발로 뛰며 경험하는 것이 오히려 더 값진 공부이고 즐거움이라고 생각한다. 거기에 추억은 덤으로 남겨진다.

　사실 중국학과이지만 항상 중국에 대해 정확하게 알고 있지 못하다는 생각을 가지고 있었다. 이번 여행을 계기로 중국이라는 나라에 대해 더 자세하게 알게 되었고 서안 지역에 대한 많은 지식을 얻고 온 것 같아 한층 더 나 자신이 성장한 것 같다. 그리고 중국이라는 곳에 대한 잘못된 선입견과 얕게만 알고 있던 부분이 점차 확장되어 내가 가지고 있던 인식까지도 변화시켜 줬다. 우리나라는 중국에 대한 인식이 좋지 않아 여행 가는 것을 많은 사람들이 조금 꺼리는 것은 사실이다. 나 역시도 마찬가지였다. 하지만 전공을 심화해서 공부할 수 있는 좋은 기회였고 생각보다 깨끗한 도시 서안을 갔다 온 것에 대해 굉장한 만족감이 생겼다. 학기 중에는 틀에 박힌 대학 생활과 공부만 하다가 방학 때 이렇게 힐링 되는 여행을 할 수 있어서 너무 행복한 시간이었다. 끝으로 이 기행문을 쓰면서 여행의 기억이 다시금 새록새록 나는 것 같아 그때의 추억으로 흐뭇해진다. '좋은 이웃은 금으로 바꾸지 않는다'라는 말이 있다. 여행을 다녀온 지 3개월이 지났지만 우리 4인방은 서안 여행을 가끔 이야기하며 즐거웠던 추억에 낄낄대며 웃곤 한다.

3

역사 속 도시로의 여정, 서안

박순남

1. 프롤로그

경성대 한자연구소에서 2019년부터 산동성을 시작으로 동아시아 한자문명로드를 열었고, 그 첫걸음에 동참하였다. 이 여정은 나에게 중국 문화와 역사를 정면으로 마주할 수 있었던 소통의 경로가 되었다. 그리고 이 소중한 경험은 같은 듯 다른 결을 지닌 타이완의 과거와 현재를 탐방하는 과정에서 확장되었다. 그러나 코로나 팬데믹으로 길이 중단되었고, 3년의 시간이 흐른 올해 학술 답사의 여정이 재개된다는 소식이 들려왔다. 길의 목적지는 중국 고도(古都) 섬서성 일대. 2023년 8월19일부터 24일까지 4박6일 일정의 학술답사는 박물관 투어라고 불러도 손색이 없을 정도로 이 땅의 흥망성쇠에 대한 역사를 한 눈에 볼 수 있도록 구성되어 있었다. 그러나 개인 사정으로 발목 언저리에 미련을 걸고서도 결단을 내리지 못하다 보니 어느새 신청기한을 넘기고 말았다. 이미 시일이 늦어 어려울 것으로 예상하였는데, 한자연구소 소장님의 배려 속에 비행기 티켓 확보가 가능하다는 여행사로부터의 연락은 나에게 주어진 또 한 번의 기회인 듯 출발을 설레게 만들었다.

8월 19일 아침부터 내린 빗줄기가 점점 굵어지는 것을 보며 집결 시간보다 이른 6시 40분쯤 공항에 도착하였다. 그간의 답사에서 만난 얼굴들을 다시 본 마음이 즐겁다. 각지에서 집결된 인원은 모두 40여명으로 이전의 답사보다 규모가 컸다. 코로나 팬더믹으로 인한 문화적 갈증이 커진 것도 있을 것이나, 고대 한자문명에 깊은 이해를 갖춘 전문가들의 포진이 견인 역할을 했을 것이다. 중국 학생들의 참여가 눈에 띤다.

주의사항을 듣고서 BX341편에 올랐다. 10시 05분에 출발, 서안 공항에 도착하니 00시 35분이다. 비행시간이 3시간 30분이니, 우리나라와 1시간의 시차가 있다. 서안 역시 비가 내리고 있어 한국의 날씨와 동질감을 느끼기도 잠시 입국 수속 절차가 피곤함을 불러왔다. 자동 지문등록에 이은 심사대의 지문등록, 그리고 직원의 까다로운 얼굴 인식 확인 절차는 지나친 감이 있었다. 우리 일행을 마중 나온 가이드의 안내로 곧장 숙소인 조이청 호텔로 향했다. 첫날 일정이 빡빡한 관계로 일찍 집결해야 한다는 말에 잠이나 잘 수 있을까 고민하며 배정된 방으로 올라갔다.

2. 첫날- 대당(大唐), 찬란한 문명의 정점을 보다

오늘 탐방은 섬서고고박물관, 대당서시박물관, 서안박물관, 소안탑, 회족거리에 종·고루 광장까지 둘러보는 빠듯한 일정으로 이루어졌다. 오전 8시에 출발하였다. 밖에 비가 부슬 내리고 있다. 서안은 뜨겁고 건조한 날이 일상이라 비가 내리는 날은 상당히 드물다고 한다. 비가 내려 40°에 육박하는 더위가 조금 씻긴 듯 하니 걷기에는 오히려 낫다. 인원이 많아 버스를 나누어 타고 출발하였다. 이동 도중 가이드로부터 이 도시가 주(周)·진(秦)·한(漢)·수(隋)·당(唐) 등 13개 왕조의 도읍지가 된 까닭이 진령(秦嶺)산맥 덕이라 하였다. 산세를 볼 줄 모르니 어디가 어딘지 모르겠으나,

관중평원을 삼면으로 둘러싼 진령 산맥의 험준함이 천혜의 요새 역할을 하였으리라. 그러고 보니 멀리 바라보이는 산세의 기상이 심상치 않은 것도 같다.

<섬서고고박물관의 로비 모습>

먼저 섬서고고박물관(陝西考古博物館)에 도착하였다. 서안역사박물관을 볼 예정이었으나, 입장권을 구하기가 어려워 변경된 것이라 하는데, 우리로서는 상상하기가 어렵다. 이 박물관은 시안 고고연구원에서 발굴한 문물을 전시한 곳으로 총 3층으로 되어있다. 이 주변 어딘가에 고고연구원이 있는지 궁금하여 물었으나, 신통한 답변이 없다. 이곳 역시 입장권 구하기가 쉽지 않았다고 한 말을 증명하듯 줄이 길다. 입장을 하는데 내국인과 달리 패스워드로 인식절차를 마치면 모든 짐은 엑스레이 대에 올려 검사를 받았다. 이후 모든 박물관에서 이와 같은 통관절차를 거쳤다. 규정이 그러하다니 따를 수밖에 없지만, 개인의 정보 유출을 심각히 여기는 현실과 맞지 않은 처사라 마음이 불편하였다.

한자의 기원에서 통일과 완성

<반파지역에서 발견된 채색토기>

입구에 들어서니 가장 먼저 보이는 것이 '고고성지(考古聖地) 화장섬서(華章陝西)'이다. 이곳이 1000여 년의 역사가 살아 숨 쉬는 중국의 고도(古都)였음을 단적으로 보여주고 있는 셈이다. 이 주제에 충실하듯 일일이 다 필서 할 수 없을 정도로 전시된 유물이 상당하였는데, 이후 한 왕조나 한 시대의 특징을 볼 수 있는 유물을 여기에서 본 것으로 대부분 추론해 볼 수 있을 정도였다. 신석기 시대 유물로 대표되는 반파지역에서 출토된 채색토기는 그 문양이 독특하였는데, 이후 예정된 반파박물관에 전시된 유물의 일면을 짐작케 하였다. 채색 토기를 만든 이들의 감각적인 문양과 색감에 감탄할 즈음 한쌍의 낙타가 눈길을 끌었다.

<수나라의 낙타상>

낙타의 털과 그 위에 얹어진 장식, 얼굴 표정까지 너무나도 정교한 것이 수 만 번의 손길로 다듬었을 장인의 공로를 느끼기에 부족함이 없다. 현존하는 낙타 상 가운데 가장 완벽한 모습이라 하니 수긍이 가고도 남았다. 수나라의 유물이 정교함을 보인다면, 다음으로 전시된 당나라의 문화는 여기에 화려함을 덧입힌 듯하였다. 무덤에서 출토된 그 상태를 그대로 재현한 듯 천정에 부착된 벽화는 진품인지 의심이 될 정도였다. 그 완벽한 채색감에서 당의 문화를 당삼채(唐三彩)로 규정한 연유를 찾을 수 있을 듯하다.

<당나라 무덤에서 출토된 채색 벽화>

청동으로 만든 유물 또한 전시물 한 켠을 채우고도 남을 정도였는데, 정개(鼎蓋)나 보(簠), 궤(簋) 같은 기물에 새겨진 명문(銘文)은 중국 고대 역사와 문화를 탐구하는 지표로 중요한 문화적 가치를 간직하고 있다고 한다. 외형은 미적인 요소가 돋보였다. 그런 점에서 오히려 북송 남전 여씨의 묘에서 출토된 석기(石器)는 투박한 멋스러움이 느껴진다. 남전여씨향약의 향기가 묻어나서일까.

<남전여씨 묘에서 출토된 예기(禮器)>

한자의 기원에서 통일과 완성

<도굴방지를 위한 여씨가족묘 배치도(呂氏家族墓的防盗措施)>

그런데 그 옆으로 여씨 집안에서 도굴을 방지하기 위해 마련한 배치도가 떡하니 놓여있다. 선조의 묘를 온전히 지키기 위한 고심이 보인다. 한편 이리 발굴이 되어 그 노력이 허사가 되었으니, 어찌할까 하는 생각에 들다가도 조치를 해 두었기에 이제껏 지켜온 것이라 위로 아닌 위로를 건넨다.

<무덤에서 출토된 인용(人俑)>

출토된 인용(人俑) 역시 모습이 다채로웠다. 권력자의 무덤에서 출토된 인용의 군상들 앞에서 가이드가 둘째 열을 자세히 볼 것을 권한다. 환관이다. 모두 웃음으로 화답했다.

이 박물관은 2022년 4월에 개관하였다고 한다. 둘러보니 수 세기를 이어온 유물을 전시하고 있는 웅장한 자태만큼이나 현대 과학의 진수를 보여주는 시스템을 갖춘 박물관이었다. 천정의 그림이나 벽에 그려진 벽화를 유리 너머가 아닌 직접 목도할 수 있도록 한 조처가 그러하였다. 이는 고대문명에 현대과학을 덧입힌 새로운 문명으로의 진보를 보여주리라는 자신감으로 나에게 각인되었다.

<당은 사방의 도로와 수로가 완벽하게 형태를 갖춘 계획도시이다>

다시 이동한 곳은 대당서시박물관(大唐西市博物館)이다. 서시(西市)에 무슨 특별한 의미인가 하였는데, 말 그대로 서쪽 시장이다. 당나라 수도 장안 황성의 정문인 주작문 앞으로 150m 주작대로를 좌우로 상업전용구역을 건설하여, 동시와 서시로 나누었다. 중국어로 물건을 뜻하는 东西(dongxi)가 여기에서 유래된 것이라고 한다. 특히 서시는 세계 각국의 사람이 자국의 물건을 가져와 거래하던 시장으로, 동·서양을 잇는 실크로드의 출발지였다. 당시의 당의 번성함이 대당(大唐)이란 어휘 속에 고스란히 담겨있다. 박물관의 상징적인 조형물은 뫼비우스 띠와 같은 형상을 보이는데 실크로드를 표현한 듯하다. 들어가는 입구에 이곳의 주요 도로를 축소한 모형이 보인다. 이 박물관에는 2만여 점의 유물이 전시되고 있는데, 놀랍게도 민간박물관이다. 설립자의 20년 노력이 보인다. 세계 무역 도시

한자의 기원에서 통일과 완성

로서 당의 화려한 위상이 당삼채로 대표되는 유물과 각국의 문화가 결합되었음을 보여주는 문물, 다양한 화폐, 그리고 이국적 얼굴들이 남긴 삶의 족적으로 집약되어있다.

이 박물관에는 500점 가량이 묘지석이 있다고 하는데, 타지에서 생을 마감한 이국인의 석곽이 적지 않다. 안내를 맡은 박물관 관계자가 우리를 위해 김일용의 묘지석으로 인도하였다.

<김일성(金日晟) 묘지석 탁본: 그 자(字)를 따서 김일용 묘지명이라고도 부른다>

파손된 개석에 쓰인 9글자는 '유당 고 신라 김 부군 묘지명(有唐故金府君墓誌銘)'이다. 신라 왕실 사람으로 추정되는 인물로 신라에서 당으로 유학을 온 이가 적지 않았다는 사실을 반증한다. 100만의 인구가 파생시켰을 당 문화를 습득하고자 하였던 신라인의 자취에서 거대한 역사의 조류를 본다.

점심 식사 후 다시 이동한 곳은 서안박물관(西安博物館)이다.

울창한 나무들이 양 옆으로 줄지어 서 있는 것이 도심 속의 공원 같다. 서안박물관은 지하 1층 지상 2층으로 이루어진 건물로 지붕이 둥글고 뾰족한 첨탑의 돔 형태를 띠고 있다. 국가 일류 박물관으로 지정된 곳의

<서안박물관의 전경>

<도철무늬 청동>

<기좌도용(跽坐陶俑)>

명성에 걸맞게 백 만점 이상의 유물을 소장하고 있다고 한다. 엄청난 식욕의 소유자로 무엇이든지 먹어치운다는 도철 문양의 청동기가 많았는데, 짐승의 얼굴을 만들어 손잡이나 기물의 복부에 붙이거나 기학학적인 문양이 들어간 다양한 청동기물을 만날 수 있다. 특히 이 기물들의 안쪽에 새겨진 명문은 탁본하여 설명을 덧붙여 두었는데, 기물의 주인에 대한 업적과 덕을 기리는 내용이라고 한다. 설명자의 열성어린 해설 속에 시선을 돌린 곳에 진시황릉에서 출토된 꿇어앉아 있는 인형[跽坐陶俑]이 보인다. 얼굴을 숙인 각도, 머리의 모양, 그리고 의복의 주름, 손모양 등 굳건한 자세가 내일 병마용갱의 여정을 기대하게 한다.

박물관 너머로 보이는 소안탑(小雁塔)으로 이동하기 위해 나섰다. 불교의 융성함을 보여주는 불상들이 많았던 이유가 여기에 있는 모양이다.

한자의 기원에서 통일과 완성

<소안탑>

소안탑은 측천무후가 지은 천복사(薦福寺) 경내에 있는 것으로 대웅전 뒤로 존재를 드러내고 있다. 이 탑은 당나라 승려 의정(義淨)이 인도에서 가져온 경전을 보관하기 위해 세운 것으로 마지막 날 일정에 포함된 대안탑과 쌍벽을 이룬다. 구운 벽돌을 쌓아 그 위에 진흙으로 마감한 전탑(塼塔)이다. 707년에 건축될 때는 15층 높이 46m였으나, 현재는 꼭대기 부분이 훼손되어 43.3m라고 한다. 고개를 한껏 젖혀야 볼 수 있을 정도다. 상륜부로 갈수록 탑신이 좁아지는데, 층마다 구멍이 나 있다. 입구에 중국 제일의 국가급 문화유산(全国第一批重点文物保护单位)이며, 유네스코가 지정한 세계유산임을 알려주는 안내석은 이 유물의 가치를 입증한다. 그런데 가이드의 설명은 다른 의미에서 이 탑을 다시 돌아보게 한다. 이 탑은 1556년에 발생한 지진으로 인해 탑의 가운데가 상하로 균열되어 두 부분으로 갈라졌는데, 1563년 다시 지진이 나면서 벌어진 부분이 원상 복구되

었다고 한다. 이런 일이 세 번이나 있어 소안탑을 삼열삼합(三裂三合)이라고 부른다고 하니 기적 같은 이야기를 품고 있는 탑이다. 다시 경내로 돌아 나오니 범종을 치고 있는 모자가 보인다. 소액의 돈을 받고 타종을 하는 모양새다. 유심히 보고 있으니, 연구소 소장님이 선뜻 돈을 지불해 주시며 타종하기를 권한다. 타종하는 강도에 따라 수로에 놓인 작은 분수대에서 물이 솟구친다. 파장이 어떻게 작용하는지는 모르겠지만, 신기한 일이다.

<히잡을 쓴 회족 상인의 모습>

발의 피로를 풀고 저녁을 먹은 뒤 회족거리로 이동하였다. 고루와 종루까지 둘러 볼 예정이라 30분의 자유시간이 주어졌다. 입구에서부터 붐비는 사람들로 시끄럽고 소란하다. 도로 양 옆으로 다양한 길거리 음식과 각종 기념품 판매 가게들이 줄지어 있다. 이곳에서 많이 생산되는 옥수수와 대추, 밀로 만든 음식이 많다. 각양각색의 간판은 읽어보는 재미를 느끼게 한다. 양고기를 파는 가게가 즐비한 가운데 돼지고기는 팔지 않는다고 하니, 회족들이 이주하여 형성된 거리임을 알겠다. 그러나 기대하였던 모스크나 히잡을 쓴 회족 상인들은 드물었다. 짧은 시간에 뒷골목의 풍경까지 보지 못했지만, 파는 물품이나 사람의 모습에서 특색을 찾아보기 어렵다. 자본의 생태가 가져온 파생적 결과를 이곳 역시 피하지 못한 듯하다.

한자의 기원에서 통일과 완성

<종루의 모습>

　회족거리를 빠져 나오니 두 개의 전각이 오색찬란한 불빛을 품어낸다. 북과 종이 있는 누각이다. 고루는 1380년에 종루는 1384년에 명나라 태조 주원장이 만든 것이라 한다. 시각을 알리기 위한 목적으로 만든 것으로 아침에는 종을 치고 저녁에는 북을 친다고 한다. 고루에는 두 개의 편액이 걸려있다. '문과 무가 성한 곳'이라는 문무성지(文武盛地), '학이 구고에 우니 소리가 하늘에 들린다.'는 뜻의 성문우천(聲聞于天)이 그것이다. 내가 사는 부산 당리동에 승학산이 있다. 산 정상 비석에 '학이 하늘에서 우니 온 세상에 다 들린다[鶴鳴于天聲聞四海]'는 글과 뜻이 흡사하다. 사람이든 땅이든 그 훌륭함과 성대함은 반드시 세상 밖으로 드러나기 마련이니, 그 의미가 사뭇 깊다. 내부로 올라가면 서안 시가지를 한 눈에 볼 수 있다고 하는데 일정이 허락하지 않아 아쉬웠다.

<고루의 현판>   <승학산 정상 표지석>

호텔에 도착하니 밤 9시가 넘었다. 내일 병마용갱에 사람들이 많을 것으로 예상되기 때문에 아침 8시에 집결이란다. 보고 들은 것들은 진령 산맥 하나를 넘었는데 정리는 피곤에 요원하다.

3. 둘째 날- 권력과 사랑, 그 빛과 어둠을 만나다

제법 뜨거운 햇살이 화창한 날씨다. 오늘의 일정은 서안 답사의 백미라고 할 수 있는 진시황릉 병마용갱을 시작으로 화청지, 반파박물관 그리고 측천무후의 공연을 보는 것으로 예정되었다.

병마용 박물관에 도착하였다. 이른 시각임에도 구곡(九曲)을 이룬 줄이 예상치 못한 난관을 만난 듯 어지럽다. 각양각색의 펄럭이는 깃발과 그 아래 모인 사람들의 떠드는 소리에 절로 땀이 난다. 병마용갱을 보기 위해 암표가 횡행한다는 말을 믿지 못하였는데, 근거를 본 것 같다. 혀를 내두르며 입장하니 예서체로 쓰인 진시황병마용박물관(秦始皇兵馬俑博物館)이

<병마용은 1974년 중국의 한 농부가 우물을 파다가 파편을 발견하면서
그 존재가 알려지게 되었다>

보인다. 용(俑)은 장례에 부장품으로 진흙이나 도기 등으로 만든 사람의
형상을 말하는 것인데, 병마용은 병사와 말의 형상을 실물 크기의 흙으로
빚어 제작한 것이다. 그러니 병마용은 진시황 무덤의 부장품인 것이다.
병마용갱은 1,2,3 호갱이 공개되고 있는데, 현재도 발굴 진행 중이라고 한
다. 우리는 1호갱에서 3호갱, 그리고 2호갱으로 이동하기로 하였다. 1호

<1호갱 입구>

갱 입구에 진병마용1호대청(秦兵馬
俑一號坑大廳)이라 쓰인 현판이 보인
다. 소전(小篆)이다. 글자에서 예술
미가 느껴져 개인적으로 좋아하는
서체이다. 소전은 진시황이 이사
(李斯)로 하여금 문자 통일의 기획
으로 만든 작품이니, 이곳에서 만
나는 것은 당연할 것이다.

인파 속에 떠밀려 1호갱으로 들어섰다. 오소소 돋은 전율이 서늘한 갱

<1호갱은 길이 210m 너비 60m 깊이 4.5m~6.5m로
총면적이 12,000㎡로 세 개의 갱 중 가장 크다>

때문이 아님은 분명하다. 진나라 수도인 함양을 그대로 반영하여 설계하였다는 말이 허언이 아닌 듯 그 규모에 압도당하였다. 조금 떨어져 구경하는데도 수천 병사들의 다양한 얼굴, 서로 다른 자세와 모습은 경이로움을 더해 준다. 장인의 눈과 손에 의해 빚어졌을, 그때 그 얼굴을 더 가까이 보고 싶다는 열망이 전해졌는지 앞 사람이 자리를 비워준다. 가까이 마주한 실물은 더욱 생동감을 느끼게 한다. 언제 올 수 있을지 기약할 수 없는 시간에 먼 곳까지 시선을 잠시 두어 본다. 통로의 어지러움을 뒤로 하고 나오니 발굴된 병마용을 정리하는 구역이 보인다. 현재 2000여개가 복원되었는데, 아직까지 상당수가 매장되어있다고 한다. 발굴 속도를 내지 않는 것은 매장될 당시의 채색을 살리기 위한 결단이라고 하니, 후세를 위한 그들의 노력은 박수 받을 만하다. 한쪽에 연구원들이 발굴 조

　　　　　　　　한자의 기원에서 통일과 완성

사하는 모습이 보인다. 관람객이 많은 시간에 실제 발굴을 하는 것인지, 아님 퍼포먼스의 일환인지 모호하다. 예전에 온 적이 있다는 다른 일행의 말을 들어보면 후자인 것도 같다.

3호갱으로 이동하였다. 세 곳의 갱 중 규모가 가장 작았는데 520㎡ 정도 된다고 한다. 복장의 형태로 보아 지휘부로 추정된다고 하는데, 이 갱에서 출토된 군사들은 대부분 목이 없다. 마용 4마리가 나란히 서 있는 것이 눈길을 끈다. 돌아 2호갱으로 갔다. 2호갱은 6000㎡ 규모인데 병사가 도열해 있는 1호갱과는 달리 보병, 궁노, 기병, 전차 등이 혼합되어 포진하고 있다. 실체를 볼 수는 없지만 굽이진 형태와 덮어 놓은 장막 속에 여전히 수많은 누군가가 있음을 짐작케 한다. 갱 밖 전시 공간에는 이곳에서 발굴된 용을 만날 수 있다. 고급군사용(高級軍吏俑), 입사용(立射俑) 등 익히 유명한 이들이 유리 진열창에 모습을 보인다. 옛사람들은 작을 것이라는 나의 편견을 단

<3호갱에서 출토된 마용>

<신발 바닥에까지 이른 정교함이 돋보인다>

번에 날릴 정도로 신장과 체격이 준수하였다. 갑옷이나 머리, 의상의 섬세함은 이미 갱도에서 살펴보았지만, 미끄러움을 방지하기 위해 신발 바닥의 무늬까지 신경 쓴 그 정교함은 경이를 불러일으켰다. 갑옷 뒷면에 조금 남아 있는 채색이 짧은 기간이지만, 진나라 권력의 영원함과 자신의 영생을 꿈꾸었던 진시황의 마지막 화려한 불꽃을 보여주는 듯하다.

이후 진시황릉을 볼 수 있을 것으로 기대하였지만, 봉쇄되어 볼 수가 없다고 한다. 능원 주변을 둘러볼 수 있는 전동차가 운행되고 있었지만, 갈 길이 먼 우리 일행에게는 허락되지 않았다. 아쉬운 발걸음을 아는 지 길에 피어있는 붉은 배롱나무 꽃이 다음을 기약하라는 듯 줄지어 배웅한다.

<석류 속에 꽃 핀 양귀비>

점심을 먹으러 들어간 어선각 식당 로비에 붉은 석류 속 양귀비와 천정 벽면에 새겨진 장한가가 다음 일정인 화청지(華淸池)을 기대하게 한다.

한자의 기원에서 통일과 완성

<화청궁 궁내 모습: 화청지는 여산(驪山)에 있는 온천지로 원래는 왕실 원림이던 것을 현종이 이곳에 화청궁을 건립하고 주변에 못을 만들면서 유래된 이름이다.>

　　화청지에는 주차장이 없어 인근에 내려 이동하였다. 걸어가는 길에 다양한 물품을 파는 노점 상인들이 한국말로 능숙하게 흥정을 한다. 화청지에 도착하니, 입구 광장에 춤을 추는 양귀비와 무녀들을 바라보는 현종의 조각상이 있다. 여러 왕조의 왕이 왕림한 역사를 간직한 곳이지만, 현종과 양귀비의 역사를 뒤바꾼 만남이 시작되었던 곳인지 사랑의 테마파크로 회자된다. 그런 한편 이곳은 중국 근대사에 서안 사건이 일어난 중심 무대이기도 하다. 내부 분열로 국민당과 공산당이 내전을 벌일 당시 장학량과 양호성 휘하의 북동군이 장개석을 화청궁에 감금하고서 내전 중지와 항일투쟁을 요구한 사건을 장개석이 수용하여 2차 국공합작이 이루어졌다고 한다. 이를 증명하듯 입장권에 이곳이 역사적 장소임을 새겨두었다.

<현종이 사용한 연화탕>

<양귀비가 사용한 해당탕>

화청지에는 5개의 욕탕이 있다. 연화탕(蓮花湯), 해당탕(海棠湯), 성신탕(星辰湯), 상식탕(尙食湯), 태자탕(太子湯) 등이다. 그리고 밖에 두 개의 온천고원(溫泉古源)이 있다. 먼저 연화탕으로 들어서니 둥근 직사각형 모양의 탕이 보인다. 목욕탕의 모양과 추춧돌 모양이 연꽃과 비슷하여 붙인 이름인데, 황제의 전용탕이라고 한다. 황제 외에 같이 목욕을 한 이는 양귀비가 처음이라고 하니, 현종의 양귀비에 대한 사랑이 어느 정도였는지 짐작이 간다. 해당탕은 현종이 양귀비를 위해 지어준 탕으로 귀비지(貴妃池)라는 이칭(異稱)이 있다. 탕의 생김새가 여성스럽고 아름답다. 탕의 명칭 중 궁금한 것이 상식탕이었는데, 황제를 위한 요리사들의 목욕탕이라는 설명이 붙어있다. 그런데 연화탕에서 흘러나온 물이 여기 욕탕으로 모인다고 한다. 이 물을 사용한 이들의 마음이

한자의 기원에서 통일과 완성

궁금해진다.

　욕탕을 관람하고 나오니 목욕을 하고 나온 양귀비의 요염한 자태가 물줄기 속에서 빛을 내고 있는 것이 비너스를 연상하게 한다. 경내에 그녀의 백옥같은 자태에 사람의 손길이 머무는 것을 경계하여 만든 주의 문구가 있는 이유를 알겠다.

<양귀비 조각상>

　옆으로 온천고원에서 흘러나온 온천수를 경험할 수 있는 온천대가 있다. 물은 따뜻한 정도였다.

　근처 바위에 앉아보니, 여산이 여러 전각을 병풍처럼 감싸고 있고, 부용지에 수양버들이 그림자를 만들어낸다. 밤이면 이곳에서 장한가가 공연된다고 한다. 애(愛)가 한(恨)으로 바뀌는데 긴 세월이 필요하지 않았고, 이곳은 그 파멸

<관람 시 주의할 사항을
그림으로 표시한 안내판>

을 앞당긴 계기가 되었으니, 무대로 안성맞춤이다. 좀 더 구경하고 싶었지만 겨우 장생전 앞에 갔다가 발길을 되돌려야 했다. 다른 전각들은 확인도 하지 못했다. 시간이 아쉬울 뿐이다.

<모자를 쓰고 있는 사람>

다음으로 이동한 곳은 서안반파박물관(西安半坡博物館)이다. 이 박물관은 중국에서 최초로 선사유적을 전시한 박물관이다. 인파에 지쳐 있던 탓에 고즈넉하기까지 한 정경이 편안하다. 박물관 정면은 나무를 덧대고 엮어 만든 선사 시대 가옥을 연상시킨다. 입구로 들어서 뒤돌아보니 능수화 덩굴 사이로 모자를 쓴 사람의 얼굴이 보이고, 전시실 정면으로는 한 여인이 기울인 첨저병(밑이 뾰족한 병)에서 떨어진 물이 못을 이루고 있다. 예전 한자연구소에서 진행하였던 갑골문 수업이 생각난다. 술은 제례 의식의 중요한 예물이다. 이를 담은 술병 글자가 주(酉)이다. 그러므로 이를 집단의 우두머리가 관장하였는데, 그래서 파생된 글자가 추(酋)였다. 물과 병(酒), 마주보는 고깔모자 주인과의 대비가 예사롭지 않다. 계단을 걸어 올라가니 반파유지(半破遺址)라고 새겨진 입구가 나타난다. 들어서니 6000년 전의 촌락형태를 알 수 있는 유적이 한 눈에 내려다보인다. 집을 만들기 위한 기둥을 세운 구멍, 가축우리, 그리고 공동으로 사용하기 위해 중앙에 화로를 설치한 모습이 인상적이다. 전시실에는 이곳에서 출토된 채

색 토기, 낚시 도구, 뼈바늘, 농기
구 능이 그림과 함께 설명되어있
어 당시의 생활 및 경제 형태를 알
게 한다. 이 곳에 반파박물관의 시
그니처로 보이는 인면어문분(人面
魚紋盆)은 고깔이나 투구를 쓴 사람
의 얼굴에 물고기를 그려놓은 채
색토기이다. 이것이 발견된 권역
을 따라 양사오 문화(仰韶文化)라고
집약된다. 신석기 유물임에도 채
색이 선명하고 뚜렷한 것이 고대
인의 솜씨는 여전히 설명할 수 없
는 신비로움을 가지고 있다. 별도
의 공간으로 마련된 도요유적(陶窯
遺迹)에는 도자기를 만드는 공정에
대한 모형을 설명하고 있다. 그 옆
으로는 매장의 문화를 짐작할 수
있는 유물들을 전시하여 두었는
데, 특히 유해는 발굴 당시의 모습
그대로를 보존해 둔 것이라는 점
에서 놀랍기만 하다. 긴 안식을 방
해하는 듯 하여 스쳐 지나가는데,
두 손을 모으고 나란히 누워있는

<첨저병을 든 여인>

<첨저병>

<인면어문분(人面鱼纹盆)>

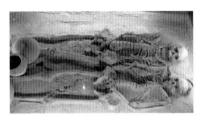

<합장묘의 두 사람>

두 사람이 눈길을 끈다. 왠지 유골의 머리가 옆으로 향해 기운 듯이 보이는 것이 깊은 사연을 간직한 것 같아 애틋함을 자아낸다.

저녁을 겸한 측천무후의 일대기를 그린 공연 관람을 보기 위해 이동하였다. 차에서 내려 극장으로 가는 길에 직접 지은 농산물을 팔기 위해 물건을 꺼내놓는 농부들의 모습이 보인다. 중국산이라 붙은 농산물은 한국에서 좋은 취급을 받지 못하는데, 제각기 뽐을 내는 고추, 가지, 호박들은 정겹다.

1호차의 도착이 늦어지면서 우리 일행들에게 30여 분의 자유시간이 주어졌다. 슈퍼마켓을 간다는 일행이 있어 따라나섰다. 초시(超市)라는 간판이 부착되어있다. 진열된 물품을 살펴보는데 스네이크 빈(蛇豆)이라는 식재료가 눈에 띄었다. 콩 종류인 것 같은데 뱀처럼 길어 붙여진 이름인 듯한데, 우리 식탁에서는 못 보던 것이라 그 맛이 궁금하다.

< 길가에 들어 선 노점>

한자의 기원에서 통일과 완성

일행이 모두 모이자 공연장으로 입장
하여 예약된 좌석에 앉았는데, 무대의 규
모가 크고 웅장하다. 공연 전 저녁으로 나
온 만두는 재미와 다양성을 갖추고 골고
루 나왔지만, 속의 재료는 입맛에 맞지 않
고, 피는 딱딱하여 소문만 못하다. 간이
연주가 이어진 후 대당여황(大唐女皇)의 타
이틀을 주제로 한 본 공연이 시작되었다.
그런데 박물관에서 본 당의 화려한 문화

<뱀 콩(蛇豆)>

가 그대로 배우들의 머리 모양과 복식으로 빛을 내는 것을 발견하게 되
니, 뜻밖의 재미이다. 황제의 옷을 입고 관객석 통로를 따라 등장한 기품
있는 측천무후의 모습은 강렬한 임팩트를 주었다. 양옆에 설치된 영상기

<관객석에서 등장하는측천무후 역의 배우>

기에서는 중국어와 영어로 극 전개에 따른 주요 사건을 자막으로 송출한다. 측천무후 즉 무소(武照)로 입궁하여 당태종의 후궁이 되고, 그의 사후 아들인 고종의 눈에 들어 후궁이 된 이야기를 시작으로 여인들의 암투에서 황후 자리에 오르고, 황후 책봉에 반대했던 이들을 숙청하는 드라마틱한 내용들이 배우들의 열연 속에 몰입감을 높였다. 중국의 전무후무한 여황제로서 강인한 모습. 그러나 첫 무대의 등장에서 보여준 그녀의 인생에 대한 회고는 피를 부른 권력자의 쓸쓸하고 고독한, 그리고 한 인간으로서의 삶의 서사가 녹록치 않았음을 느끼게 한다.

공연장 밖으로 나오니 무대의 열기를 간직한 배우들이 시종일관 미소를 잃지 않고 관람객의 사진 촬영에 응해주고 있었다. 극의 여운을 사진으로 담았다.

오늘 일정이 서안의 동쪽 외곽으로 나갔다가 되돌아오는 것이라 버스 탑승 시간이 다소 길었다. 졸다 보니 호텔에 도착한 시간이 어제와 다르지 않다. 씻고 보니 강렬한 햇살에 탄 흔적이 여실하다. 제대로 답사를 한 모양이다.

4. 셋째 날- 혁혁(赫赫)하도다, 문명의 진보

오늘은 서안의 서쪽 외곽으로 나가 보계로 이동하는 경로이기에 버스 탑승 시간도 길고, 호텔의 변동도 있어 이른 아침부터 움직였다. 무릉(武陵)을 시작으로 주원유적지(周原遺蹟地), 진공1호대묘(秦公一號大墓)를 답사하는 일정이다.

한자의 기원에서 통일과 완성

<무릉박물관>

무릉은 한 무제 유철(劉徹)의 능침으로 그가 재위한 54년의 기간에 만들어진 것으로 매년 세금의 1/3 가량을 투입할 정도로 공력을 기울여 만들었다고 한다. 위성으로 무릉을 포함하여 주변의 능을 보면 사각형 모양의 능이 피라미드와 같이 보인다고 하여 중국의 피라미드로 널리 알려졌다. 우리는 무릉에서 동쪽으로 1km 떨어진 무릉박물관에서 일정을 시작하였다. 역시 인파가 예사롭지 않다. 입장권 구입을 기다리는 동안 양옆으로 조성된 연못을 보니, 화창한 날씨에 비단 잉어 떼의 군무가 시선을 어지럽힌다. 박물관의 현판 글씨는 한(漢) 문화를 보여주는 예서(隸書)이다. 박물관의 소장품은 무제의 능에서 출토된 것이라고 한다. 상당 유물이 도굴을 당하였다고 하는데, 전시된 유물이 적지 않으니, 그 정도를 예측하기가 쉽지 않다. 1전시실에는 당시의 주거 생활을 알 수 있는 벽돌, 와당을 비롯하여, 청동기 기물로 만들어진 생활용품, 그리고 의례와 관계

<신문옥조포수(四神紋玉雕鋪首)>

<국보로 지정된 청동 말>

된 향로, 동종이 전시되어있다. 당시의 생활과 문화를 살펴볼 수 있는 자산인 다리미와 시루의 형태가 익숙하다. 2전시실에는 장식용구들이 주로 전시되어있다. 4명의 신선을 조각하여 만든 옥 문고리인 신문옥조포수(四神紋玉雕鋪首)에 오래 눈길이 간다. 그 정교함과 아름다움이 아깝기에 도굴을 피해 세상에 나온 것이리라.

그리고 이어 본 것은 유금동마(鎏金銅馬)이다. 무제가 갈망한 한혈마를 재현한 듯 3D 영상이 생동감을 더해준다. 밖으로 나오니 거대한 석상이 자리를 차지하고 있다. 무릉 배총인 곽거병(霍去病) 묘를 중심으로 두고 세워진 석각을 한 자리에 모아놓은 것이다. 16개 중 12개가 국보라고 하는데 별다른 장치 없이 야외에 둔 것이 놀랍다. 석상 중 백미는 마답흉노상(馬踏匈奴象)이다.

6차례나 흉노 토벌에 나서야만 했던 한(漢) 나라의 한(恨)과 위세가 이 석상으로 모두 설명되는 듯하다. 그리고 보니, 마답흉노상과 유금동마가 닮아있다. 박물관을 빠져나와 도착했던 장소로 되돌아가니 무릉이 나온다. 박물관과 통합권으로 발행되는지 별도의 입장료를 내지 않았다. 신도

한자의 기원에서 통일과 완성

(神道)를 따라 걸어 올라가니 예서로 한무제무릉(汉武帝茂陵)이라고 가로로 적힌 표지석이 나온다. 잔디 길을 따라 올라가니 두 개의 묘비석이 앞 뒤 간격을 두고 서 있다. 하나는 한무제 유철지묘(漢武帝 劉徹之墓), 또 하나는 한효무제무릉(漢孝武帝武陵)이라 새겨져 있다. 뒷면의 글은 마모가 심해 읽어보려 하였으나 여의치 않았다. 이 두 비는 모두 한 무제의 것이다. 청대에 만들어진 것이 손색이 없는데 왜 다시 만든 것인지 모르겠다. 언덕으로 보이는 둥근 산이 무덤이라고 한다. 텅 비어 있고 공개하지 않는다고 한다. 53여 년의 공력이 무주공산으로 남았다.

보계주원박물관을 보기 위해 보계로 이동하였다. 도시에서 시골 외곽으로 들어선 듯 시가지 풍경이 한적하다. 주원박물관은 지붕 형태가 유목민의 게르를 연상케 한다. 그리고 보니 외관이 각기

<말에 밟힌 흉노의 얼굴>

<마답흉노상의 말의 모습>

<앞의 것이1963년 3월 섬서성 문물관리위원회가 세운 것이며, 뒤의 것은 청나라 건륭제 때인 1776년 (丙申)에 세운 것이다>

제2부 마음으로 보는 답사

<보계주원박물관>

특색을 갖추고 있다. 유물과 건축물과의 상관관계를 보여주기 위한 목적인 듯하다. 주원 박물관은 주원(周原) 유적의 고고학 발굴을 기반으로 설립된 특별한 박물관이다. 주원은 입구에 놓인 지도를 보면 기산(岐山)과 위하(渭河) 사이 미현(眉縣)·부풍(扶風)·봉상(鳳翔)·보계(寶鷄)현 등을 포함한 지역이다. 기산현과 부풍현 일대는 도성(都城)으로 고공단보(古公亶父)가 이주해와 궁실과 종묘를 세웠다고 전해지는 곳이다. 『시경』「대아·면」편의 "주

<주원 지역>

원 땅이 기름지니, 쓴 나물도 엿처럼 달다(周原膴膴/菫茶如飴)"는 내용이 갑골로 출토되었다고 한다. 종이의 역사가 현실이 되는 순간들이다. 그래서인지 발견된 유물과 그 발굴에 참여한 근, 현대 인물의

　　　　　　　　　　　　　　　한자의 기원에서 통일과 완성

면면을 도표와 사진으로 기억해 두었다.

출토된 유물은 기원전이라는 시대를 무색하게 할 정도로 예술 작품을 보는 듯한 경이로움을 불러온다. 『소학』에 '우(虞)와 예(芮)의 두 군주가 경계를 두고 싸우다가 주 문왕을 찾아갔더니, 서로 길을 양보하고 젊은이는 늙은이의 짐을 들고 가는 모습에 부끄러워 돌아왔다.'는 그 사실을 여실히 증명할 수 있는 예기(禮器)들이 혁혁종주(赫赫宗周) 만방지방(万邦之方)의 정체성을 절로 드러낸다. 그리고 마침내 마주한 둥근 형태의 서주 장반(墙盘)은 연신 휴대폰 카메라를 들이밀게 만든다. 해외로의 반출이 금지된 최초의 유물이라는 수식어는 사방에 새겨진 봉황과 동물의 문양, 천둥문

<주(周)의 자취>

양의 그 화려함에 앞서 안쪽 바닥에 새겨진 284자의 명문이 대신한다. 설명에 의하면 벽반에 기록된 내용은 주왕의 정치적 업적으로 사마천 『사기』의 <주본기>의 내용과 일치성을 보여준다고 한다.

이외에 명문이 새겨진 장반이 적지 않았다. 그림 같은 갑골문자를 새겨 넣었던 이들과 그 역사를 오늘에 마주하는 감회는 이 답사가 끝날 때까지 계속될 것이다.

사륜마의 말과 마차에 소용되는 도구를 적어놓은 그림은 용어를 이해하는데 요긴할 것 같아 몇

<장반(墙盘)>

<발목 없는 죄수 잠금쇠>

장 찍어 나오는데, 발목이 절단된 죄수가 자물쇠 역할을 하고 있다. 형벌제도의 한 일례를 보여주는 유물이 박물관 출구에 떡하니 걸려있는 것이 심오하다.

다음 탐방은 보계선진능원박물관의 진공1호대묘(秦公一號大墓)이다. 이 대묘의 주인은 진나라 왕족인 경공(景公)으로 추정하고 있다. 경공의 동상이 세워져 있다. 두 개의 건물로 크게 나누어지는데, 차마갱과 진공대묘이다. 차마갱은 말 무덤 정도로 해석될 수 있는데, 최고의 기동력을 선사하였던 말의 소중함에 대한 고대인의 사유를 느끼게 된다.

내부 모습을 공개해 놓은 진공묘는 가파른 경사로를 지나 가운데 큰 주곽(主槨)이 있고, 그것을 중심으로 배장곽(倍葬槨)이 있다. 순장된 이들의

<진공 대묘의 내부>

관이라 하니 세어보기가 겁이 난다. 무덤의 형태나 경사도를 보면 만든 이들도 무사하지 못했을 듯하다. 주곽에 상당량의 목재가 놓여있고, 배장곽에도 목재들이 있다. 황장제주(黃腸題湊)라고 목재를 설명하고 있다. 노란 빛이 나는 나무인 황장(黃腸)으로 덧널 목을 만들었다고 하는데, 지금도 그 형태를 간직하고 있다. 부장품의 하나

　　　　　　　　　　　　한자의 기원에서 통일과 완성

인 석고(石鼓), 석경(石磬) 등에 새겨진 명문(銘文)은 진에 의해 통일된 문자의 실체를 확인하게 한다. 이 과정을 馬와 安 두 글자로 정리하고 있다. 이는 언어소통에 있어 획기적인 인프라를 구축하는 계기가 되었다. 그러나 한편으로 이로 인해 선진 문명의 정수를 담은 수많은 책들은 불태워지는 운명을 맞게 하였으니, 아이러니하다.

<원형의 모습을 간직한 황장나무>

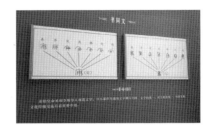

<진시황의 문자통일 개요>

내일 마지막 일정을 앞두고 이른 만찬을 즐기기 위해 오늘의 여정은 조금 짧게 끝났다. 낯선 여행지에서 낯을 익혀가던 동행들과 나누는 음식이라 즐거운데 풍성하기까지 하였다. 여행지의 마지막 음식과 잠자리는 다시 여행을 가게 만드는 힘이 된다고 하더니, 호텔 역시 일류급이다.

5. 마지막 날- 중국, 중국을 만나다

피곤이 깊은 수면을 유도하였던지라 밤새 비가 오는 줄도 몰랐다. 오늘은 보계청동기박물관(寶雞靑銅器博物館)을 시작으로 다시 서안으로 들어와 대안탑, 비림박물관(碑林博物館), 서원문 거리, 그리고 시가지의 밤 풍경[大唐不夜城]을 둘러보고 공항으로 출발하는 일정이다.

<하준(何尊)>

<하준에 새겨진 명문(銘文)>

<명문 속 중국(中國)글자의 형상>

보계청동기박물관은 지금까지 만나본 박물관 중 가장 규모가 컸다. 3,48만㎡라는 면적부터 12,000 여점의 유물은 중국청동주박물관(中國靑銅鑄博物館)이란 명칭으로 그 위상이 설명된다. 전시실 앞 청동 주물을 만드는 과정을 모형으로 제작해 놓은 것을 기점으로 전시된 유물 대부분이 국보급이다. 일일이 다 필서할 수 없을 정도로 청동 유물의 정수를 보았다. 그 웅장함과 화려함은 오늘날의 기술로도 쉽지 않을 것 같다. 이날 하준 특별전(何尊特別展)이 열리고 있었다. 하준은 주(周) 성왕이 하(何)라는 인물에게 문왕과 무왕의 업적으로 도성(都城)이 건립되었음을 기념하는 준을 제작할 것을 명하여 만든 예기(禮器)이다. 이 준이 특별한 것은 새겨진 내용에 있기도 하지만 무엇보다 중국(中國)이란 글자의 최초성에 있다. 우리 훈민정음에 중국이 나라를 지칭하는 말이 아니듯, 낙양(洛陽)이 천하의 중심이라는 의미 지칭한 것이라고 한다. 그러고 보니 이

한자의 기원에서 통일과 완성

특별전을 연 의미도 좀 달리 보인다. 세계의 중심, '중국'이 되고자 하는 그들의 야심을 엿본 것 같기도 하다. 이리저리 두서없이 둘러보다 보니 2시간 남짓 주어진 시간에 주마간산이 되고 말았다.

다시 서안으로 이동하여 시내 중심지로 들어왔다. 며칠 지나지 않았는데도 김치에 삼겹살을 보니 체면이 사라졌다. 식당에서 멀지 않은 곳에 대안탑(大雁塔)이 보인다.

<대자은사 전경>

대안탑은 우리가 삼장법사로 부르는 현장이 인도에서 가져온 불경과 불상을 보존하기 위해 세운 전탑이다. 탑은 당 고종이 그의 모후를 위해 지었다는 대자은사(大慈恩寺) 안에 있다. 절에 불공을 드리러 온 사람들과 관람객들이 엉기면서 어지럽다. 이 탑이 대안탑으로 불리는 이유에 대한 가이드의 설명이 흥미롭다. 승려들이 배가 고파 지나가는 기러기 떼를 보고 먹기를 부처님께 소원하였더니, 기러기가 떨어졌다고 한다. 주워서 먹으려고 하는 순간에 이를 본 현장법사가 살생을 꾸짖으니, 뉘우치며 기러

기를 묻었는데 작은 기러기를 묻은 곳에 소안탑이 만들어지고, 큰 기러기를 묻은 곳에 대안탑이 세워지게 된 것이라 한다. 기러기[雁]라는 동시성에서 생긴 야사라는 것이 정설이라고 한다. 전체 높이는 7층 64m로 소안탑보다 크다. 탑 내부를 관람할 수 있는 매표소가 별도로 있다. 밖으로 나오니 줄지어 늘어선 노점상을 중심으로 대로에 현대식 건물이 즐비하다. 당대의 의상을 곱게 차려입은 사람들이 이방인들의 눈길이 머무는 것도 아랑곳없이 이리저리 자세를 잡아가며 사진 찍기에 여념이 없다. 밤이 되면 불이 꺼지지 않는 도시로 탈바꿈 된다고 하더니 세워진 조형물마다 전구가 가득하다.

　차를 타고 이동하여 이번 여행의 마지막 방문지라고 할 수 있는 비림박물관(碑林博物館)에 도착하였다. 안으로 들어가니 비림(碑林)이라고 쓰인 현판이 보인다. 비석박물관이다. 비각된 글씨체가 많은 서예가들에게 영감을 주는 곳이다. 귀에 익은 안진경(顔眞卿)·구양수(歐陽修)·저수량(褚遂良) 등 자신만의 체를 이룬 이들을 만날 수 있다. 유독 글씨에 관심이 많은 일

<석대효경비>

행들이 서둘러 입장하는 길을 따라가니, 가이드가 당 현종이 효경에 주석을 달고 글씨를 쓴 석대효경 앞에 선다. 설명을 듣기 위해 인 이어를 장착하였지만, 몰려든 관람객의 소음으로 하나도 들을 수 없다. 좁은 소견으로 읽어보려 겨우 발을 디딘 사이 일행을 놓치고 말았다. 전시실 입구에서부터 막혀 겨우 창힐 묘비와 안진경의 안씨

한자의 기원에서 통일과 완성

가묘비의 비문을 보았을 뿐 어느 것이 누구의 글인지 알 수가 없다. 사진이라도 찍어 나중에 볼 심사였으나, 나와서 보니 비문과 작자가 맞지 않는 것이 태반이다. 사람 숲[人林]을 비껴보니 벽면이 온통 석경(石經)이라 묵 향기가 짙게 느껴지는 듯하다. 조금 여유가 있는 석곽(石槨) 전시실로 들어서는데 먼저 노자상이 보인다.

<노자상>

<석곽: 죽은 자를 위한 산 자의 염원이
아름다운 조각으로 남은 모습>

공간과 철학의 조화를 고려한 선택인지 심오하다. 개석(蓋石), 능묘조각(陵墓彫刻), 석수(石獸) 등 묘와 관련된 부속물 속에 이방인들의 흔적이 투사되어있다. 무릉에서도 느낀 것이지만 석수의 크기가 거대하다. 큰 바위와 같은 이 돌의 생산지와 운송 방법이 궁금해진다. 전시실 밖에도 비석이 줄지어 있다. 그야말로 비림(碑林)이다.

박물관을 나와 서원문 거리로 이동하였다. 우리의 인사동 거리쯤 된다고하는데, 서원이라는 이름은 이 곳에 관중서원이 있기에 붙여진 것이

<외부 뜰에 전시된 비석과 석수>

<서원거리 어느 노점상의 책방>

라고 한다. 그러고 보니 유독 문방구점이 많은 것이 이해가 간다. 종이와 붓을 사기 위해 흥정하는 이들 사이를 기웃거리며 둘러보는데, 손 대신 입으로 그림을 그리거나 글씨를 쓰는 작가들의 신묘한 솜씨가 눈길을 끈다. 볼거리가 다양하지는 않았지만, 장터를 떠올리게 하는 늘어놓은 노점의 책은 이색적인 풍경으로 다가온다.

이동을 위해 차량을 기다리는데 문창문(文昌門)이 보인다. 시안성으로 들어가는 성문의 하나라고 한다. 일정에 없는 곳이라 눈으로 다음의 기약하며, 마지막 저녁 만찬을 위해 이동하였다.

탑방 기간 매끼 먹은 음식의 가짓수가 적지 않았고, 그 맛도 훌륭했다. 그런데 마지막날 저녁에 올라온 생선은 모두의 감탄을 자아냈다. 이 지역에 생선은 귀한 이를 대접하는 음식 중 하나라고 하는데, 그 말에 손색이 없을 정도이다.

식사 후 대당불야성의 거리로

<서안성 문창문>

한자의 기원에서 통일과 완성

마지막 발걸음을 옮겼다. 낮과 밤의 일굴이 닮았으나 닮지 않은 듯 오색의 불빛으로 번성한 거리에 당옷 입은 여인들의 옷자락 사이로 시간이 넘나든다.

<작품으로 승화된 듯한 생선 요리>

<대당 거리의 낮과 밤>

빛무리 속에 소중한 기억을 접어두고서 일상으로 돌아갈 채비를 하였다. 도착하면 여유가 없을 것이기에 공항에서 인사를 나누었다. 하루를 넘긴 24일 같은 비행기 편으로 오전 2시 10분 서안 공항에서 출발하였다. 우리 시각으로 오전 6시 30분에 김해 국제공항에 도착하였다. 아쉬운 마음에 여러 번 손을 잡으며 또 만나기를 기약하였다. 비가 내리고 있는 것이 출발할 때와 같다. 마중 나온 얼굴을 보니, 긴 여정을 끝내고 무사히 집으로 돌아왔다는 안도감에 그지없이 반갑다.

6. 에필로그

'장안(長安)에 화제'다. '경위(涇渭)가 사람이다.' 인구에 회자되는 이 말은 서안이 천 년이 넘는 고대 중국의 찬란한 문명을 선도한 역사의 땅임을, 오늘을 사는 우리에게 각인시켜주는 방울 소리이다. 이번 서안 답사는 이를 확인하는 과정이었고, 이를 통해 중국 고대 역사와 문화가 가지고 있는 힘을 느낄 수 있었다.

4박 6일 동안 옛 도읍 거리를 눈으로 보고 발로 쫓아다닌 것이 수만 걸음이며, 탐방한 박물관만 10여 곳이었다. 소장된 유물은 세계의 문화 보고(寶庫)라고 할 정도로 경이롭기까지 하였다. 쉴 틈 없이 이어진 강행군과 넘쳐나는 인파로 여유를 두고 살펴보지 못한 아쉬움은 있었지만, 정경 없이 종이 세계 속에 갇혀있던 기억을 현실 밖으로 소환하여 마주보았던 의미 있는 일정이었다.

서안은 중국 고대 역사의 화려하고 웅장하면서도 계획적인 서사를 간직하고 있는 매력적인 도시였다. 고대인의 삶과 죽음의 공동체 문화를 집약해 놓은 반파박물관의 유물은 문자의 기원과 이로부터 이 땅의 문화가 태동 되었다는 사실을 확인시켜 주었다. 그리고 주원박물관, 대당서시박물관, 섬서고고박물관, 서안박물관, 보계청동박물관에 소장된 청동유물에 새겨진 명문에서는 거대한 역사의 수레바퀴를 돌린 제국의 저력을 느낄 수 있었다.

한편 대안탑, 소안탑, 회족거리가 이 곳이 세계의 문화가 이입되고 전파되었던 소통과 포용의 도시였음을 알게 해 주었다면, 비림박물관 곳곳에 이름모를 이방인의 흔적은 타지에서 죽음을 맞이한 그들의 삶과 죽음을 생각하게 하였다.

한자의 기원에서 통일과 완성

그리고 무엇보다 병마용갱 유적지는 들어서는 순간 압도당하였다는 말의 의미를 확연하게 느끼게 해 주었다. 최초의 중국 통일제국이라는 수식어가 주는 의미가 진시황이라는 개인을 통해 발현된 듯한 그 웅장함은 제왕으로서의 위엄을 삼는 척도로 다가왔다. 계획에 따라 발굴이 진행 중이라고 하니, 직접 본 지금의 규모도 상상 이상인데, 온전히 복원이 완료된다면 또 한 번 새로운 서사를 만들 수 있겠다는 생각이 들었다.

한편으로 문화유산의 발굴과 복원에 대한 미래 발전적인 시각은 부러움을 느끼게 하였다. 유물의 발굴을 서두르지 않고, 복원을 내일로 미룬 결단이 그러하다. 이는 완벽한 형태로 발굴된 세계 일류의 문물과 이를 온전히 보존할 수 있는 국제적인 수준의 박물관 시스템이 그 힘과 능력을 증명하고 있다.

우리의 기억은 추억으로 소환되지만, 이 땅이 간직한 기억은 문화와 문물로 문명의 역사가 된다. 이 문명의 유산은 우리의 정체성이며, 미래를 준비하는 소중한 자산이다. 발전의 논리에 밀려 덮어버리거나 훼손시킨 유물이 적지 않았다. 과거를 보듬어 오늘을 다듬어 내고 찬란한 내일을 물려줄 수 있는 느림과 기다림의 미학은 배워야 할 것 같다. 이번을 계기로 우리 지역의 박물관에 소장된 유물을 다시 돌아보리라.

4

곡강의 꽃잎 하나 얹어서

유영옥

1.

경성대학교 한자연구소 HK한자문명연구사업단에서 주최하는 <동아시아 한자문명로드 답사>를 따라간 것이 올해로 세 번째다. 매번 여행사의 패키지 상품과는 너무 다른 학술적 답사코스에, 한자·한문·역사·서예 전공자들은 환호하면서 동참하기를 희망해왔다. 나도 코로나 시기 한 번 빠진 것 말고는 늘 쌍수를 들고 따라 나섰다.

2023년 지리한 장마가 끝난 8월 19일, 치맛자락 나풀대며 산뜻하게 길 떠나려는 나의 바람에 초를 치듯 천둥 치고 폭우가 쏟아져 겨우겨우 김해공항에 도착했다. 가는 날이 장날일까 걱정이 앞섰건만 다행히 출국은 무사히 할 수 있었다. 사업단은 출발하기 며칠 전부터 사전학습 차 답사 관련 정보를 단톡방에 게재하더니, 공항에 도착하자마자 컬러풀한 답사 자료집에 우양산과 쿨패치, 생수에 과자까지 소지품 가방이 넘치도록 참가자 40명에게 일일이 안겨 주었다. 시작부터 서비스 작렬이다.

이번 한자문명로드 네 번째 답사는 '한자의 기원에서 통일과 완성'이라는 주제로 주(周)·진(秦)·한(漢)·당(唐) 등 13국의 도읍지 중국 섬서성 시안[西安] 일대를 돌아보며, 선사시대 반파유적 및 상나라 갑골문과 서주의 청동기 명문, 춘추시대 진(秦)의 주문(籀文)과 시황제의 통일문자 소전(小篆), 한나라 예서와 각종 행초서 자료 등을 관찰하는 것이 주목적이었다. 4박 6일의 여정이지만, 19일 밤에 떠나 24일 새벽에 김해로 귀국하니 실제 답사일은 4일 밖에 되지 않는다.

그런데 처음 세부일정표를 보니, 길지 않은 그 4일이 온통 '박물관'으로 도배된 느낌이었다. 서안박물관, 대당서시박물관, 섬서성역사박물관, 반파유적박물관, 보계청동기박물관, 비림박물관이 차례대로 보였고, 서주 갑골문이 전시된 주원(周原)유적지와 한 무제의 묘역인 무릉(茂陵) 등에도 박물관이 들어 있었다. 춘추시대 진나라 경공(景公)의 무덤으로 추정되는 진공1호대묘(秦公一號大墓)도 박물관이나 다름없으니, 진짜 학습을 빡세게 할 모양이었다.

2.

나는 한국사와 경학을 전공하는데, 경학(經學) 방면에서는 주로 요순삼대 성군현신(聖君賢臣)의 언행이 기록된 『서경』을 연구하고 있다. 따라서 중국 상고(上古)시대의 유물 유적을 관람하는 이번 답사는 내게 몰랐던 사실을 알려주고 어쩌면 참신한 아이디어도 제공해줄 터! 반드시 참가해야 한다는 것이 내 머리 속 생각이었다.

그러나 내 마음이 이 답사를 반색한 까닭은 사실 이러한 학술에 있지 않았다. 박물관으로 빼곡한 일정 틈새에 일반인도 즐길 만한 곳으로는 진시황릉 및 병마용갱, 현종과 양귀비의 온천 별궁 화청지, 현장법사가 서역에서 가져온 불경을 봉안한 대안탑(大雁塔)과 그 일대 대당불야성(大唐不

夜城) 거리 정도를 꼽겠는데, 그 중에서 실은 진시황릉 병마용갱이 개인적으로 제일 반가웠다. 전 세계인들이 세계문화유산인 이곳을 방문하는 동안 나는 그저 귀동냥만 했을 뿐이라 스스로 문명에 뒤처진 촌사람 같아 풀이 죽었었는데, 드디어 나도 이 두 눈으로 8천 병마용 군단을 보게 되다니, 야호! 쾌재를 불렀다.

어떤 이는 여행 가면 구경은 하는 둥 마는 둥 사진 찍기에 급급한데, 병마용갱에서 만큼은 그런 아쉬움이 없도록 사진도 자제하고 오롯이 천인천면(千人千面)의 병마용에만 젖어들자고 다짐했다. 그런데 웬걸. 병마용 1호갱은 '인산인해'라는 말도 모자랄 정도로 사람, 사람, 사람들 천지였다. 입에 올리기도 안타깝지만 이태원 참사가 이렇게 일어났구나 싶을 정도로 인파에 떠밀려 공중 부양하듯 걷다가, 용케 자리를 잡아 병마용을 실컷 내려다보긴 하였다. 장관이긴 참 장관이었지만, 매체에서 하도 많이 접해서인지 아니면 바글거리는 인파에 지쳐서인지 기대했던 만큼의 감흥은 일지 않았다. 우리가 8천 병마용에게 압도되는 것이 아니라 병마용이 매일 쏟아지는 저 관람객들에게 도리어 질리겠다 싶었다.

관람을 마친 뒤 잠깐 버스를 타고 진시황릉으로 이동했지만, 황릉에는 현재 출입을 금하기에 멀리서 황릉 있는 쪽을 바라만 보았다. '진시황제릉'이라 붉게 새겨진 입구의 돌덩이 앞에서 사진만 찍고 일행은 미련을 남긴 채 발걸음을 돌렸다. 참가자 가운데 사업단의 2019년 대만 답사를 함께 한 서예가 채녕화·박헌걸 선생님은 오래전에 이미 진시황릉과 병마용갱을 2번이나 다녀갔다고 한다. 그때는 이곳이 참 한적하였고 진시황릉도 그 꼭대기까지 올라갔다고 하기에 꽤나 부러웠다.

한자의 기원에서 통일과 완성

진시황릉 입구, 단체 사진

　두 분은 과거 화청지에도 두어 번 왔었는데, 이번에 보니 전에 없던 조형물들이 화청지 가는 길옆과 입구에 새로 세워졌다고 하였다. 흔히들 늙으면 걷기 힘드니 한 살이라도 젊을 때 여행을 떠나라고 한다. 그런데 이 분들의 경험담을 듣자니 다리 힘만 문제가 되는 건 아니겠다. 유적지가 변형되거나 훼손되기 전에, 출입이 마냥 자유로울 때, 아직 사람이 모여들기 전에 하루라도 빨리 세계의 명소들을 방문하고파 마음이 갑자기 애달았다.

　여기뿐만 아니라 도시 전체가 지하 박물관이라는 유서 깊은 서안[長安]은 가는 곳곳마다 중국 내국인들로 넘쳐나 제대로 관람하기가 어려웠다. 특히 전시실은 여러 개였으나 각각의 내부 공간이 협소한 비림박물관(碑林博物館)이 그러하였다. 답사자료집에는 "비림박물관에서「구루비」를 통해 창힐의 한자 창제를 확인"한다는데,「구루비(岣嶁碑)」는 수많은 비석들 사이 어디에 처박혀 있는지 종잡을 수 없었고, 귀중하다는「조전비(曹全碑)」와「개성석경(開成石經)」도 보긴 봤는데 남는 게 하나도 없다. 장안에 살았던 신라 여성 청하현군(淸河縣君) 김씨의 생애를 기록한 「대당고김씨 묘지지명(大唐故金氏墓誌之銘)」도 보고 싶었지만 그림자조차 찾지 못했다. 비림박물관은 곧 확장을 한다고 하니 아무래도 그때 다시 와야만 될 것 같다.

　에어컨이 고장 났는지 찜통 같았던 서안박물관도 관람이 힘들기는 마찬가지였다. 벗 정길연 학연서당 훈장은 일찌감치 서안박물관을 벗어나 바로 옆의 소안탑(小雁塔)에서 바람을 쐬고 있었다. 박물관 안에서 야외의 소안탑으로 나오니 선선해서 숨통이 트였는데, 어쩌면 유물 하나라도 더 보겠다고 낑낑대는 것보다 정훈장의 유유(悠悠)한 처신이 나았는지도 모르겠다.

소안탑

　　　　　　　　　한자의 기원에서 통일과 완성

중국은 벽돌탑[博塔]이 많은데 소안탑 역시 전탑이었다. 조선후기 북학파 연암 박지원은 연행(燕行)에서 중국의 벽돌과 기와에 관심이 많았다. 벽돌로 촘촘히 지은 집이나 탑을 보면 어찌나 견고해 보이는지 연암의 마음이 이해가 된다. 소안탑은 지진에 기울어 15층에서 13층으로 줄었지만 여전히 드높았다. 해 저물녘 그 주변을 걸어서 첫날 답사를 마감하니, 기수(沂水)에서 목욕하고 무우(舞雩)에서 바람 쐬며 돌아오던 증점(曾點)의 기분이 이랬을까 잠시 가당찮은 생각도 들었다.

서안의 관람객 대부분은 자국민들이어서 중국의 경제 성장이 피부로 느껴졌다. 비용이 제법 들었을 만한 전통의상과 헤어스타일에 풀메이컵으로 활보하는 젊은이들도 많았다. 섬서성의 성도(省都)이자 인구 1,300만 명의 대도시 서안에는 아파트가 이미 즐비한데도 버스로 이동할 때마다 차창 밖으로 아파트 건설 현장이 심심찮게 보였다. 속도가 둔화하기는 했어도 경제대국 중국의 역동적인 에너지가 실감되어, 예나 지금이나 눈에 띄는 붉은 선전 문구조차 없었다면 여기가 사회주의 국가인지 잊을 뻔했다.

중국의 강대함이 어디 경제뿐이겠는가. 중국은 답사할 때마다 그 거대한 유적과 방대한 유물에 혀를 내두르게 된다. 발굴 기술의 진보를 기다리느라 진시황릉 병마용갱의 발굴은 현재 중단하거나 지연되어 언제 완료될지 까마득하고, 당나라 여러 황제들의 무덤도 아직 하나 빼고는 모두 발굴하지 않았다 하니, 앞으로도 후손을 위해 남겨진 중국의 미래 유물들은 수두룩 빽빽한 셈이다.

3.

이번에 답사한 대상들 역시 하나같이 거대하고 방대하였다. 실크로드의 시작점이자 종착역인 장안은 7세기 전반 세계 최대의 국제 도시였다. 당나라 장안성의 남문인 주작문 밖으로는 오늘날의 48차선에 해당하는 폭 150m×길이 5,020m의 주작대로(朱雀大路)가 길게 뻗어 있었다. 주작대로를 중심으로 오른쪽에는 동시(東市)가 형성되고 왼쪽에는 서시(西市)가 형성되었는데, 동시는 귀족들이 출입하던 시장이고 서시는 평민과 이국인들의 시장이었다고 한다. 그 서시가 있던 자리에 2009년 민간인이 건립한 사립의 대당서시박물관(大唐西市博物館)이 들어섰다. 처음 '서시'의 한자를 읽기 전에는 '서시'가 뭔지 몰라 짝꿍 박순남 선생과 중국 4대 미녀 '서시'인가 고개를 갸우뚱거리며 무식한 소리를 해댔다. 사립임에도 규모가 꽤 크고 유물 또한 다양한 대당서시박물관에는 8세기 신라 왕족으로 추정되는 「김일성 묘지명(金日晟墓誌銘)」과 백제 유민(遺民)인 「진법자 묘지명(陳法子墓誌銘)」이 소장되어 있다. 섬서성역사박물관에 전시된 「객사도(客使圖)」 속 조우관(鳥羽冠)을 쓴 통일신라 사신을 목도한 것도 각별했지만, 대당서시박물관에서 「김일성 묘지명」을 직접 보게 된 것은 한국사를 공부하는 나로서는 뜻밖의 수확이었다.

여행의 묘미는 뜻밖의 발견에 있다. 벼르고 벼른 곳은 기대가 커 실망하기 쉬운 반면, 생각에 없던 곳은 의외로 훌륭하여 깜짝 놀랄 때가 종종 있다. 여정 마지막 날 오전에 찾아간 보계청동기박물관이 내겐 그러한 곳이었다. 이곳은 서주(西周)의 청동기 명문을 볼 수 있는 중국 최대의 청동기박물관이라고 하는데, 나는 '보계시(寶鷄市)'라는 지명 자체를 난생 처음 들었으니 무식함이 양껏 폭발하는 순간이었다.

보계청동기박물관

    1956년 보계시 역사 유물들을 전시하기 위해 건립되어 2010년 신축 건물이 완공되면서 보계청동기박물관으로 확장된 이곳은 그 위용이 정말 대단하였다. 광활한 면적에 자리한 건물 외관도 웅장하였고, 약 12,000점의 유물을 소장한 내부 구조도 넓고 세련되었다. 가이드를 따르던 우리 일행은 어느 순간 분산되어 절반은 어디 갔는지 보이지도 않았고, 나는 끝까지 가이드를 좇아 주마간산으로 허둥대며 훑었는데도 시간이 한정되어 결국 다 보지 못했다. 중국은 반파유적을 비롯해 약 6,7천 년 전의 홍산문화와 앙소문화 유적들이 속속 발견됨으로써 이미 석기시대부터 수준 높은 문명을 향유했음을 보여주었다. 이번에 여러 박물관을 다니며 관람한 청동기들 또한 장대하고 섬세하게 아름다웠다. 무엇보다 1급 유물을 120여 점이나 보유한 보계박물관은 그러한 청동기 유물의 정점을 찍는 곳이었다.

    대부분의 청동기물은 실생활용이 아니라 지배층의 권위의 상징이자 의식용 예기(禮器)다. 무릉(茂陵)의 회랑에 일정한 간격으로 줄지은 동물 모양 석물(石物)들은 투박한 큰 덩치가 매력이었고, 진공1호대묘[秦景公墓]

에선 2,500년이 지나도록 관곽(棺槨)을 썩지 않게 해준 황장(黃腸)이 신기했는데, 여기 보계청동기박물관에서는 정교하고 품격 있는 수많은 청동 예기들의 아름다움에 눈이 획획 돌아갈 지경이었다.

그것들 중 래반(逨盤), 이궤(利簋), 하준(何尊) 등은 국외 반출이 금지된 보계청동기박물관의 대표 유물이다. 래반에 새겨진 약 360자 명문은 선래(單逨)가 서주 12왕의 통치를 도운 선씨(單氏) 가문 조상들의 업적을 언급하는 내용이다. 무왕 때의 관료 리(利)가 만든 이궤의 32자 명문에는 무왕이 은을 정벌했다는 '무정상(武征商)'과 그 날짜 '갑자일(甲子日)'이 새겨져 있어, 『서경』「목서(牧誓)」에 나오는 무왕벌주(武王伐紂) 기록의 사실성을 증명해준다. 크고 정교한 술잔 하준의 122자 명문에는 무왕의 아들 성왕 때 동도(東都) 낙양을 계획도시로 건설한 역사가 새겨져 있는데, 이는 『서경』「소고(召誥)」「낙고(洛誥)」의 내용과 유사하기에 사료적 가치가 높다. 또 어떤 유물의 명문 앞에서 박물관 해설사가 폭군 유왕(幽王)이 하늘과 조상에게 정성껏 기도하며 제사지냈다는 내용이라고 말한 뒤, "이로 보면 그가 폭군이 아닐 수도 있다"고 덧붙였다. 그 말에 동의하지는 못하겠지만, 아무튼 서주 청동기 명문들은 『서경』을 연구하는 내게 자못 흥미로웠다.

단체여행은 어디나 마찬가지로 개인 시간이 적어 풍광 좋은 곳에서 멍 때릴 여유가 없는 것이 사실이지만, 사업단의 이 답사는 하나라도 더 보여주려는 마음에 일정이 빡빡하여 더더욱 그러하였다. 화청지의 따사로운 햇살 아래서는 잠시 양귀비인양 젠 척하며 차 한 잔 마시고도 싶었지만 틀렸고, 보계청동기박물관에서는 가이드가 어찌나 채근을 하는지 그만 왈칵 짜증이 나서 혼자 핏대를 세우고 말았다.

한자의 기원에서 통일과 완성

기념품숍이 깔끔했건만 도록을 한번 펴보지도 못했고, 성왕이 하(何)에게 상을 내려 하(何)가 기념으로 제작한 하준의 근사한 모형도 힐끗 보고만 말았다. 그 모형은 600위안이라 한화로 12만원에 가까워 구매 여부를 고민하고 1초라도 흥정할 시간이 필요했는데, 쫓기듯 버스에 탑승하는 바람에 그럴 새가 없었다. 답사 둘째 날 병마용갱에서 100위안에 병용 모형 하나를 산 것으로 만족하려 아무리 애를 써도 하준이 내내 눈에 밟혀 마음이 편치 않았다.

보계에서 곡강으로 와 점심을 먹고 대안탑과 비림박물관을 구경한 뒤 1시간 정도 일행은 서울 인사동 골목과 비슷한 서원문 거리에 방목되었다. 혹시 하준 모형이 없을까 중국인보다 중국어를 더 잘하시는 하영삼 사업단장님 뒤를 졸졸 따라다니며 찾았더니, 서너 가게에 크고 작은 하준이 있기는 했지만 비싸기만 하고 조악해서 결국 사지 않았다. 놀라운 일은 이제 이런 골목 상점에서조차 정찰제를 시행하고 있다는 점이다. 중국에 가면 물건 값을 대폭 깎으라는 비공식 여행지침은 옛말이 되어가는 듯하고, 이처럼 소소한 일상에서도 중국의 성장이 감지되는 바였다. 내가 정가의 절반을 부르자, 가게 주인이 그 가격에 이 물건을 가져오면 도리어 자기가 사겠다고 하길래, 괜히 나 때문에 단장님까지 발품만 팔다가 머쓱해지고 말았다. 단장님, 부디 양해하시고 잊어주소서.

4.

여행의 또 다른 묘미는 새로운 사람과의 만남일 것이다. 담당여행사 ㈜아주월드투어 이동욱 사장님의 세심한 배려 덕분에 고추장과 김치 없이도 매끼 식사가 괜찮았고, 강수량이 적어 디저트로 나온 서안의 과일들은 달고 맛있었다. 특히 수박이 달았고 서안의 특산품인 사과대추가 무척 맛있었다. 1인 1실 혹은 2인 1실의 숙소 또한 넓고 편안했으며, 무더운 여름철을 배려하여 전용버스도 2대나 준비되어 있었다. 다만 1호차와 2호차로 일행이 나뉘다보니 일행들 간 친밀도는 조금 저하된 듯하다. 게다가 40명이 한 자리에서 각각 자기소개를 하는 시간도 이번엔 이상하게 마련되지 않아, 귀국 후 헤어질 때까지 말 한 마디 섞지 못한 분도 계셔서 후회가 없지 않다.

짝꿍 박순남 선생은 같은 우문회원(友文會員)이라 평소 익숙한 사이고, 앞서 언급한 두 여성 서예가 및 경성대 이현 선생과 아들 허찬은 이전에 이미 교분이 있어 이번에도 편하게 이야기를 주고받았다. 하지만 2호차의 학연서당 정훈장과 그 제자 조정분·한경순 선생님과는 수다를 떨고 싶건만 지나가다 비쭉 인사나 건네는 정도여서 아쉬웠다. 영혼도 육신도 자유로운 경성대 박준원 교수님과는 밤 나들이 술자리를 함께 못해 뒷날을 기약하며, 항상 유쾌하신 동의대 하강진 교수님과는 사적으로 처음 사진을 같이 찍어 추억 하나를 보태었다. 전북대 최남규 교수님은 첫 대면이라 정중히 인사를 드렸고, 그 제자 원효봉 선생님은 이것저것 중국에 관한 어쭙잖은 내 질문에 친절히 답변해주셔서 고마움을 전한다. 원선생은 또 어찌나 민첩한지 나는 일행을 좇기도 바빠 뭘 사먹고 싶어도 어리둥절 못했는데, 어디서 요모조모 간식거리를 샀는지, 차안에서 그분에게 받아 먹은 간식 빚을 언제 갚을 수 있을는지. 경성대 법대 박은경 교수님과 여동생 박현숙 선생님은 마사지를 같은 공간에서 받은 마사지 동료였지만 그 이상의 진전은 없어 그분들이 나와 짝꿍을 기억하실까 의문이다.

유영옥,하강진,박순남, 화청지 입구

　오래전 화청지를 무대로 선보이는 장이머우[張藝謀] 감독의 공연 소식을 들은 후, 언젠가 거기 가면 꼭 그 공연을 관람하리라 했었는데, 이번에는 화청지 대신 그날 저녁 극장식 대형 식당에서 측천무후를 주제로 한 궁악무(宮樂舞) 「대당여황」 공연을 보았다. 극장 규모가 아주 컸고 의상도 화려하였다. 객석까지 무대로 삼은 연출 및 군무(群舞)가 주를 이룬 안무도 볼 만 했다. 객석에 모처럼 느긋이 기대어 마주 앉은 일행들과 술잔을 부딪쳤는데, 그 자리에는 부부이신 주현욱·장미영 선생님도 계셨다. 샤프한 주현욱 선생님과 귀국 후 두어 차례 메일을 주고받은 것은 반가운 일이며, 장미영 선생님의 선한 인상도 아직 뇌리에 남아 있다.

「대당여황(大唐女皇)」 공연 중

　내가 탄 1호차 가이드는 젊은 조선족이었는데 아는 것도 많고 열정도 많은 Too Much Talker였다. 가이드가 참 극한직업이구나 싶을 정도로 열심히 업무를 수행하는 그분의 강인한 체력과 열정에는 찬사를 보낸다. 그저 옥의 티라면 버스로 이동할 때 잠깐 졸고 싶은데도 끊임없이 우리에게 질문을 던지기에 응대하느라 피곤했었다는 점이다. 그때 우리 1호차 구원투수는 단연 사업단의 조성덕 교수님이었다. 오~ 히어로! 조교수님은 가이드와 쿵짝도 맞추고, 곳곳마다 공용(公用)을 위한 사진도 찍고, 간간히 답사지역 설명도 해주고, 내 눈에는 안 하는 것 없는 일당 백의 존재였다. 저러다가 몸살 나지 싶었는데, 또 귀국 당일 곧장 모든 사진들을 시간별 장소별로 정리하여 카톡에 올려주니, 하영삼 교수님이 이끄시는 사업단의 서비스가 끝까지 작렬이다. 사업단의 임헌열 교수님, 신아사 교수님, 신근영 교수님, 이가연 선생님의 수고에도 감사를 전한다.

　　　　　　　　　　　　　　　　　　　　한자의 기원에서 통일과 완성

5.

답사를 떠나기 전 예전에 읽다가 너무 두꺼워 중단한 『두보평전』(한성무 지음, 김의정 옮김, 호미, 2007)을 막 펼치던 차에 채녕화·박헌걸 선생님으로부터 연락이 왔다. 군자는 모름지기 한여름에 부채 하나쯤 들고 다녀야 할 터, 출발 당일 공항에서 나와 박선생에게 직접 쓴 부채 하나씩 건네줄 테니 좋아하는 글귀를 보내달라 하셨다. 고마우셔라. 박선생은 『시경』의 한 구절을 부탁드렸고, 나는 마침 읽던 『두보평전』속 칠언율시 「곡강(曲江)」 2수 중 제1수 제1구를 부탁드렸다. "꽃잎 한 조각만 날려도 봄빛이 줄어들건만, 바람에 꽃잎 마구 나부끼니 참으로 시름겹구나.[一片花飛減却春 風飄萬點正愁人]"

지헌 박헌걸 작, 일편화비감각춘(一片花飛減却春)

어쩌면 이번 여행은 운명인가? 출발 전 알려진 답사 프로그램에는 곡강 간다는 말이 없었는데, 내 어찌 알았는지 두보의 「곡강」시를 바람에 날아온 꽃잎처럼 합죽선에 얹어서 출발할 줄이야.

당나라 장안의 모형도를 보니 곡강은 제일 구석진 외곽에 있더니만, 지금은 대당불야성 거리가 조성되어 서안의 hot place로 인기 만점이란다. 서안을 떠나기 직전 한밤에 우리 일행은 잠시 이 거리를 거닐었다. 나무마다 화사하게 걸려 별처럼 빛나는 홍등 아래 당나라 역사적 인물들을 재현해낸 대형 조형물들이 끝없이 이어졌다. 확실히 우리나라 핫플레이스와는 다르지만 휘황찬란하고 중국스러웠다.

곡강 대당불야성 거리

휘황한 불빛을 끝으로 답사일정을 최종 마무리하고 서안 공항으로 출발했다. 귀국길에 오르기 시작하자 차안에는 아까의 화려한 불빛이 어느새 퇴색하고 고요한 정적만이 감돌았다. 여행이 끝나면 한바탕 축제가 끝난 뒤처럼 쓸쓸해진다. 하지만 다들 알 것이다. 단체여행에 폐 끼치지 않으려 노심초사하고 아침부터 저녁까지 강행군에 지쳐 몸도 고단하지만, 여행은 그래도 유한한 우리 삶에 윤택한 자양분으로 퇴적된다는 사실을.

한자의 기원에서 통일과 완성

꽃 한 잎 지면 그만큼 봄이 짧아진다. 귀국길에 오르니 처음 설레던 마음꽃이 떨어진 것 같다. 어서 빨리 낙화한 자리에 다시 싹이 터 꽃이 또 피기를 고대한다. 한자문명연구사업단에서 주최하는 한자문명로드 다음 답사를 벌써부터 나는 기다린다.

5

서안을 다녀와서

이현

1. 1일차

이번 여행은 한자연구소가 주최하는 4번째 여행이었다-섬서성 서안 일대. 서안이라? 나는 지금까지 그 곳을 가보지 못했다. 그래서 조금은 기대를 하면서 비오는 주말 오후 늦게 집을 나섰다. 서안으로 가는 비행기가 부산에서 밤에 출발하는 것도 처음 알았다. 그리고 중국으로 아들과 같이 여행하는 것도 처음이었다. 지금까지 빠지지 않고 한자연구소 덕분에 산동성 제남-하북성 석가장-하남성 낙양 개봉-대만을 기분좋게 구경하고 이제 서안을 볼 수 있는 기회였다. 참가자 명단에는 단골손님들이 보여서 내심 반가웠고 이런 계기로 1년에 한번 씩 얼굴보고 서로의 안부를 묻고 즐거워하면서 다니는 이 모임도 나름 재미있었다. 오랜만에 보아도 늘 만난 것같은 대구선생님들, 학연서당선생님들, 학교선생님들 모두 편하고 여행하기 좋은 친구들이다.

공항에 도착하니 처음에는 다들 안보이더니 차츰 어디에선가 차를 마시고 일행을 기다리고 계시는 모습들이 눈에 들어왔다. 처음 눈에 들어온 사람은 우리 학과 현지공주였다. 엄마 아버지가 딸의 모습을 보고자 같이 온 것을 보고 약간 울컥함이 들었다. 나이가 들어서 그런지 자식이 무

한자의 기원에서 통일과 완성

언가를 할 때 같이 해주고자 하는 부모마음을 느낀 순간이었다. 누군가 일찍 도착하여 조용히 앉아서 사람들을 계속 기다리는 모습을 하고 있는 분도 볼 수 있었다. 나중에 이야기도 하고 서로 인사도 나누었던 이정용 선생님이었다. 우리는 주의사항을 모두 듣고 서안으로 향하는 비행기에 모두 탑승하였다.

2. 2일차

새벽에 도착하여 잠시 눈을 붙이고 陝西考古博物館으로 구경을 갔다. 한적해서 좋았다. 함께 이동하고 걸으면서 서로를 보고 인사도 하고 왜 서안을 오게 되었는지 가벼운 대화 속에서 선생님들을 알아가게 되었다. 가이드 선생님 말이 서안은 덥고 비오는 날이 손가락으로 꼽아야 되는데 여러분들은 정말 운이 좋다고 이렇게 비오는 날은 흔하지 않다는 이야기를 해주었다. 우리는 버스 뒤쪽에 앉아서 서안의 이런저런 이야기를 듣고 서로를 챙겨가면서 본격적인 서안구경을 하기 시작했다. 잠시 후 大唐西市博物館에 도착하였는데 실크로드의 시작 번성한 상업絲路起点盛世商魂의 글귀가 적혀있었다. 바닥에 그 당시 시장점포의 배열과 모습을 만들어 놓고 가이드 선생님의 설명이 시작되었다. 천 삼백여 년 전 서안을 오고갔던 사람들, 생김새도 다르고 사는 곳도 달랐지만 그들은 여기서 각자가 필요한 부분들을 가지고 갔을 것이다. 그 당시 이 도시는 분명 핫플레이스한 곳이었다. 바닥의 지도를 보면서 두보 曲江의 위치도 눈에 보였다. 그순간 아! 내가 정말로 그 옛날 장안에 왔구나! 라는 생각이 확 들었다. 책에서 보던 그 장소를 -- 여행이란 눈으로 보고 귀로 들어서 마음에 남긴다는 그 말이 틀리지 않은 명언임을 다시 느끼면서. 나와서 출입구에 서있는데 울 중국학과 4공주가 세상에 코오피를 사다주고 갔다. 감동ㅋㅋ. 서당선생님과 잘 먹었단다. 공주들아. 이 번 여행은 학생들이 처음으로 같이 와서 나름 의미있고 즐거운 것 같다. 나도 공주들에게 잘해주고 싶다.

한자연구소 중국 여행은 자랑할 점이 많지만 그 중에 하나를 꼽자면 맛난 중국 음식들이 있어서 참 좋다. 여러 가지 음식들도 구경하고 가는 곳마다 음식의 조리방법 그리고 모르는 음식이 나오면 선생님들이 가르쳐주고 여러 이야기를 듣게 되고 또 배우고 이런 것들이 나는 좋은 것 같다. 밥을 먹으면서 본인의 이야기를 하면서 서로를 알아가고 여행하는 동안이라도 챙겨가면서 몇 일을 보내는 것도 지나고 나면 모두 추억이 될 것이다.

저녁에 우리는 回族거리를 갔다. 서안은 내가 생각한거 보다는 발전되었고 이 곳에 와서 살아도 그리 불편하지 않을 것 같다는 생각도 들었다. 거리를 따라 가면서 가게구경과 성을 지나치는 순간 양고기와 석류의 모습들이 눈에 들어왔다. 주인장의 얼굴들을 보면서 이 넓은 나라에서 다른 민족들이 어우러져 살아가는 중국땅을 보면서 참으로 나라를 끌고가는게 쉽지 않겠다라는 생각도 들었다. 아들과 회족거리 끝까지 한바퀴 돌고는 洋肉串과 쥬스를 먹으면서 약속장소로 되돌아왔다. 다른 선생님들은 벌써 도착해서 기다리고 있었고 서로 사온 간식거리를 나누어주고 있었다. 40명이 넘는 숫자임에도 모두 잘 다니는거를 보니 이번 팀들도 퍼펙트한 조합인 듯. 버스로 향하는 길에서 스타벅스의 외형모양이 독특해서 한번 더 보면서 걸었던 것 같다. 아들은 지난 번에는 대만, 이 번에는 중국으로 왔는데 그래도 나름 중국도 괜찮았는지 조용히 따라다니면서 구경을 했었다. 와서 보니 서안 이 정도 도시라면 젊은 애들도 나쁘지는 않을 것 같다고 말한다.

3. 3일차

잠을 잘 자고 아침부터 일찍 차에 올라서 착한 우리 가이드선생님의 설명을 듣고 버스 뒷줄의 멤버들이 다시 뭉쳤다. 황규선선생님, 서당선생님과 그의 팬덤 여사님들, 임현열선생님과 진규 진우 그리고 우리--이대로 서안이 끝날 때 까지 가는 멤버이다. 한번 앉게되면 이제 지정석인 것처럼 그렇게. 지금 생각해보면 재미있는 조합이었다. 팬덤여사님들은 언제 뵈어도 인정스럽고 배울 점이 많다. 베푸는 것에 후덕하고 즐겁게 분위기 만들고 또 뵙고 싶어진다.

오늘은 병마용 투어라고 가이드선생님이 버스에서 먼저 설명을 하는데 관람객이 너무 많기에 길을 잃지 말고 잘 따라오라고 몇 번이나 강조하였다. "역시 병마용은 서안을 대표하는 곳이것지" 라고 생각하면서 나도 고개를 끄덕끄덕거렸다. 우리는 먼저 秦始皇陵으로 향했다. 역사속의 진시황을 직접 가서 본다니 궁금도 하고 어떻게 생겼을까 생각도 하면서 걸었다. 장미영선생님과 자연스럽게 걸어가면서 서울에서 왔고 남편이신 주헌욱선생님이 중국을 너무 좋아한다고 그래서 같이 오게 되었다고 말씀해주셨다. 나는 모두 대단하시다 라는 생각이 들었다--중국이라는 공통점을 가지면서 이런 기회를 통해 만나서 같이 공감한다는 이 자체에 대해서.

안타깝게도 진시황제릉은 들어가서 볼 수가 없어서 우리는 앞에서 사진을 여러 가지 구도로 많이 찍고 돌아섰다. 북쪽의 산능선을 미친 듯이 쳐다보기만 하면서. 이제 드디어 병마용을 구경하러 출발하였다. 나는 서안이 처음이기에 坑모양이 얼마나 클지, 직접 눈으로 俑을 보면 어떨까? 이런 생각으로. 날씨가 덥고 들어가는 입구의 줄은 와우! 내 인생에서 처음이자 마지막이 될지도 모르는 병마용. 건물은 3개동으로 되어있었고 사람에 밀려서 줄이 움직이는 듯. 난간앞에서 잘 보라고 서로서로 잡아주고 사진찍고 지금 다시 생각해보니 재미있었지만 너무나 힘들었다. 사람들이 조금 덜 올 때 다시 온다면 하지만 365일 그런 날은 없을 듯. 바로 내 눈앞에서 말과 군사들이 일렬로 세워져 있는 것을 보니 오! 내가 드디어 봤구나, 이런 모습으로 있구나, 감동도 있었고 병마용 병마용 이렇게 말을 하는 이유가 있구나 라는 생각도 들었다. 생각보다는 俑들의 모습이 선명하고 정돈되어있는 모습들이 눈에 확 들어왔다. 저 시대에 어떻게 이렇게 만들어 낼 수 있었을까? 함양과 서안이라는 지역의 특성을 생각하면서 보았다. 나는 중국 박물관을 갈 때마다 중국아이들이 그 곳에 와서 유물을 보고 메모하는 모습들을 많이 본 것 같다. 그런 점을 보면 우리나라 박물관의 모습이 대비되면서 아쉬운 마음이 드는 것 같다. 역사유물의 공부는 분명 필요하다라고 나는 생각한다. 선생님들은 열심히 사진을 찍고 하나라도 더 많이 보고자 애쓰는 모습도 본 것 같다. 더워도 끝까지 가이드선생님을 따라 다니면서 설명듣는 우리도 대단하고 ㅋㅋ. 무사히 갱을 통과해서 그 어렵고 힘든 병마용을 보았다. 서안투어는 다 한 것 같은 이 느낌.

다음 목적지는 華淸池. 우리는 입구에 도착하면서 조형물을 보고 빵

한자의 기원에서 통일과 완성

터졌다. 너무 어울리지 않는다고 선생님들이 모두 앉아서 한마디씩. 의외로 구경오는 사람들이 생각보다 많이 없어서 한산했다. 더욱이 한국관광객들이 많이 보이지 않았다. 국가간의 분위기가 많은 영향을 미친다라는 생각을 잠시 하였다. 양귀비가 여기는 대세라 입구부터 나오는 끝까지 그네들의 스토리. 생각보다는 화청궁이 넓었고 구경하는 것도 많았다. 물을 끌어와서 목욕탕을 만들어 낸 기술도 그 당시 대단한 것 같고 천 삼사백여 년전 당나라의 황제와 양귀비가 여기에 있었다는 상상도 해보고. 너무 더워서 내려오는 길에 팬덤여사님들이 아이스크림을 사주고 우리는 냠냠 잘 먹고 일행들을 기다렸다. 개인적으로 서안사변 장소가 궁금했지만 혹시나 다음 기회에 여기를 온다면 한번 가보고 싶었다. 팬덤여사님들이 장원심선생님에 대해서 궁금한게 많은지 아이스크림을 먹으면서 우리들은 서로서로 이야기하고 놀았다.

저녁에 우리는 唐樂宮 大唐女皇을 보았다. 버스에서 내려 동네구경을 하는데 세련된 月餅가게가 옆에 있어서 들어갔다. 모양, 색감, 재료들이 다양하게 만들어져 있었다. 맛보다는 눈호강으로 딱이었다. 울 4인방공주와 구경하면서 월병품평회도 하고 재미있었고 공주들이 귀여웠다. 마음에 드는거 고르면서 서로 이야기하고 챙겨주는 모습들이 기특하였다. 지나고 나면 공주들도 옛날에 우리가 서안을 가서 이것도 했고 저것도 했고 이러면서. 입장을 해보니 우리가 비싼 가격으로 맨 앞자리-너무 좋았다. 감사합니다. 한자연구소 선생님들. 무대 바로 앞이고 교자가 연이어서 올려지고 우리 멤버들은 즐겁게 먹었다. 황규선선생님께서 맥주도 사주고 모르는 것도 많이 설명해주고 가르쳐 주셨다. 나는 그곳에서 벽에 붙여진 그림을 선생님께 배웠다. 盛唐화가 張萱이 그린 <虢國夫人遊春圖>라고 가르쳐 주었고 나는 처음 알게 되었다. 아마도 이 그림은 황선생님 덕분에 기억할 수 있을 것 같았다. 감사합니다. 선생님. 즉천무후의 뮤지컬, 배우들의 노래, 미니 오케스트라 형식, 중국 라이브악기공연 등을 보는 재미가 있었다. 공연이 끝나고 로비에서 배우와 화려한 사진을 한번씩 찍고 우리는 버스에 올랐다. 여행을 마치고 나는 즉천무후에 대해서 한번 더 찾아보았다.

4. 4일차

또 하루밤을 잘자고 오늘은 漢武帝 茂陵으로 출발하였다. 이 일대는 한나라 황제들이 묻혀있는 곳으로 어디를 가더라도 무덤이 나온다고 하였다. 무제의 碑도 보았고 주변의 황제를 도운 역사인물들도 구경하였다. 진시황처럼 한무제도 매 번 책에서만 보고 지나갔는데 그래도 직접 와서 본다는게 약간은 신기하였다. 박준원선생님과 걸으면서 설명도 듣고 옛날 이야기도 하고 세월이 흘러서 옛날 선생님들을 뵈면 편안해서 좋은 것 같다. 이동하면서 돌에 여러 가지 문양이 새겨진 것들을 구경하면서 선생님들과 농담을 해가면서 발길을 옮겼다. 진규와 진우는 힘들었을텐데 짜증없이 따라 다니는거 보면 기특하였다. 아빠따라 다니는게 그닥 재미도 없는디 ㅍㅎㅎ. 서안여행에서 진우의 진달래색 원피스와 가영공주의 빨간 치마는 오랫동안 기억될 것 같다. 나에게는 그것들이 서안을 밝게 보이게 하는 느낌이었다.

다음은 宝鷄의 秦景公陵-秦公1號大墓에 가서 秦나라의 역사를 나름 상세하게 구경하고 많은 것을 알게 되었다. 그 시대의 생활방식을 전시하

한자의 기원에서 통일과 완성

였다. 밖을 나오면서 石磬연주도 해보고 모두 웃었던 기억이 난다. 아들은 이제 너무 박물관 유물을 많이 보아서 비슷비슷해 보인다고 말했다. 더운데 중국와서 선생님들과 다닌다고 힘들었을 것이다. 하지만 이런 기회에 중국도 보고 견문도 쌓고 선생님들이 말해주는 한마디 한마디가 양분이 되는 것을 언젠가는 알게 되리라. 진규가 큰형아와 그래도 같이 다니고 이야기하는 모습도 보였고 형아도 어린 동생이 귀여웠다고 말하였다. 선생님들은 땀을 흘리면서 하나라도 더 찍고자 애쓰는 모습을 보면서 그 열정에 대해 감탄도 하였다. 하영삼선생님, 조성덕선생님, 장원심선생님은 여행이 끝나는 날까지 에너지가 대단하게 느껴졌다.

5. 5일차

오늘은 이제 서안의 마지막 날이다. 가이드선생님은 본인을 조선족이라소개하면서 그동안 많은 이야기들을 해주셨다. 부산에서 서안으로 가는 비행기가 곧 없어진다는 이야기도 들었다. 서로 마지막을 아쉬워하면 보계청동기박물관으로 향하였다. 전북대 최남규선생님이 계속해서 청동기에 대한 설명을 해주었고 그것의 연대와 모양 등을 보면서 많은 내용을 들었다. 시간이 흐를수록 이런 쪽의 연구와 지원이 없어지는 것에 대해서 안타까워하고 학문을 전수해주고 싶은데 한국학생들이 없어서 마음이 불편하다고 하셨다. 열정과 프라이드가 느껴지는 것 같았다. 중국을 좋아하는 분들이 모인 모임이라 귀동냥이 끝이 없다. 주나라의 역사와 지역이동의 변천사를 일목요연하게 보여주었다. 박물관 모양이 독특하면서 마치 미술관 같은 느낌도 들었다. 맞은편 계단에 뜬금없이 누워있는 토끼모양의 조형물이 보이자 하영삼선생님이 躺平이라 말해서 웃겼다. 보계를 뒤로 하고 우리는 碑林을 구경하였다. 임칙서가 썼다는 글자를 보면서 안으로 들어가니 그 석각의 양에 놀랐다. 곡부에 가서도 본 것 같았는데 여기가 더 많아 보였다. 관광객들이 많아서 자세히 볼 수도 없어지만 그래도 탁본을 기다리는 사람들은 여전히 본인의 차례를 기다리고 있었다. 세상이 마무리 글로벌화라고 하지만 각 나라가 가지고 있는 그 무언가의 느낌은 변하지 않을 것 같다. 구경하면서 이정용선생님이 설명을 잘 해주셨다. 어찌 그리 아는게 많은지 묻기만 하면 답이 저절로 나오는 것 같았다. 본인이 정말 좋아하는 공부를 하는 사람처럼 느껴졌다. 순수하고 착한 선생님으로 기억된다. 서원문거리에 가서는 대구 서예선생님들이 붓과 먹을 사는 것을 구경하고 우리 가영공주는 이제 원주민같이 그 시장을 돌아다니는 모습이 퍽이나 안정적이고 우습기도 했다. 현지화 적응이 급속도 체득화 되어진 모습으로. 중국에 살아도 될 듯한 느낌으로. 소안탑의 구경에 이어 大雁塔 또는 大慈恩寺라 불리는 곳에서 가볍게 산책하면서 현장법사의 조각상과 불경에 대한 이야기, 비에 새겨진 대안탑그림 설명을 듣고 아쉬움을 뒤로 하고 발길을 옮겼다. 이제 마지막 장소인 대당불야성 거리를 한바퀴 빠르게 보면서 서안과 헤어지는 시간이 되었다. 시간이 없어서 길게 놀지못해서 아까웠다.

새벽 비행기를 타고 이른 아침 김해공항에 도착하면서 간단하게 서로에게 인사를 나누고 우리의 여행 일정은 마무리 되었다.

2023년 8월19일에서 8월 24일까지의 함양 서안여행은 또 하나의 추억으로 남겨졌다. 처음으로 중국학과 4인방 공주들과의 여행이었고 호텔로비에서의 수다, 각 자가 느끼는 중국에 대한 감회들을 듣고 말하면서 우

한자의 기원에서 통일과 완성

리는 더욱더 친해져 갔고 공주들은 성장한 것 같다. 무덥고 힘든 박물관 투어였지만 많이 보고 많이 따라 다녔고 많은 것들을 들었다.

한자연구소 덕분에 나는 여러 도시들을 볼 수 있었다. 감사한 일이다. 또한 중국에 대한 애정이 알게 모르게 조금씩 생기고 약간의 편안함을 느낄 수 있는 마음의 여유도 가질 수 있었다. 그리고 기회가 된다면 나는 계속해서 중국을 보러 가고 싶다. 좋은 여행 멤버들과 즐겁게 가고자 한다.

6

나의 두 번째 서안:
아는 만큼 보이는 여행

이가연

1. 나의 두 번째 서안: 아는 만큼 보이는 여행

과거 중국 유학시절 서안 여행을 했던 적이 있다. 서안을 방문했을 당시에는 중국의 옛 모습을 엿볼 수 있었어서 참 좋은 인상을 가지고 있었다. 다만 그때는 공부 목적이 아닌 여행을 목적으로 서안에 방문한 것이기 때문에 서안에 녹아들어 있는 역사까지는 깊게 보지 못했었다. 이번 서안에서 진행되었던 한자문명로드는 그때 그 아쉬움을 해소할 수 있는 특별한 여행이었다.

서안에 도착한 뒤 그 특유의 과거와 현대가 어우러진 풍경을 볼 수 있었다. 길을 걸으면서도 곳곳에서 느낄 수 있는 서안 특유의 예스러움이 도시의 가치를 높여주는 것 같다. 특히나 서안을 길게 둘러싸고 있는 성벽이 서안의 풍경을 한층 더 멋있게 만들어 준다는 생각을 했다.

이번 서안의 한자문명로드는 정말로 많은 박물관과 유적지를 방문했다.

첫날 방문했던 서안의 대당서시박물관이 아주 인상깊었다. 서안은 중화민족 고대문명의 발상지라는 타이틀에 걸맞게 아주 많은 유적지와 유물들을 볼 수 있는 장소가 있었다. 실크로드의 시작지점이라 할 수 있는 대당서시박물관에 들어가면 유리바닥에 과거의 실크로드 길이 그대로 보존되어 있다. 그냥 모래길이라 생각할 수도 있지만, 역사가 담겨있는 곳을 의미 있게 보존하고 있는 것 같아 더욱 유심히 살펴보게 되었다. 벽면에는 아주 커다란 실크로드 지도가 자리하고 있는데, 그 커다란 지도를 보면서 교과서에서만 보던 실크로드의 실물을 접한 기분이었다. 실크로드는 한국역사에도 많은 영향을 끼쳤을 정도로 아주 유의미한 역사적 유물이라고 생각한다. 그래서인지 더욱 유심히 살펴보게 되었다. 뿐만아니라 대당서시박물관에는 아주 많은 문화유물이 있었다. 모든 유물을 제대로 이해하지는 못했으나, 유물들의 정교함이 이목을 끌기엔 충분했다.

몇 군데의 박물관을 관람하고 이후 아주 잠시동안 종루에 방문했다. 종루는 내가 서안 여행 당시 가장 인상 깊었던 곳이고, 내가 생각하는 서안의 대표 장소이다. 종루에 아주 큰 볼거리가 있는 것은 아니지만, 커다란 광장에서 바라보는 서안의 건축물들은 단연코 서안에서 1등 풍경이다. 많은 사람이 종루에 나와 각자만의 시간을 보내고 있는 모습 또한 아주 인상 깊게 다가왔다. 아무래도 단체로 움직이기 때문에 종루에 오래 머물 수 없다는 아쉬움이 있긴 했지만, 그래도 다시 방문했다는 것만으로도 괜스레 기분이 좋아지는 곳이었다.

이렇게 길고 길었던 첫 날의 일정이 끝났다. 첫 날만 해도 세 군데의 박물관을 돌아보았다. 만만하게 한국의 박물관을 생각했었는데, 중국은 역시나 중국이었다. 모든 박물관의 규모가 상상하던 모습 이상이었고, 생각보다 아주 힘든 일정이었다. 물론 그만큼 얻어가는 것도 많겠지만 공부를 위해서는 체력이 필요하다는 것을 절실하게 느꼈다.

서안에 간다고 했을 때 가장 기대 되었던 것이 바로 병마용과 진시황릉이었다. 서안에서 빼놓을 수 없는 것이 바로 병마용과 진시황릉이 아닐까싶다. 처음 서안이라는 장소를 들었을 때 누구나 가장 먼저 떠올리게 되는 장소이기도 하며, 이미 한 차례 방문을 해본 곳이었기 때문에 다시 방문을 한다는 설레임을 안고 있었다. 그도 그럴 것이 2017년 서안 방문 당시만 해도 아직도 한창 발굴을 진행하고 있었기 때문에 현황이 매우 궁금했다.

병마용에 도착한 직후 수많은 인파에 입이 벌어졌다. 몇 년 전만 해도 이렇게 사람이 많지 않았었는데, 펜데믹이 끝난 직후의 중국이라 그런지 아주 많은 사람이 인산인해를 이루고 있었다. 특히나 병마용 전시실 중 가장 큰 호갱인 1호갱에는 무덤 속에 있는 병사들 만큼이나 많은 사람들이 그들을 보기 위해 기다리고 있었다.

아주아주 큰 1호갱과 그안에 발굴되어있는 도자기들, 또 그걸 보기위해 몰려든 사람들을 보니, 중국의 인구와 규모를 한눈에 보여주는 듯해서 다시한번 중국에 왔다는 것을 실감하게 되었다. 과거보다 발굴이 많이 진행되어 있어서 그 모습이 신기하기도 했고, 여전히 일부는 발굴을 진행하고 있는 모습에, 또 한번 진시황릉의 큰 규모를 실감하게 되었다.

섬서성에서 다양한 박물관에 방문했는데, 박물관에 갈 때마다 느낀것이 아주 정교하게 만들어진 조각상들이 많다는 것이다. 병마용을 비롯하여 모든 박물관 대부분에 전시품으로 조각상이 자리 잡고 있었는데 모양과 동작 표정등이 일정하지 않고 다 달랐고, 아주 작은 동물이나, 물건들 또한 섬세하게 표현되어 있었다. 매번 박물관을 방문할 때마다 그런 크고 작은 조각상들이 가장 눈에 많이 들어왔고, 이를 통해 더 선명하게 당시

한자의 기원에서 통일과 완성

의 상황이나 분위기, 풍토를 느낄 수 있었다.

또 한가지 박물관을 다니면서 놀라웠던 점은 전문 해설사와 더불어 전문적으로 귀에 이어폰을 통해 해설을 들을 수 있는 시스템이 마련되어 있다는 것이었다. 중국이 역사와 문화를 중요시하는 국가인 것은 알고 있었지만, 이렇게까지 적극적이라고는 생각하지 못했다. 그래서인지 이런 부분에서는 중국이 대단해보이기도 했다. 이런 것들이 모두 우리것을 보존하고 이어가기 위한 노력의 일부라고 느껴졌다. 너무 우리것에만 빠지는 것도 좋진 않지만, 그렇다고 우리의 역사를 너무 모르는 것도 문제라고 생각하기 때문에 중국인들의 역사에 대한 관심과 역사교육과 역사에 대한 열정은 정말 인정할 수 밖에 없는 것 같다. 한국에도 다양하게 역사를 체험하고 볼 수 있는 문화가 더 많이 발달하면 좋겠다는 생각을 했다.

병마용에 이어 방문하게된 화청지 또한 인상깊었다. 당 현종과 양귀비의 사랑이야기로 유명한 곳이라 그런지 단순한 공원이었지만 뭔가 굉장한 느낌이었다. 역사속의 유명인이 실제로 있었던 곳이라 생각하니 그 장소가 더욱 특별하게 느껴졌다.

둘쨋날의 저녁 식사는 내가 이번 서안 한자문명로드에 참가하면서 즐겼던 가장 크고 화려한 식사였다. 중국의 대표 음식 중 하나인 쟈오즈를 종류별로 맛볼 수 있었다. 쟈오즈의 종류가 많다는 것은 알고 있었지만, 이렇게까지 다양한 종류가 있다는 것이 또 새롭게 다가왔다. 물론 모든 종류가 다 맛있지는 않았지만 그것 또한 중국에서 즐기기 힘든 경험이라 생각한다. 식사를 즐기며 함께 본 공연또한 아주 멋있었다. 당나라의 측천무후의 입궁에서부터 황제가 되기까지의 과정을 담은 공연이었는데, 스케일이 아주 크고 공연의 세밀함이 아주 흥미로웠다. 중국에서 공연을 여러차례 봤었기 때문에 조금 지루할 수 도 있겠다는 생각을 했었는데, 생각보다 더 공연이 화려하고 춤을 추는 모습들이 너무 예뻐서 눈을 뗄 수 없었고 끝까지 집중해서 볼 수 있었다. 힘든 일정 속에 이렇게 편안하게 쉬어갈 수 있는 시간이 있어 좋았다.

셋쨋날은 서안을 벗어나 보계라는 곳으로 향했다. 서안이 워낙 유명한 곳이기에 보계는 매우 생소한 곳으로 느껴졌다. 처음 보계에 도착하고 난 후의 느낌은 '진짜 중국에 온 것 같다'였다. 적당히 발전된 도시와, 그곳을 조금만 벗어나면 나타나는 시골 느낌의 풍경까지 내가 딱 좋아하는 중국의 모습을 볼 수 있었다.

우리가 머물었던 호텔의 층수가 높아서 그런지 보계시를 한눈에 내려다 볼 수 있었는데, 위에서 내려다본 보계시는 보계만의 고즈넉함이 느껴졌다. 높은 건물이 많이 없고, 저 멀리 보이는 산능선까지 무엇하나 빠지는 것이 없었다.

보계에 있던 청동기 박물관은 섬서성 여행중 방문했던 박물관 중 가장 좋았던 곳이다. 그 이유는 정확히 무엇이다 말할 수는 없지만, 청동기의 색이 예뻐서 그런것인지 외관이 웅장해서 그런것인지 아무튼 좋은 느낌을 받았다. 청동기 박물관에서 가장 멋지다고 생각되었던 것은 바로 하준이라는 이름을 가진 청동기였다. 하준은 국가1급 문물로 지정되어 있으며 성왕당시 제작된 것이다. 이 청동기 안에는 122자의 글자가 새겨져 있었는데, 이것은 중국 역사에 아주 귀중한 자료라고 한다. 다른 내용은 잘 모르겠어도, 거기에 적혀있던 과거 '중국'이라는 글씨가 인상깊었다. 사실 옛 글씨여서 이게 중국이라는 단어인지 아닌지 구분하기도 어려웠지만, 현재의 중국이라는 단어로 변형되는 과정을 아주 잘 설명 해주어서

한자의 기원에서 통일과 완성

이해하기 쉬웠다. 삼천년 전에 사용한 중국이라는 단어를 사용한 것이 신기하기도 하고 놀랍기도 했다.

중국을 떠나기 전 마지막으로 방문한 서안 비림박물관에서는 중국 고대 비석들을 아주 많이 만나볼수 있었다. 북송시대에서부터 현재까지의 아주 다양한 비석이 있는 이곳에서는 다양한 글씨체들을 만나볼 수 있었다. 그 중에서도 제3전시실에 전시되어 있던 서체들이 가장 눈에 들어왔다.

한자연구소에서 탁본이라는 것을 알게된 이후에 돌에 글을 새기는 것이 아주 의미 있는 사료가 될 수 있고, 그 글씨체 또한 다르기 때문에 글씨체 만으로도 큰 의미를 가질 수 있다는 것을 배웠다. 그래서인지 돌에 새겨진 글씨를 그냥 흘려보는 것이 아니라 조금 더 자세하게 살펴보게 되었다. 비림박물관에는 아주 옛날 서체들도 있었는데, 과거의 한자와 서체 등을 정확하게 알 수 있는 유물이라는 생각이 들었고, 서예나 한자를 잘 모르는 내가 봐도 아주 잘 썼다는 생각이 드는 글씨도 많았다. 뿐만아니라 석각도화라는 비석에 새겨진 그림들도 많은 사람들의 관심을 끌었는데, 그중 아주아주 유명한 관우와 조조 사이에 오갔던 관제시죽을 직접 눈으로 볼 수 있어서 의미가 있었다. 서안에서는 내가 책에서만 보던 것, 내가 학교 교과서에서만 보던것들을 직접 눈으로 볼 수 있어서 참 신기하고 좋았다. 비림박물관을 나오면 다양한 기념품 가게들이 펼쳐져 있다. 그 곳에는 서예와 관련된 물건들을 많이 판매하고 있었는데, 다른 기념품들 보다도 하나쯤은 사고싶다는 생각이 드는 것이 많았다. 다행히도 함께 프로그램에 참가하신 분들중에 서예 선생님들이 계셔서 여러 가지 좋은 물건을 추천받아 구매할 수 있었다.

전체적인 일정은 아주 빡빡하고 바빴다. 그렇지만 그 사이사이에 주어지는 자유시간이 그래서 더욱 달콤했던 것 같기도 하다. 일과를 마치고 저녁에 호텔 근처를 거닐며 중국 현지 식당에도 가서 음식도 먹고, 마트에 들어가 소소한 쇼핑도 즐겼다. 이렇게 빡빡하지만 저녁시간에 잠시잠시 즐길 수 있었던 중국 현지의 느낌이 참 좋았다.

사실 이번에 내가 다녀온 서안 또한 아주 많은 역사와 한자를 공부했다고 생각하진 않지만 그럼에도 여행보다는 공부가 주된 목적이었다고 생각한다. 물론 나는 직원으로서 이 프로그램에 참여한 것이기 때문에 온전하게 한 가지를 했다기 보다는 일을 한 것 같기도 하다.. 그럼에도 서안 한자문명로드에 참여하길 잘했다는 생각이 드는 이유는 정말 많은 선생님들께서 가이드 혹은 각 박물관의 해설사를 넘어서는 한국인 맞춤 설명을 너무 잘해주셔서 혼자 여행을 와서는 알지 못하는 더욱 깊은 내용을 공부할 수 있었기 때문이 아닐까. 이미 많이 배우셨고, 나보다 아는 것이 많은 참가자 분들께서도 더 배우기 위해 이번 여행에 참가 하셨고, 아주 힘든 여정에도 나보다 더 적극적으로 움직이시는 모습에 스스로를 많이 반성하게 되었다. 그래서 나도 시간이 지나더라도 계속해서 끊임없이 공부하고 더 다양한 것을 경험하고 보고싶다는 생각이 많이 들었다. 아는 만큼 보인다는 것을 직접 경험하게된 여행이었다.

이번 한자문명로드를 준비하면서 정말 막막한 부분도 많았었는데, 많은 참가자 분들이 아무런 문제없이 무사히 프로그램을 마칠 수 있어서 참 다행이었고, 준비했던 물건들, 자료집 등등을 모두 만족해 주셔서 직원으로서 또 프로그램의 참가자로서도 만족스러운 여행이었다!

7

살아있는 역사의 도시
서안을 다녀오다!

이현지

1. 동기

3년간의 코로나로 인해 그동안 중국을 가지 못했었기도 하고 졸업을 하기 전에 중국을 꼭 다녀와야겠다는 생각을 늘 하고 있었습니다. 우연찮게 김화영 교수님의 소개로 한자 로드에 대해서 알게 되었고, 진시황릉과 병마용이 있는 역사가 깊은 섬서 성 서안을 가게 되어 무척 기쁘고 즐거웠습니다. 서안은 수업 시간에 종종 들었던 지역이기도 하며, 역사책에서 보았던 진시황과 양귀비의 흔적을 직접 눈으로 보고 배울 수 있어 설고 부지런하게 많은 것을 보고 듣고 와야겠다는 다짐으로 여행을 준비했었습니다. 출발하기 전 많은 우여곡절이 있었으나 저를 포함해 경성대학교 중국학과 친구들을 함께 데리고 가 주신 하영삼 교수님 고맙습니다.

2. 서안으로 출발하기 전

코로나 이후로 오랜만에 해외여행을 가는 것이었고 여권 사진을 찍어서 보내달라고 했을 때 유효기간이 만료가 되어있어서 당황을 하고 부리

나케 여권 사진을 찍고 만들러 갔던 것이 가장 먼저 생각이 납니다. 성수기 시즌이라 여권이 늦게 도착할 것 같다고 하여 요금을 추가로 내고 개별 배송 시스템을 신청해 다행히 늦지 않게 여권 사진을 보내드릴 수 있었습니다. 여권을 받고 나니 진짜로 서안을 간다는 것이 실감이 났고 더욱 설 습니다. 한여름에 가는 거라 더위를 제일 걱정 많이 했습니다. 그래서 옷에 가장 신경을 많이 써 여러 벌을 챙겨 갔었는데 막상 다 입지는 않았고 짐만 되네라고 하면서 투덜거렸던 기억도 납니다. 8월 19일 토요일 공항으로 가는 길 날이 흐리고 비가 왔으며 번개까지 쳐 비행기가 뜰 수 있을까 의문을 가졌었습니다. 날씨는 흐렸지만 마음만은 맑음이었고 신나게 공항으로 갔습니다. 제가 1등으로 도착을 했고 이현 교수님께서 2등으로 도착을 하셨습니다. 교수님께서는 아드님과 함께 오셨는데 교수님의 가족을 만나는건 처음이라 신기하기도 했었고 제 또래이셔서 더 반가웠습니다. 거의 대부분 처음 뵙는 선생님들이었는데 낯가린다고 먼저 다가가서 인사 드리지 못했던 점 죄송하게 생각합니다. 다음에 또 뵐 기회가 생기면 먼저 꼭 인사드리겠습니다. 정신없었던 만남과 출국심사, 면세점 구경을 마친 뒤 비행기에 탑승한 후 잘 시간이기도 했고 피곤해서 금방 잠이 들 줄 알았는데, 오랜만에 타는 비행기에 설레기도 했고 친구들과 오랜만에 만나 이런저런 이야기를 나누다 보니 오히려 잠이 깼었습니다. 서안에 도착한 후 랜덤 코로나에 걸릴까 봐 걱정 많이 했었는데 다행히 저희 팀은 한 분도 안 걸리셔서 다행이라고 생각합니다. 서안 공항에서도 가이드님을 만나기 전까지 정신없었던 기억만 떠오릅니다. 열 손가락 지문을 다 찍어보기 처음이었기도 하고, 줄 서서 한 명씩 입국심사를 받는데 시간이 오래 걸려서 긴장을 무척했었습니다. 서현이라는 친구가 지문 인식이 되지 않아서 따로 불러가서 심사를 받았었는데 신분증을 요구하길래 더욱 당황했었고 중국 생각보다 빡세다 라는 생각을 많이 했었습니다. 길었던 과정을 다 마치고 가이드님을 만나 호텔에 무사히 도착해 체크인을 하고 씻고 쉬니 하루가 너무 길었다는 생각과 동시에 빨리 내일 여정을 시작하고 싶다는 기대감에 하루를 마무리하고 푹 잤습니다.

3. 서안 여행 2일차

본격적으로 여정이 시작되었습니다. 가장 먼저 고고학과 전물 박물관인 산시 고고 박물관으로 갔습니다. 이 박물관은 22년 4월 16일에 서안에서 정식으로 건립이 되어 오픈한지 이제 1년 정도 된 박물관입니다. 오픈한지 얼마 되지 않아 첫인상이 깔끔하고 깨끗했습니다. 저희가 갔던 박물관 중에서 가장 층이 많았던 곳으로 기억하고 있습니다. 5,215점의 문화유물을 전시하고 있으며, 그중 90% 이상의 문화유물은 처음으로 공개되었다고 합니다. 이 박물관에서는 고고학을 주제로 문화유물과 그 출토 배경을 결합해 고고학적 시각으로 유적을 해독하고 고고학과 고고학자에 대해 이야기하며 중국 고고학과 산시 고고학의 발전 맥락 등을 살펴볼 수 있었습니다. 저녁을 먹고 회족거리에 가서 서안 특색의 아이스크림도 맛볼 수 있었습니다.

4. 서안 여행 3일차

3일차에는 드디어 제가 기다렸던 병마용을 보러 갔습니다. 병마용은 입구에서 부터도 엄청난 규모에 압도를 당하면서 입장을 하였었고, 이 크기와 수많은 사람들은 정말 태어나서 처음 본 광경이었습니다. 병마용은 중국 고대 무덤 조각의 한 유형이자 세계 문화 유산 중 하나입니다. 아직 미개봉인 갱도 있다고 들었고, 한 선생님께서 10년 전에 오셨을 때는 색이 어느 정도 있었는데 지금은 색이 사라진 모습이라고 말씀을 해 주신 것도 인상이 깊었습니다. 병마용은 진시황이 자신의 무덤을 보호하기 위해 만든 대형 토용 군대로 병종, 급별, 자세, 복장, 무기 등으로 구성되었으며 매 토용은 마치 살아 숨쉬는 듯이 독특한 모습과 표정을 가지로 있습니다. 이로 인해 표정을 구경하는 재미 또한 있어 시간이 가는 줄 몰랐었습니다. 세계 8대 불가사의로 불리는 병마용은 진나라의 조각 예술과 군사 문화를 아주 잘 나타내 보여줬습니다. 다음으로는 진시황릉을 보러 갔는데, 진시황릉은 그 규모가 얼마나 큰지 실감이 나지 않았고 무덤을 보러 갔다는 느낌 또한 잘 느껴지지 않았습니다. 그래도 단체 사진 찍어서 좋았습니다.

다음은 화청지입니다. 화청지는 양귀비와 당 현종으 로맨스 무대로 널리 알려져 있는데요. 화청궁의 뒤에 여산이 운치가 있었고 배경이 너무나 아름다워서 한참을 바라보고 서 있었던 기억이 납니다. 세계를 호령하던 황제의 별궁답게 멋지고 아름답게 꾸며놓았다고 느꼈고, 인터넷을 찾아보니 지금 있는 건물들은 거의 대부분 근대 이후에 복원을 해 놓은 것이라고 봤습니다. 화청지는 중국 근대사에서도 아주 중요한 역할을 한 장소인데, 1936년 서안사변이 바로 이곳에서 일어났으며, 장쉐량이 화청지에 머물고 있던 장제스를 구금하고 공산당과 힘을 합쳐 항일 투쟁을 하라고 요구하여 2차 국공합작이 이루어졌고 이는 공산당이 국민당을 물리치고 중국을 통일하는 중요한 계기가 되었습니다. 이러한 중국의 역사 중에서 중요한 장소 중 한 곳이였던 곳을 방문해서 역사적으로 많은 것을

한자의 기원에서 통일과 완성

배울 수 있어서 유익한 시간을 보냈습니다.

저녁식사 겸 보았던 당락궁쇼는 성당시기의 전성기 문화를 보여주는 가무쇼입니다. 이는 서, 본, 말 세 구조로 나뉘며 10가지 테마로 이루어져 있습니다. 식사를 한 후 바로 공연을 관람하는 것이 신기했습니다. 당락궁은 당대 황실의 무용, 춤 등을 화려한 조명과 의상으로 재현했으며, 막이 오르면 화청궁이란 제목의 고대 중국악기 협주곡을 시작으로 각종 무용이 시작되는데, 화려한 조명과 현란한 몸짓으로 무대가 가득 찹니다. 무용 공연이 끝나면 당악기 연주와 클라이막스인 새소리 피리연주가 시작되고, 당나라 황제가 등장하면서 무대는 막을 내리게 되는데, 마무리가 멋있었고, 마지막에 함께 사진도 찍었는데 좋은 추억 많이 만들었습니다.

5. 마무리

중국의 지도를 보면 서안은 중국 중심에 자리를 잡고 있고, 중국의 대표 역사도시와 관광도시로 유명한 곳입니다. 서안을 갔을 때 경주와 비슷한 점이 좀 있구나 라고 느꼈으며, 생각보다 도시가 깨끗해서 놀랐습니다. 10년전에 중국을 가보고 그 이후로 서안이 두 번째 방문인데, 중국이 많이 변화하였구나 라는 생각이 들었으며, 중국에 오길 잘했다라는 생각이 많이 들었었습니다. 옛 말에 중국의 3천년을 알고 싶으면 서안으로 가라는 말이 있는데, 이 말 답게 중국의 역사를 직접 체험해볼 수 있었고, 다양한 볼거리에 구경하는 재미가 쏠쏠했습니다. 마지막 날에는 이현교 수님과 학우들과 네컷사진도 찍었는데, 좋은 추억도 많이 만들었습니다. 많은 선생님들 덕분에 즐겁고 안전하게 여행을 마무리 할 수 있었습니다. 감사합니다.

8

우리는 어떻게 서안에 갔을까?
거기서 무엇을 했을까?

———

임현열

    한국한자연구소는 2018년 5월부터 인문한국플러스 사업을 수행하고 있다. 인문한국플러스 사업은 대학 내 인문학연구소 집중 육성을 통한 인문학 연구 인프라 구축 및 세계적 수준의 인문학 연구 성과를 유도하기 위한 사업이다. 인문학 연구의 다양화 및 대중화를 통해 연구 성과의 학문적·사회적 확산을 도모한다. 인문학 진흥을 통해 삶의 문제에 대한 성찰 및 사회통합 기반을 마련하고, 인문학 인프라 구축 및 학문후속세대 양성과 성과 확산을 꾀하는 사업이다.[1]

    한국한자연구소의 인문한국플러스 사업의 연구 영역, 이른바 아젠다는 <한자와 동아시아 문명연구>이다. 한자로드의 소통(疏通), 동인(動因), 도항(渡航)이라는 수식어가 붙었고 한자문명 연구의 세계적 허브를 구축하겠다는 목표를 세웠다. 한국한자연구소는 인문한국플러스 사업을 꾸리면서 <한자와 동아시아 문명연구>의 체계적 추진을 위해 거시적 관점에서 3단계의 연구 계획을 수립했다.

---

1   한국연구재단의 인문한국플러스 사업 소개 내용 참조.

1단계 기초연구에서는 문자중심주의 문명의 특징과 역사 연구, 한자어 DB 구축, 한자창의체험센터 구축, 소외 학문의 보호와 계승 등을 과업으로 설정하여 수행했다. 2단계 1차 심화연구에서는 동아시아 한자중심주의 문명의 동인과 메커니즘 연구, 한국 대표의 한자창의체험센터 도약, 한자문명 연구의 동아시아 대표 연구소 도입 등을 과업으로 설정하여 각종 연구와 사업을 진행했다. 끝으로, 2단계 2차 응용연구에서는 한자중심주의 문명의 미래와 신한자문화권의 가능성을 탐색하고, 동아시아 대표 한자창의체험센터 진입, 한자문명 연구의 동아시아 대표 연구소 안착 및 세계 연구소 발전 등을 목표로 사업을 추진하고 있다.[2]

인문한국플러스 사업은 여러 가지 유형의 사업이 있다. 위와 같은 목표와 추진 전략을 가지고 있는 한국한자연구소의 아젠다는 해외지역학 유형에 해당하는 연구 아젠다이다. 또한, 앞서 언급했듯이 인문한국플러스 사업은 단지 연구에서 성과를 내는 것을 넘어 그것의 대중적 보급을 고민한다. 따라서 해외지역학 유형에 속하는 <한자와 동아시아 문명연구> 아젠다는 그것의 수행 과정에서 해외 답사를 중점 사업 중 하나로 포함시켜 진행하고 있다.

한국한자연구소는 인문한국플러스 사업을 수행하면서 여러 지역에 대한 답사 계획을 수립했다. 사업명은 한자로드이고, 그 계획대로 여러 지역을 답사해 나가면서 한자로드 첫 번째, 두 번째, 세 번째, 이렇게 회를 거듭해 나가고 있었다. 실제로, 2019년 2월의 첫 번째 한자로드는 산동성 일대를 답사했고, 2019년 7월의 두 번째 한자로드는 하남성 일대를 답

---

2   경성대학교 한국한자연구소 연구 내용 소개 내용 참조.

사했다. 그리고 2020년 1월에는 세 번째 한자로드를 위해 타이완을 방문했다.

이처럼 한국한자연구소는 인문한국플러스 사업을 수행하면서 한자학 및 여타 관련 분야의 연구자들, 그리고 시민 대중이 함께 참여하는 한자로드를 상당히 공격적으로 진행해 왔다. 그러나 전세계적인 코로나의 확산으로 나라 간의 문이 닫히게 됨에 따라 한자로드도 중단할 수밖에 없었다. 당초 계획대로라면 2020년 여름에 어딘가로 한자로드를 떠났어야 했으나 그러지 못했다.

그러나 인류 공동의 노력으로 코로나에 대한 대응책을 하나둘씩 가지게 되면서 코로나 자체가 약화되는 현상이 나타났다. 이에 따라 다른 나라에 대해 문을 닫았던 나라들이 하나둘 문을 열고 다른 나라와 교류하기 시작했다. 그런 흐름에서 가장 보수적이었던 중국도 닫았던 문을 열고 닫기를 반복하다가 결국에는 그 문을 활짝 열게 되었다.

한국한자연구소는 이런 변화에 기민하게 대응했다. 산동성, 하남성, 그리고 타이완에 이어 네 번째 한자로드를 기획하고 진행했다. 하영삼 연구소장의 지휘하에 임현열 지역인문학센터장, 신근영 한자로드 담당교수, 그리고 이가연 행정직원이 팀이 되어 준비했다. 준비 과정 속에서 장원심 학생연구원이 손발이 되어주었기에 일이 원활하게 진행될 수 있었다.

거기에 답사왕 조성덕 연구교수는 답사 콘텐츠에 대한 자문역을 담당했다. 답사 지역과 지점에 대해 다양한 정보를 제공했고 답사 자료집의 내용을 꼼꼼히 검토했다. 서안은 마침 본인이 비교적 최근에 답사한 지역이었기 때문에 상세한 정보를 제공해 줄 수 있었다. 더불어, 아주월드투어 이동욱 대표는 교통, 숙박, 식사를 비롯하여 현지 가이드에 관한 많은

한자의 기원에서 통일과 완성

준비를 했다. 특히, 확정적으로 열리지 않은 시기에 서안행 전세기의 좌석을 우선적으로 확보하여 한자로드가 가능하도록 환경을 조성했다.

사람뿐만 아니다. Google과 Naver는 물론, Chat GPT도 온갖 정보를 수집하는 데 중요한 도구가 되었다. 이렇게 한자로드 서안 편을 준비하는 팀은 여러 구성원들이 각자 자신의 몫을 훌륭히 담당하는 형태로 착실하게 준비했다.

답사단은 사업단 내 연구인력과 외부의 일반 참가자를 모두 포함하는 방식으로 구성되었다. 자발적으로 신청한 사람들과 함께 답사하기로 하였고, 신청에는 자격 제한을 두지 않았다. 나이 제한이 없었기 때문에 꼬마 아이부터, 대학생과 대학원생, 그리고 백발의 어르신까지 함께 하는 답사단이 구성되었다. 어린 아이로는 초등학교 3학년과 5학년 학생이 참여할 정도였고, 어르신으로는 여든에 가까운 신청자가 참여했다. 지역적으로도 광범위했다. 부산 지역 거주자들만이 아니라 대구 경북은 물론이고, 그 이외의 지역에서도 참여했다. 호남과 충청, 그리고 서울, 경기 등이른바 수도권 거주자들도 답사대원으로 다수 참여하였다.

한국한자연구소는 한자로드를 준비하면서 20명 내외의 답사단을 구성하려 계획했다. 하지만 연구소의 당초 계획과 달리 신청 초기부터 단기간에 더욱 많은 신청자가 몰렸다. 그리고 신청 마감 방침을 세운 이후에도 다수의 대중이 추가 신청을 받아 달라는 요청을 했다. 대중 사업의 일환으로 시작된 한자로드에 이렇게 많은 사람이 신청한 것은 이른바 대박이라고 평가할 만한 일이었다. 구글폼으로 받은 신청자 명단은 한때 50명에 육박하기도 했다. 신청자들의 다양한 사정으로 취소자와 참석 불가자가 나오게 되면서 그나마 그 수가 40명으로 조절되었다. 답사단의 총인원은 이렇게 40명이 되었다. 이른바 버스 한 대로는 움직일 수 없는 대규모 답사단이 구성된 것이다.

서안을 답사지로 하는 네 번째 한자로드는 <한자의 기원에서 통일과 완성>이라는 제목으로 계획되었다. 한자 창제의 전설, 한자 이전의 문자 부호, 서주 갑골문, 중국의 청동기 시대 금문, 전국시대 문자, 진나라 계통 문자, 한나라의 예서, 행서와 초서, 당나라 이후의 해서 등, 한자 문명의 기원에서 통일과 완성에 관련된 섬서성 서안과 그 일대의 박물관과 유적 지를 방문하겠다는 목표를 가진 한자로드이다.[3]

한자를 익히는 것은 단지 언어를 배우는 것에 제한되지 않는다. 한자 를 배우는 것에는 한자 안에 서린 역사와 문화를 이해하고 받아들이는 과정이 포함된다. 그렇기 때문에 이번 한자로드에서는 13개의 왕조를 거 친 역사적인 도시인 서안과 그 주변 지역을 탐사하며 한자 문화를 몸소 느끼고 이해를 심화시키며, 한자 문화의 역사가 현대의 우리에게 주는 의 미를 고찰하고자 하였다.[4]

전체 일정은 4박 6일이었다. 출발하는 날에는 저녁 시간대의 비행기 를 타고 4시간여의 비행을 해서 새벽에 서안의 호텔에 도착하는 일정이 었기 때문에 4박 6일이라는 특이한 일정이 성립된 것이다. 상당히 긴 비 행이었으나 에어부산의 널찍한 좌석 배열 덕분에 크게 불편하지 않았다. 하지만, 전세기 일정으로 야간 비행을 할 수밖에 없었던 탓에 매우 늦은 시각에 서안에 도착했고, 도착한 후에도 여러 가지 입국 절차를 거치고 호텔로 이동하자니 꽤 많은 시간이 소요되었다. 호텔에 도착한 답사단은

---

3   한자로드 서안 편 소개문 참조.
4   한자로드 서안 편 답사 자료집 참조.

짧은 시간의 잠을 청하고 서둘러 조식을 먹은 후에 계획된 답사를 위해 이른 아침부터 움직였다.

8월 20일 일요일 일정은 섬서고고박물관 방문으로 시작했다. 섬서고고박물관은 2022년 4월에 개관한 최신의 박물관이다. 그 자체가 오래된 유물을 간직하고 있다기보다는 과거의 것을 재구하여 교육과 학습의 용도로 역할을 하는 박물관이다. 이런 배경에도 불구하고 그 규모가 상당히 크고 전시의 체계성이 뛰어났다. 답사단이 아닌 개인 방문객이었다면 하루 종일이라도 볼 수 있을 만한 곳이었다. 우리 답사단은 현장에 배치된 전문 해설사의 도움을 받아 전시된 자료들을 살펴보는 기회를 가졌다.

사실 최초의 답사 계획에서는 섬서고고박물관을 방문할 계획이 없었다. 오히려 섬서성에서 가장 규모가 크고 가치 있는 유물이 많이 소장된 것으로 알려진, 그래서 대부분의 여행자들도 방문하는 섬서역사박물관을 대신할 계획이었다. 그러나 코로나 이후 입장객 제한 정책이 생기고, 그에 따른 부작용으로 박물관 입장 신청자가 폭증하면서 우리와 같은 규모의 외국인 답사단이 섬서역사박물관을 사전 신청할 방법이 없었다. 이에 준비팀에서는 섬서역사박물관을 답사할 다른 답사지를 찾았고, 그 결과 찾은 것이 섬서고고박물관이었다. 이렇듯 섬서고고박물관은 대체 답사지였다. 하지만, 의외로 이 박물관에서 많은 것을 보고 느낄 수 있었기에 답사단의 만족도가 높았다. 또한, 그것이 바탕이 되어 답사단 내에서는 많은 학술적인 이야기를 나눌 수 있었기 때문에 연구소의 사업 취지가 충분히 실현될 수 있었다.

이날은 또한 주나라에서 진나라, 한나라, 당나라 4개 왕조의 유물과 한자를 중점으로 볼 수 있는 서안박물관도 방문했다. 이 박물관은 중국

역사의 다양한 시대에 관한 역사 유물이 그야말로 즐비해 있었다. 고대의 동전, 도자기, 무기, 조각상 등을 볼 수 있었으며, 우리 답사단은 그 유물들을 물건 자체로만 보는 것을 넘어 거기에 새겨진 글자에 대해 관심을 두었다.

그리고 실크로드의 기점에서 만나는 한자 유적이라는 수식어가 붙는 대당서시박물관도 방문했다. 이 박물관은 당나라 시대의 서안이 실크로드의 중심지로서 어떤 역할을 했는지 볼 수 있는 의미있는 장소였다. 전시된 유물들을 통해 당시의 중국과 서아시아, 그리고 그 범위를 넓혀 유럽과의 교류상까지 생생하게 볼 수 있었다.

이처럼 첫날의 방문 지점은 어느 하나 빠뜨리기 어려운 중요한 지점들이었다. 전날의 야간 비행이 아니었다면 좀 더 많은 것들을 볼 수 있었으리라 하는 아쉬움이 남는다.

8월 21일 월요일, 중국의 옛 도시 서안에서의 두 번째 날은 역사적으로 중요한 진시황릉과 병마용 방문으로 시작되었다. 이날은 중국 최초의 황제인 진시황이 통일한 광대한 제국, 그 심장부로 여행하는 날이었다. 진시황은 중국 역사상 가장 주목받는 인물 중 한 명이다. 그의 업적과 유산은 오늘날에도 큰 관심을 받고 있다. 아침 일찍 서안 외곽으로 향할 때, 푸른 하늘 아래로 펼쳐진 광활한 평원에 진시황릉이 모습을 드러냈다. 진시황릉은 아직 완전히 발굴되지 않은 상태이다. 따라서 무덤 내부는 물론이거니와 전체 외관의 모습도 상상에서나 복원 가능하다. 그러나 그 위엄은 멀리서 바라보는 것만으로도 어느 정도 느낄 수 있었다. 이곳은 중국을 통일하고 통일 문자인 소전을 도입한 위대한 황제의 안식처로, 그의 역사적 중요성을 상징하는 장소라는 점을 알고 있기 때문이었다.

한자의 기원에서 통일과 완성

진시황릉과 달리 병마용은 이미 발굴이 진척되었다. 병마용은 진시황의 무덤을 지키는 것으로 알려진 수천 개의 전사 및 말 모양의 테라코타가 가득한 유적지이다. 발굴 작업이 진행 중인 여러 갱은 각각 1호갱, 2호갱 등의 방식으로 이름지어져 있었으며 발굴된 여러 갱은 차근차근 관람할 수 있었다. 월요일임에도 불구하고 엄청나게 많은 인파들이 몰렸다. 그런 상황에서 사진을 찍으려는 사람과 좀 더 가까이 유적을 살펴보려는 사람이 뒤엉키는 특별한 장면을 목격할 수 있었다. 병마용의 조각상은 독특한 표정과 자세를 취하고 있었다. 이는 고대 중국의 장인들이 얼마나 세심한 주의를 기울여 병마용을 제작했는지 실감하게 하는 요소였다. 그렇기 때문에 우리 답사단은 그 조각상들을 지나치면서 마치 시간을 거슬러 고대 중국의 군대와 마주하는 듯한 웅장한 느낌을 경험할 수 있었다.

오후 일정은 중국의 역사와 문화가 깊이 얽혀 있는 두 곳, 화청지와 반파유적박물관 방문으로 이어졌다. 화청지는 당나라 현종과 양귀비의 사랑 이야기를 담은 백거이의 시 <장한가>의 배경으로 유명하다. 아름다운 이 시는 화청지의 경치를 배경으로 한 사랑의 이야기를 통해, 이 장소가 당나라 시대에 얼마나 화려하고 아름다웠는지를 상상하게 한다. 화청지를 방문하며, 이러한 역사적 배경을 가진 장소가 어떻게 당시 사람들에게 영감을 주었는지를 체감할 수 있었다.

또한, 화청지는 중국 현대사에서 중요한 역할을 한 장소로도 알려져 있다. 바로 1936년에 발생한 서안사건의 장소 중 하나로, 이 사건은 중국 국민당과 공산당 간의 2차 국공합작을 이끌어내는 결정적 계기가 되었다. 이 역사적 사건을 통해 화청지는 단순한 아름다움을 넘어 중국 현대사의 중요한 전환점이 된 장소로서의 의미를 지니게 되었다.

화청지의 또 다른 매력은 바로 그 아름다움이다. 화청궁이라고도 불릴 정도로, 이곳은 정원으로서의 아름다움이 뛰어난 곳이다. 연못과 정원, 그리고 아름답게 조성된 경관은 방문객들에게 평온함과 아름다움을 선사한다. 이곳을 거닐며, 고대 중국의 황제와 귀족들이 이 아름다운 경치를 어떻게 즐겼을지 상상하면서 흐뭇한 미소를 지을 수 있었다.

이와 함께 이번 한자로드 준비에서 매우 중요하게 여겼던 반파유적박물관도 답사하였다. 반파유적지는 주거 구역과 도자기 구역, 그리고 무덤 구역으로 구분되었다. 신석시시대에 관한 유적이며, 여기서는 당시 인류의 생활을 엿볼 수 있었다. 또한, 반파유적지에서 출토된 문화재가 별도로 전시되어 관람의 편의가 더해졌다.

이어서 8월 22일 화요일에는 중국 한나라 시대의 황제 무덤인 무릉 인근에 건립된 무릉박물관을 방문하였다. 이 박물관은 한나라의 역사와 문화, 특히 한자와 관련된 유물을 전시하여 한자로드의 취지에 매우 잘 부합되는 곳이다. 이곳은 한나라 시대의 문자와 문학, 예술을 탐구할 수 있는 독특한 장소였던 것으로 기억된다. 실제로, 무릉박물관은 한나라 시대의 황제 무덤을 중심으로 조성된 복합 문화 공간인데, 이 지역에서 발굴된 다양한 유물과 예술 작품을 전시하고 있다. 박물관의 주요 전시품으로는 도자기, 공예품, 무기, 주화 등 다양하지만, 특히 한자를 사용한 서적과 문서 등이 포함되어 답사단의 주목을 받았다. 이러한 전시품들이 한나라 시대의 사회적, 문화적 생활 양식을 이해하는 데 중요한 단초를 제공하는 것으로 생각되었기 때문이다. 방문객들은 무릉박물관을 통해 한나라 시대의 한자가 어떻게 사용되었으며, 이 문자 시스템이 어떻게 중국의 문화와 역사에 깊이 영향을 미쳤는지 이해할 수 있는 계기를 가지게 되

한자의 기원에서 통일과 완성

었다고 생각한다.

또한 상주 관계사 연구의 중요한 자료인 서주 갑골문을 볼 수 있는 주원유적지, 진시황제가 문자를 통일하기 전 진나라 문자인 주문과 시경의 진풍에 실린 꾀꼬리의 현장, 진공1호대묘 등이 이날의 주요 답사 지점이었다.

끝으로 8월 23일 수요일에는 서주 청동기 명문을 볼 수 있는 중국 최대 청동기 박물관인 보계청동기박물관을 방문했다. 이곳의 청동기는 단지 청동기로서의 의미만을 가진 것이 아니라 그 안밖에 새겨진 다양한 문자들과 그것들이 담아내는 이야기에 주목할 수 있는 곳이었다.

이어 이날 오후에는 비림박물관도 방문했다. 이곳에는 한자를 창제한 창힐의 구루비와 세상에서 가장 무거운 책으로 불리는 개성석경, 측천무후의 창제 문자 비석, 그리고 예서, 행서, 초서 자료가 있는 곳이라는 점에서 의미가 있었다.

답사 지점을 이렇게 아주 간단히만 언급했는데도 숨이 가쁠 정도의 일정이었다. 사전 학습이 없었다면, 그리고 최소한의 정리된 자료집이 없었다면 그 내용을 소화해내기 버거웠을 코스였다. 하지만, 이번 답사에서는 각 지점의 전문 해설자가 기본적인 설명을 충실히 제공하였을 뿐만 아니라, 중국문자학의 대가 하영삼 소장님과 금문 연구의 전문가 최남규 교수님이 부가적인 설명을 더해 그 내용을 풍성하게 하였다.

이처럼 오랜만에 진행된 한자로드는 절차상 하자 없이, 내용상으로 풍성하게 진행되었다. 특히, 답사 기간 내내 함께했던 답사대원들은 그 안에서 좋은 느낌의 유대 관계를 맺게 되었고, 본 답사가 끝나기도 전에 다음 답사를 서둘러 준비하자는 이야기들을 하기 시작했다. 이로서 한자로드 네 번째 프로젝트는 다섯 번째 프로젝트로 이어질 충분한 동기를 가지고 마무리가 되었다. 이번 답사는 그것에 대한 꼼꼼한 정리와 평가를 통해 좀 더 나은 한자로드로 발전되어 가는 데 양분이 될 것으로 기대한다.

9

초등학생의 서안 답사기

임진우, 임진규

1. 초등학교 3학년 임진우 <서안에 간 날>

나는 아침부터 짐을 쌌다. 왜냐하면 오늘은 서안에 가는 날이기 때문이다. 내가 서안에 며칠 동안 지낼 거냐 하면, 무려 5일이다. 이번에 중국 서안에서 아빠와 오빠와 함께 한자로드라고 하는 중국여행에 참가하기로 했기 때문이다. 엄마도 같이 가면 좋은데 학교 수업을 뺄 수가 없어서 어쩔 수 없이 엄마는 같이 가지 못했다.

그런데 서안 한자로드에 가는 비행기는 김해공항에서 출발한다. 서울에 사는 나는 엄마나 아빠도 없이 오빠와 단둘이서 서울에서 부산까지 갔다. KTX를 타고 갔다. 다행히 문제 없이 부산에 도착했다. 부산역에서는 아빠가 우리를 기다리고 있었다. 아빠는 택시를 타고 김해공항에 가자고 했다. 그래서 우리는 짐을 끌고 택시 타는 곳까지 갔다. 공항에 도착했다. 그 다음에는 아빠와 다른 선생님들이 같이 저녁 비행기를 타고 서안에 갔다. 저녁 늦게 비행기를 타서 새벽에 서안에 있는 호텔에 도착하였다. 나는 피곤해서 호텔에 가자마자 잠을 잤다.

다음 날 아침에는 일어나자마자 박물관에 갔다. 고고박물관이라는 데에 갔다. 고고라고 해서 어디에 가는 박물관인지 궁금했는데, 아주 오래된 물건을 전시하는 박물관이라고 해서 신기했다. 고고박물관은 엄청 넓었다. 그리고 안에 물건도 많이 있었다. 사람도 정말 많았다. 우리는 설명해 주시는 선생님을 따라다녔다. 설명이 잘 이해가 안 되었지만 열심히 들었다. 그리고 설명해 주시는 선생님이 작은 마이크에다가 말씀을 하시면 우리가 사용하는 블루투스 이어폰으로 설명을 듣는다는 게 신기했다.

고고박물관에서 관람을 하다가 점심을 먹을 시간이 되어서 점심을 먹었다. 그런데 생각보다 내 입맛은 아니었다. 나는 원래 평소에 어떤 음식이든지 맛있게 먹는 편이다. 그런데 처음 먹는 중국 음식은 조금 이상하게 느껴졌다. 한국에서 중국집에 자주 갔는데 그 맛과 달랐다. 그리고 여러 사람들이랑 큰 식탁에 앉아서 밥을 먹는 것도 신기했다. 식탁 위에 돌리는 게 있어서 음식을 돌려먹는 것이 재미있었다. 그건 한국에서도 몇 번 해 봤는데 중국에서는 더 큰 식탁이었다. 그리고 돌리는 것도 더 컸다.

여기저기 다니다가 나는 화장실에도 갔다. 그런데 중국은 화장실도 신기했다. 변기가 특이한 모양이었다. 그리고 들어갔을 때 화장실 냄새도 특이했다. 사실 좀 이상하다는 느낌이 들었다. 몇 번을 더 가도 익숙해지지 않을 것 같았다. 하지만 다행이었다. 모든 화장실이 그렇게 생기지는 않았다. 다른 박물관에 가서 화장실에 갔는데 별로 이상하지 않아서 진짜 다행이라고 생각했다.

한자로드 여행에서는 매일 박물관에 많이 다녔다. 하루 종일 박물관을 많이 다녀서 좀 힘들었다. 저녁을 먹은 후에 호텔에 들어와서는 샤워를 하고 쉬고 싶었다. 그런데 호텔에서 샤워를 하면 다시 힘이 났다. 오빠와 함께 저장된 동영상을 보면서 신나게 놀았다. 그런데 호텔 밖에 나가기 불편해서 안 좋았다. 처음 간 호텔에서는 밖에 나가기가 좀 불편했다.

한자의 기원에서 통일과 완성

어디에 가려면 좀 멀리 가야 해서 겁이 났다. 그런데 다음 번 호텔은 달랐다. 두 번째 호텔은 근처에 놀거리가 아주 많았다. 오넬 옆에 나가서 치킨도 먹고 다른 음식도 먹을 수 있게 되어 있었다. 두 번째 호텔에는 수영장도 있었다. 나는 저녁에 수영장에서 놀고 싶었다. 하지만 아쉽게 시간이 없어서 수영장에서 놀지는 못했다.

나는 전시관에 갔는데 끝나고 해설사 선생님께서 우리에게 목걸이와 책갈피를 주셔서 기분이 정말로 감사했다. 나도 해설사 선생님에게 보답을 하고 싶었다. 하지만 선물할 것이 없어 드리지 못했다.

마지막 날에는 박물관에 가서 재미있게 해설을 들으며 끝을 내고 밥을 먹었는데 꿀맛이었다.

나는 비행기를 타기 전에 용과를 먹으면서 기다렸다. 나는 이제 한국에 갈 수 있다는 생각에 신이 났다. 나는 아침에 한국에 도착해서 기분이 너무 좋았다. 나는 다음에 꼭 다시 가보고 싶다. 나는 거기서 진미리 언니와 김가영 언니, 그리고 다른 언니들이 잘 해 주셔서 감사했다. 그리고 교수님들도 친절하게 도와주셨다. 신근영 교수님과 신아사 교수님이 나를 많이 도와주셔서 기분이 좋고 감사했다.

나는 그중에서 진시황제의 무덤이 가장 인상이 깊었다. 정말 재미있었던 나의 첫 해외여행이었다.

2. 초등학교 5학년 임진규 <설렜던 중국 서안 여행>

2023년 8월 19일, 나는 일어나자마자 기분이 너무 좋고 설레었다. 왜냐하면 오늘은 내 인생 처음으로 해외여행을 가는 날이기 때문이다. 친구들은 모두 여러 번 해외여행을 갔다고 하는데 나만 해외여행을 못 간 것 같아 속상한 적이 있었다.

비행기를 타기 위해 일찍부터 서울에서 부산까지 KTX를 탔다. 부산역에 도착해서는 비행기를 타기 위해 김해공항까지 이동했다. 비행기가 늦은 밤 11시에 이륙했는데도 하나도 피곤하지 않고 오히려 기운이 넘쳤다. 모든 것이 해외여행에 대한 설렘 덕분이었다.

하지만 중국에 도착하자 갑자기 피곤이 몰려왔다. 사실 너무 늦은 시간에 중국에 도착했다. 새벽에 도착하는 여행이라니! 중국 여행의 첫 번째 날에는 일정이 너무 힘들어서 동생과 나, 그리고 아빠까지 늦잠을 자 버렸다. 아무도 알람을 듣지 못했다. 그나마 동생이 일어나서 아빠와 나도 일어나게 되었다.

늦잠을 잤기 때문에 아침 식사 시간을 놓쳤다. 어제 서울에서 부산으로, 부산에서 서안으로 오느라 고생해서 힘든데, 아침도 먹지 못하고 버스를 타야 하는 상황이 되었다. 하지만 함께 여행을 간 아빠가 식당에서 간단한 간식꾸러미를 가져다 주셨다. 간식꾸러미에는 음식이 꽤 많았다. 과자와 과일, 그리고 빵과 음료수가 들어 있었다. 중국에서 처음 먹는 과자도 있었는데 어느 정도 입맛에 맞았다.

간식을 먹으며 이동하다 보니 어느 박물관에 도착했다. 버스를 타고 도착한 곳은 중국의 고고 박물관이었다. 박물관에는 고대 중국의 유물들이 셀 수 없이 많았다. 보기만 하기에는 아까워서 사진으로 찍었더니 찍은 사진이 수백 장이 되었다. 찍은 사진들을 모아 GIF 파일로 만들어 돌려보니 재미있었다. 서울에 돌아가면 친구들에게 보여줄 생각에 기분이 좋았다. 그리고 나중에 친구들에게 보여주었더니 신기하다고 했다. 어떤 친구는 자기도 서안에 갔을 때 본 것 같다고 얘기도 했다.

박물관 투어를 마치고 식당에 갔다. 나는 평소에 중국 요리를 좋아하는 편이다. 중국집에서 파는 음식 중에 찌장면, 탕수육을 좋아하기 때문에 중국 음식이 입에 잘 맞을 줄 알았다. 하지만 중국에서 접한 중국 음식은 예상과 달리 별로 맛있지 않았다. 한국의 중국집과는 아주 다른 맛이었다. 뭔가 특이한 맛이 많이 났다.

점심 식사를 마치고 추가로 다른 박물관도 갔다. 대당서시박물관, 서안박물관에 다녀왔다. 그런 박물관을 본 뒤 저녁 식사를 하러 갔다. 저녁을 먹을 때는 탕수육과 짜장면 같은 요리가 나와서 점심 때보다는 훨씬 맛있었다. 하지만 고기 요리가 적은 것은 아쉬웠다. 저녁 때도 식탁에 올라온 요리의 종류가 아주 많았는데 의외로 채소로 만든 요리가 많았다. 중국집에서 요리를 시킬 때는 탕수육 아니면 유린기를 자주 먹어서 나는 중국집에 고기로 만든 요리가 훨씬 더 많은 줄 알았는데 그게 아니었다.

중국 여행 두 번째 날이 되었다. 전날과 다르게 빨리 일어나서 여유로운 아침 식사를 즐겼다. 호텔 아침 식사는 메뉴가 아주 다양했다. 그리고 많은 선생님들이 나와 동생한테 친절하게 대해 주셔서 고마웠다.

아침을 배불리 먹은 후 이날은 중국 여행의 메인이라고 할 수 있는 진시황릉을 보러갔다. 사실 나는 이번 중국 여행에서 진시황릉을 볼 수 있는 이날을 가장 기대했다.

그런데 진시황릉은 들어갈 수 없었다. 병마용이라고 하는 곳만 들어갈 수 있었는데, 그곳은 정말 신비로운 곳이었다. 병마용은 여러 호로 구분되어 있었고, 각각 다른 모습을 하고 있었다. 1호갱은 무척 덥고 사람도 많았지만, 가장 발굴이 많이 된 곳이라고 했다. 사람들이 북적이는 소리와 발걸음 소리가 끊이지 않았다. 하지만 나는 냉방시설이 되어 있다

못해 줍기까지 한 2, 3호갱이 더 좋았다. 더운 여름날, 시원한 바람이 부는 2, 3호갱은 정말 천국 같았다.

나는 1, 2, 3호갱을 모두 보면서 아빠에게 설명을 들었다. 아빠는 모든 병마용이 각자 다른 얼굴을 하고 있다고 말씀해 주셨다. 하나하나 살펴보니 정말 모든 병마용의 얼굴 모습이 서로 달랐다. 어떤 병마용은 엄숙한, 화가 난 것 같은 표정을 짓고 있었고, 어떤 병마용은 마치 미소를 짓는 것 같기도 했다. 옷 입은 모양도 다양했다. 어떤 병마용은 갑옷을 입고 있었고, 또 어떤 병마용은 평범한 옷을 입고 있었다. 아빠는 이렇게 다양한 모습을 한 병마용들이 각자 다른 직업과 계급을 나타낸다고 설명해 주셨다.

그리고 병마용 1호갱 근처 자판기에서 신기한 경험을 했다. 아빠가 빙홍차라는 음료수를 사주셨는데 너무 달달하고 맛있었다. 그런데 중국 자판기에서는 현금을 쓸 수 없었다. 신용카드도 쓸 수 없었다. 그래서 결국 지나가던 중국 사람에게 현금을 주고 위챗페이라는 것으로 돈을 낸 후에야 음료수를 마실 수 있었다. 한국에서는 현금으로도 어느 정도 물건을 살 수 있는데 오히려 중국에서 현금으로는 물건을 살 수 없다는 게 특이하게 느껴졌다.

그날 우리는 양귀비가 살았던 화청궁을 방문했다. 화청궁으로 가는 입구부터 마치 다른 세상에 들어선 것 같은 느낌이었다. 입구에 선 선녀상들이 마치 환영하는 것처럼 서 있었다. 주변에는 아름다운 꽃과 예쁜 나무들이 가득했다. 그리고 사람들로 꽤 붐볐다. 다들 양귀비의 궁전을 보기 위해 온 것 같았다. 그 사이로 우리도 화청궁의 아름다움을 구경하러 들어갔다.

화청궁에 들어가니, 역사적인 분위기가 아주 많이 풍겼다. 고대 중국

한자의 기원에서 통일과 완성

의 아름다움과 화려함을 여러 군데서 볼 수 있었다. 거기서 우리는 중국에서만 맛볼 수 있는 특별한 간식, 아이스 산샤 탕후루를 먹었다. 아이스 산샤 탕후루는 새콤달콤한 과일을 얼음으로 싸서 만든 간식이다. 이 간식은 더운 날에 딱 맞는 시원함을 선사했다. 우리가 8월에 서안에 갔으니까 그 간식은 아주 적당한 간식이었다.

그리고 화청궁 근처의 온천에서 세수를 해보기도 했다. 온천물로 얼굴을 씻으니, 여행의 피로가 싹 풀리는 기분이었다. 원래 계획은 이후 반파유적지로 가는 것이었다. 그런데 그날은 유난히 더웠다. 답사단에서 잠깐 벗어나 나와 내 동생은 중간에 나와서 잠시 쉬기로 했다. 우리는 그늘진 곳을 찾아 앉아 시원한 음료수를 마시며, 지금까지 본 것들에 대해 이야기를 나누었다. 화청궁의 경험, 아이스 산샤 탕후루의 맛, 온천물로 세수한 시원함, 이 모든 것이 즐거운 기억으로 남았다.

그날의 여행은 단순히 관광지를 방문하는 것 이상의 의미를 가졌다. 역사 속 인물과 장소에 대해 더 깊이 알아가는 시간이었다. 비록 반파유적지까지는 가지 못했지만, 화청궁에서의 경험만으로도 충분히 값진 하루였다. 나중에 또 다른 기회가 있다면, 반파유적지까지 탐방해보고 싶다는 생각이 들었다. 아무튼 이렇게 두 번째 날 여행이 끝났다.

셋째 날과 넷째 날에도 여기저기 많이 다녔다. 그런데 내용이 너무 어려워서 제대로 이해할 수 없었다. 하지만 보기에 신기한 물건이 많아 사진을 많이 찍었다. 그리고 동생과 재미있게 놀았는데, 대학생 누나들도 우리에게 잘 해 주어서 좋았다. 진미리 누나와 김가영 누나도 잘 해 주었고, 이현지 누나도 좋았다.

서안에서의 좋은 추억과 함께 오랫동안 기억될 것 같다.

10

진(秦)·한(漢)·당(唐)의 도읍
서안(西安)을 여행하다

정길연

지난 8월 경성대학교 한자문명연구사업단에서 중국 서안 답사를 기획했다. 이번 답사는 '동아시아 한자 문명 로드 답사 그 네 번째'라는 주제로 2023년 8월 19일부터 24일까지 4박 6일간의 일정이었다. 나는 몇 차례 고심하다가 갖가지 잡다한 일들을 과감하게 떨쳐버리고 참가하기로 했다. 그동안 여러 차례 중국 여행을 다녀왔었지만, 서안은 여행할 기회가 없어 늘 마음속에 두고 있던 터라, 참가를 결정하고 나니 미루던 숙제를 해결한 듯이 속이 후련해졌다. 그리고는 함께 여행할 사람을 찾으려고 학연서당(學淵書堂) 단톡방에다 여행 일정표를 올렸다. 그랬더니 마침 김해숙, 유정숙, 조정분, 한경순, 황규선 등 다섯 분이 참가를 신청했다.

8월 19일 마침내 중국 서안 여행 대장정에 오르기 위해 약속된 시간에 김해국제공항에 도착했다. 처음으로 여행 참가자 42명의 일행과 한자리에서 만났다. 우리가 타고 갈 비행기는 오후 10:05에 출발하는 에어부산 341기였다. 가이드는 인원 점검을 한 뒤에 발급받은 단체 비자를 원활하게 운영하기 위해 4개의 조로 편성하고 각각의 조마다 정해진 순서에 따라 줄지어 세웠다. 출국 수속을 마치고 면세점에 들어가니 물건을 사려는 여행객들이 상점마다 가득했다. 우리 일행은 비행기 이륙 시간에 맞춰 탑승했고, 비행 3시간 남짓 만에 마침내 '서안(西安) 함양(咸陽) 국제공항'에 도착했다. 나중에 가이드에게 설명을 들었는데, 공항 명칭이 두 곳의 지명을 함께 사용하는 것은 진(秦)나라의 처음 도읍지인 함양(咸陽)을 잊지 않기 위함이라고 했다. 그래서 지금도 함양은 행정구역상으로는 서안에 속하지만, 모든 행정업무는 중국 중앙정부가 직접 관할한다고 했다.

20일, 이른 새벽에 서안 함양 국제공항에 도착하니 우리 일행 외에는 거의 여행객이 보이지 않았다. 입국 절차를 마치고 여행 가방을 끌며 걷던 중에 무심코 앞을 바라보니, '인생이 사흘간의 시간을 훔쳤다면, 봄날에 진·한·당(秦漢唐)을 유람하는 것만 한 것이 없다.[偸得浮生三日閑 不如春遊秦漢唐]'라는 글귀가 눈에 들어왔다. 진·한·당은 진나라 한나라 당나라를 가리키는데 이들 세 나라의 수도가 바로 이곳 서안이다. 서안의 옛 명칭은 장안(長安)이다. 고도(古都)가 얼마나 아름다웠으면 이러한 구절을 읊었는지 짐작할 만하다. 우리 일행은 현지 시각으로 새벽 2시쯤 호텔에 도착하자마자 가이드에게 묵을 숙소를 배정받고 잠시 눈을 붙이기 위해 각자의 방으로 돌아갔다.

잠깐 눈을 붙였다가 뜨니 07:00이다. 호텔에서 조식을 먹고 8시쯤에 첫 번째 일정인 섬서고고박물관(陝西考古博物館)으로 향했다. 목적지에 도착해 버스에서 내리니 비가 부슬부슬 내리기에, 우산을 쓰고 박물관 입구로 갔다. 박물관에는 우리 일행 외에 중국인 관람객들도 많았다. 전시된 유물들은 토기류부터 청동 기물에 이르기까지 갖가지 형태의 물건들이 많았는데, 그 가운데 골침(骨針)이라고 표기된 유물이 눈에 띄었다. 마치 대나무를 가늘게 다듬은 듯한 모양으로 색깔은 하얗고 끝은 뾰족한 것이

어떤 물체를 찌르기 위한 용도로 보였다. 연대는 하(夏)나라 초기에 제작된 것이라고 쓰여 있는데 마치 엊그제 만든 것처럼 산뜻했다.

다음 노정은 대당서시박물관(大唐西市博物館)이다. 박물관 앞에 도착하니 동(銅)으로 만든 구조물이 있었는데 실크 모양을 상징하여 만든 것이다. 그 받침대에는 실크로드의 기점을 표시하는 '사주지로기점(絲綢之路起點)'라는 문구가 새겨져 있었다. 이곳이 바로 실크로드의 시작점이란 것을 알 수 있었다. 이 박물관은 개인이 설립한 것으로 상·주(商周)부터 명·청(明淸) 시대까지의 유물 약 2만여 점을 소장하고 있다. 내부에는 이곳에서 발굴된 당나라 때 장안의 서시장(西市場) 유지(遺址)가 그대로 보존되어 있었다.

오후 4시 서안박물원(西安博物院)에 도착했다. 이곳에는 소안탑(小雁塔)이 있는데 당나라 승려인 의정(義淨)이 인도에서 들여온 불교 경전을 번역하여 보관하기 위해 세운 탑이라고 한다. 탑 내부로 사람이 들어갈 수 있지만 지금은 출입하지 못하도록 막아 두었다. 탑 높이는 13층이고 전탑(塼塔) 형태인데 원래 이곳은 천복사(薦福寺)라는 사찰이 있던 곳이라고 한다. 문득 『명심보감』에 실린 '운이 다하니 우레가 천복비를 깨뜨려버렸다.[運退雷轟薦福碑]'라는 구절이 생각났다. 어떤 가난한 선비가 큰돈을 벌기 위해 당나라 때 명필인 구양순의 글씨가 새겨진 천복사의 비석을 탁본하려고 갖은 고생 다 해서 찾아갔는데, 마침 전날 밤에 벼락이 쳐서 비석을 깨뜨려버렸다는 이야기이다. 이곳의 천복사가 그곳인지는 분명하지 않지만, 명칭이 같다 보니 그런 생각이 들었다.

저녁 식사를 한 뒤에 서안의 명물 거리인 회족(回族) 거리를 가보기로 했다. 회족 거리 입구에 도착하니 넓은 도로에 끝이 보이지 않는데, 모여

한자의 기원에서 통일과 완성

든 젊은이들이 인산인해(人山人海)를 이루고 있었다. 젊은이들의 웅성거림과 열정에 활기가 넘쳐났다. 가이드는 우리에게 30분이라는 짧은 시간을 주며 잠깐 구경하고 집결 장소로 돌아오라고 했다. 나는 학연서당 일행과 함께 거리를 걷다가 어느 양고기꼬치 가게로 들어갔다. 탁자에 앉아 메뉴를 주문하려는데 막상 중국어를 잘하는 사람이 없었다. 나는 스마트폰에서 파파고 앱을 열고 점원과 대화를 시도했으나 제대로 소통이 되지 않았다. 이 때문에 우리 일행과 점원은 서로 얼굴만 쳐다보며 그냥 마구 웃기만 했다. 그러다가 다시 구글 번역기 앱을 열고 대화를 시도하니 이번에는 제대로 소통할 수 있었다. 무슨 메뉴를 주문하는지 알아들은 점원은 나중에 다듬지도 않은 굵직한 나뭇가지에 꿰어 구운 두툼한 양고기꼬치를 열 개 남짓 들고 왔다. 숯불에다 구운 것인데 몇 개 먹고 나니 저녁 식사를 한터라 도저히 다 먹을 수가 없기에 일행 중에 한 분이 포장지에 담아 들고 왔다. 집결 장소로 돌아오니 어떤 노파가 쓰레기통을 뒤지며 먹을 것을 찾고 있었다. 남은 양고기꼬치를 들고 온 일행 중 한 분이 그 모습을 보고 양고기꼬치 봉지를 그 노파에게 주었다. 노파는 양고기꼬치를 받고 연이어 감사하다는 표시를 하면서 잠깐 쓰레기통을 더 뒤지더니 그 자리를 떠났다. 젊음이 넘쳐흐르는 활기찬 거리에, 어느 한구석에는 노파가 쓰레기통을 뒤지는 어두운 삶의 현장이 공존하다니, 참으로 안타까웠다.

21일, 이날은 병마용박물관(兵馬俑博物館), 진시황제릉(秦始皇帝陵), 화청지(華淸池), 반파유적지(半坡遺蹟地) 등을 관람하였다. 내가 이번 여행에서 가장 기대하는 유적지는 바로 병마용박물관, 진시황제릉, 화청지 등이다. 병마용박물관에 도착하니 워낙 유명한 곳이라 그런지 관람객들이 장사진을 이루고 있었다. 날씨조차 무더운데다가 고무신을 신었기에 그동안 걸음이 누적되어서인지 발바닥까지 따가웠다. 관람 순서는 1호 갱(坑), 3호 갱, 2호 갱 순으로 진행되었다. 먼저 1호 갱에 들어서니 인파가 가득하여 병마용을 보려면 목을 길게 빼고 보와도 앞 사람에 가려 자세히 볼 수가 없었다. 에어콘 시설이 되어 있지 않은 터라 사람의 열기가 더해져 안은 무척 더웠다. 이리저리 떠밀리다가 겨우 사람들의 틈을 비집고 들어가서 병마용을 내려다보니 책이나 영상에서 봤던 것과 크게 다르지 않았다. 줄지어 서 있는 병사(兵士) 용(俑)들은 그 자체로 멀리서 보아도 마치 살아있는 사람인 것처럼 위용이 당당했고, 수레를 끄는 말은 앞으로 내달리듯 금방이라도 뛰쳐나올 듯한 기세였다. 잠깐 바라보다가 다음 관람객을 배려하여 사진 몇 장을 찍고 물러났다. 3호 갱과 2호 갱을 차례로 들어서니 1호 갱과는 다르게 두 곳 모두 에어콘 시설이 갖추어져 있었고 관람객도 훨씬 적어 관람하기에는 편했다. 그러나 1호 갱에 비하면 유물들의 수준도 떨어졌고 유물 수도 적었다. 밖으로 나오니 아직 집결 시간이 남아 있기에 학연서당 일행과 함께 시원한 나무 그늘 아래 시멘트 계단에 앉아 잠깐 쉬었다. 황규선 교수의 말에 따르면, 옛날에 이곳을 왔을 때는 병마용을 처음 발견한 노인이 한 곳에 자리를 잡고 앉아서 도록을 사면 기념 싸인을 해 주었다고 했다. 지금은 그 노인이 돌아가셨는지 보이지 않았다.

다시 진시황제릉으로 향했다. 진시황릉은 병마용과 가까운 거리에 있었다. 버스에서 내려 조금 올라가니 붉은 글씨로 '진시황제릉(秦始皇帝陵)'이라고 새겨진 커다란 흰색 바위가 보였다. 그 바위 뒤로 몇 미터쯤 거리에 하나의 산이 솟아 있는데 그곳이 바로 진시황제의 능이었다. 가이드의 설명이 없으면 그곳이 진시황제릉임을 알 수 없을 듯했다. 예전에 이곳을 찾은 사람들의 말에 따르면, 그때는 진시황제릉에 올라가서 사방을 둘러

한자의 기원에서 통일과 완성

보기도 했다고 한다. 우리는 진시황제릉이라고 새겨진 바위 앞에서 너나 할 것 없이 기념사진을 찍기 시작했다. 각자 멋진 포즈를 연출하면서 한동안 추억을 담기에 여념이 없었다.

당시 진시황제(BC.259~BC.210)는 13세에 진왕(秦王)에 등극한 뒤로 6국의 제후들을 모두 제압하고 40세 되던 해에 마침내 천하통일이란 과업을 이룩하였다. 그 후 10년 동안 천하의 황제로 군림하다가 끝내 불로장생의 꿈을 이루지 못한 채 50세를 일기로 세상을 떠났다. 지금에 진시황제 하면 언뜻 떠오르는 것이 분서갱유(焚書坑儒)와 도량형 통일 등이다. 그러나 그는 등극하자마자 거대하게 큰 자신의 무덤을 조성하였고, 70만 명의 인부를 동원하여 아방궁을 건설하기도 했다. 아방궁은 미쳐 완성 못한 채 국가의 재정은 점차 바닥이 났고 민심은 날로 흉흉해져 끝내 진나라의 멸망을 초래하고 말았다. 그러나 현재 진시황제의 유적지는 중국인에게 있어서 황금알을 낳는 거위처럼 되어 연간 수백만 명의 세계 관광객이 찾는 곳이 되었다고 한다.

점심을 먹기 위해 식당으로 향했다. 식당 건물에 들어서니 로비 한가운데 붉게 칠한 둥근 조형물이 설치되어 있는데 그 안에는 춤추는 양귀비 모습을 한 인형이 빙글빙글 돌고 있었고, 또 하얀 벽 윗부분에는 빙 둘러 백거이(白居易)의 「장한가(長恨歌)」를 초서체로 새겨 놓았다. 이 근처에 화청지(華淸池)가 있기 때문으로 보인다. 식사를 마치고 화청지로 향했다. 날씨가 더웠다.

화청지 입구에 도착하니 널따란 공간에 근래 설치한 조형물이 있었다. 가까이 다가가 보니 양귀비와 당 현종으로 보이는 동상이었는데, 양귀비는 가운데가 약간 솟은 무대에서 춤을 추고 있는 모습이고, 현종은 그의 오른쪽에서 갈고(羯鼓)를 치고 있는 모습이었다. 현종은 음악에 소질이 있었던지 일찍이 '예상우의곡(霓裳羽衣曲)'을 만들었고 양귀비는 이 곡에 맞춰 춤을 추었는데, 이 춤을 '예상우의무(霓裳羽衣舞)'라고 한다. 백거이의 「장한가」에는 현종과 양귀비의 애틋한 사랑을 자세하게 노래하고 있다. 「장한가」는 칠언(七言) 120구로 구성된 노래로 백거이의 작품 중에 최고로 꼽는다. 「장한가」라는 제목은 마지막 구에 '장구한 하늘과 땅은 다할 때가 있으나, 이 한은 영원히 이어져 끊일 날 없으리라.[天長地久有時盡 此恨綿綿無絶期]'는 구절 중에 각 구의 두 번째 글자인 '장(長)' 자와 '한(恨)' 자를 따서 이름한 것이다.

　마침내 양귀비가 목욕했던 화청지 건물 내부에 들어서니 이곳도 많은 관람객이 붐볐다. 줄지어 떠밀리듯이 들어가니 양귀비가 목욕했던 목욕탕이 보였다. 바닥은 사각형 돌을 깔았고, 바닥 가운데는 구멍이 있는데 물 빠지는 구멍인 듯했고, 이중 계단의 가장자리는 곡선으로 만든 돌을 둘렀으며, 남쪽과 북쪽은 4개의 계단을 설치하여 걸어 나오기 편리하게 만들었다. 그러나 이러한 형태는 후대인의 손길이 미친 듯한 느낌이 들었고, 당시 양귀비가 사용했던 목욕탕의 모습은 아닌 듯했다. 그밖에 해당탕(海棠湯), 연화탕(蓮華湯), 성신탕(星辰湯) 등을 차례로 관람하고 밖으로 나왔다. 마당에는 하얀 돌에다 조각한 양귀비의 요염한 입상(立像)이 있었고, 그 입상을 빙 둘러 분수가 솟구쳐 올라 길손들의 더위를 식혀주었다. 이곳을 찾는 길손들은 아마도 현종과 양귀비 그들만의 애틋한 사랑의 흔적이 지금까지 남아 있기에 찾는 것이 아니겠는가. 당시 이들로 인해 나라가 혼란하고 백성이 도탄에 빠졌으나, 그때의 고통에 대한 보상을 지금 후대의 중국인들이 관광 수입으로 대신하고 있는 듯했다.

다음은 오늘의 마지막 노정인 서안반파박물관(西安半坡博物館)이다. 반파 유적은 신석기시대 앙소문화의 유적이다. 1953년 고고학자들이 서안시 동부 교외 산하(滻河) 강가에서 반파촌을 우연히 발견했다. 발굴 중에 약 6,000년 전에 관중 지방의 전형적인 모계 씨족 공동체 사회의 취락지가 드러났다. 반파박물관 입구의 대문은 아치형으로 되어 있었는데 사람 얼굴에다 물고기 문양이 그려져 있었다. 박물관 내부에 들어서니 장자(莊子)의 '백성은 자기 어미는 알되 그 아버지는 모른다.[民知其母 不知其父]'라는 구절과, '해가 뜨면 일어나 일하고 해가 지면 쉰다.[日出而作 日沒而息]'라고 쓴 구절이 벽에 걸려 있었다. 이는 신석기시대 때 모계사회를 이루며 순박하게 살았던 백성들의 삶의 모습을 그대로 표현한 구절이라는 생각이 들었다. 내부를 대강 둘러보니 당시의 주거 공간 및 두 사람 또는 네 사람을 합장한 유골의 형태, 옹관(甕棺) 등의 모습이 그대로 보존되어 있었다. 관람하고 나오다가 일행 몇 분과 실제 모습처럼 그린 원시사회 그림 앞에서 기념사진을 촬영했다.

저녁 식사는 당락궁(唐樂宮)이라는 고급 음식점인데 연극을 관람하면서 식사하는 곳이다. 메뉴는 갖가지 재료를 넣어 다양한 모양으로 만든 찐만두였는데 그런대로 맛이 좋았다. 맥주 몇 잔을 곁들이면서 연극을 관람했는데, 연극의 주제는 당나라 측천무후가 황제의 자리에 오르는 과정을 그린 작품으로 공연 시간은 90분 정도 되는 것 같았다. 음식점에서의 공연치고는 무대 시절이 꽤 웅장하고 정교했다.

오늘 일정은 모처럼 저녁 시간이 여유 있게 짜여 있었다. 숙소에 돌아와 잠깐 쉬고 있는데 조성덕 선생이 문자를 보내왔다. 호텔 정문 오른쪽에 있는 작은 술집에서 술을 마시고 있으니 생각 있으면 나오라는 내용이었다. 가게에 들어서니 박준원 교수, 하영삼 교수, 임현열 선생, 조성덕 선생 등 네 분이 테이블에 앉아 막 맥주를 마시고 있었다. 함께 술을 한 잔씩 하면서 지금까지 여행 중에 겪은 이야기를 주고받으니 시간 가는 줄을 몰랐다. 안주가 다 떨어지려 하면, 하영삼 교수께서 메뉴판을 보고서 맛있는 안주를 골라서 주문해 주시니 모두 입맛에 맞아 술이 더 잘 넘어갔다. 나중에 내가 계산했는데 대략 우리나라 돈으로 6만 원쯤 되었다. 맛있는 안주를 실컷 먹고도 이 정도 금액이라니, 술값 참 싸다고 이구동성으로 탄복하면서 자리를 파했다. 특히 이날은 고도(古都) 서안시에서의 마지막 숙박이기도 했다.

22일, 이날은 한무제릉(漢武帝陵), 주원박물관(周原博物館), 진공일호대묘(秦公一號大墓) 등을 관람했다. 한 무제 유철(柳徹, BC.156~BC.87)은 전한(前漢)의 7대 황제로 어질고 겸손한 선비를 많이 등용했다. 오경박사를 두고 유학을 중시한 덕분에 동중서(董仲舒) 같은 학자가 정책을 조언할 수 있었고, 또 위청(衛靑)과 곽거병(霍去病) 같은 장수를 두었기에 흉노를 정벌하여 영토확장을 크게 이루었다. 54년 동안 재위했다. 경내에 들어서니 돌로 조각한 각종 동물상이 줄지어 있었다. 먼저 도착한 곳은 곽거병의 무덤이었다. 묘소는 나무가 울창한 산이었는데 산 밑에 청나라 건륭 때 세운 비석이 서 있었다. 그 비석은 벽돌로 만들었고 검은색 돌을 가운데 세워서 박아놓고 앞면에는 '한 표기장군 대사마 관군후 곽공거병묘[漢驃騎將軍大司馬 冠軍侯 霍公去病墓]'라고 흰색 글씨로 새겨져 있었다. 곽거병은 한무제의 처조카로 18세 때 외숙인 위청을 따라 흉노정벌에 나섰다가 큰공을 세워 씩씩한 용사로 인정받아 표요교위(剽姚校尉)가 됐다.

다음은 한무제릉으로 발길을 옮겼다. 입구에 들어서니 멀리 나무가 울창한 큰 산이 보였는데, 이곳이 바로 무제의 능이었다. 능을 향해 걸어가는 길은 꽤 넓었는데 잔디를 심어 공원처럼 잘 가꾸었다. 앞뒤로 두 기의 비석이 있었는데 첫 번째 마주한 비석은 1963년에 세운 것으로 사용한 벽돌과 형태는 곽거병 비석과 비슷했다. 비석에는 큰 글씨체로 '무릉(茂陵)'이라고 쓰고 그 밑에다 두 줄로 '한무제 유철지묘[漢武帝劉徹之墓]'라고 새겨져 있었다. 그런데 황제의 능에다 '능(陵)' 자와 '묘(墓)' 자를 뒤섞어 사용한 것이 예에 맞는지는 의심스러웠다. 두 번째 비석은 청나라 건륭 때 세운 것으로 형태는 곽거병의 묘비와 비슷했다. 비석 글씨는 '한효무제무릉[漢孝武帝茂陵]'이라고 예서체로 새겨져 있었다. 관람을 마치고 돌아오면서 문득 저 능 속에는 얼마나 많은 부장품이 들어있을까. 저처럼 큰 능은 설령 아무리 뛰어난 도굴꾼이라도 감히 도굴할 수 없겠다는 생각이 들었다.

다음은 섬서성 보계시(寶鷄市)에 있는 주원박물관으로 향했다. 이곳은 부풍현(扶風縣)과 기산현(岐山縣)이 교차하는 지점에 있다. 박물관은 지하에다 만들었는데 서주 시대의 청동기가 전시되어 있었다. 정(鼎), 궤(簋), 종(鍾), 뢤(罍), 수(盨) 격(鬲), 굉(觥), 장반(牆盤) 등 주로 의식에 사용했던 기물들이 생생하게 모습을 자랑하고 있었다. 특히 서주장반(西周牆盤)은 마치 방금 사용한 것처럼 윤기가 났고 바닥 면의 글씨는 주문(籀文)으로 한 글자 한 글자 또렷했다. 관람하고 나오면서 입구에서 단체 기념 촬영을 했다. 날씨가 더웠다.

이날의 마지막 코스인 진공일호대묘로 향했다. 들어가는 입구에 자그마한 바위에다 '진공일호대묘(秦公一號大墓)'라고 예서체로 새겨져 있었다. 이 묘는 1976년에 발굴 작업을 시작하여 1986년에 작업을 마쳤다. 묘소에 묻힌 진공이 누구인지는 자세하지 않지만, 당시 순장 당한 사람은 186명이나 된다고 한다. 안내문을 읽던 중에 '황장제주(黃腸題湊)'라는 생경한 용어가 보였다. 살펴보니 이 뜻은 「곽광전(霍光傳)」의 안사고(顏師古)의 주(注)에 "측백나무의 황심(黃心)을 관 밖에 쌓아 두기 때문에 '황장'이라 하고, 나무의 머리 부분을 모두 안쪽으로 향하기 때문에 '제주'라고 한다."라고 했다. 갱(坑)에는 일정한 치수로 자른 측백나무토막이 질서정연하게 놓여있었다. 깊이는 상당히 깊었는데 사방의 벽이 3단 형태로 되어 있고 벽면은 마치 시멘트를 사용한 것처럼 말끔하게 처리되었다. 이러한 부분이 궁금해서 가이드에게 물어보니 처음에 발굴할 당시는 5단으로 되어 있었다고 했다. 그리고 벽면은 흙벽이 아니고 특수한 재료를 사용하여 칠한 것이라고 했다. 문화재를 발굴할 때는 원형을 보존하는 것이 원칙인데, 5단을 3단으로 변형했다는 것이 선뜻 이해되지 않았다.

하루 일정을 끝내고 17:30에 보계시에 있는 크라운프라자 호텔에 투숙했다. 오늘이 이번 서안 여행의 마지막 밤이다. 이 호텔은 5성급으로 벽이 통유리로 되어 있어 밖의 전망을 조망하기에 아주 좋았다. 호텔에서 바라보니 보계시는 아파트가 무수히 많아 신도시에 온 느낌이었다. 다른 한편으로는 동쪽과 서쪽이 길게 훤히 트여 일조량을 많이 받을 수 있는 지역이었고, 남쪽은 완만한 산세가 감싸고 있었다. 룸메이트인 경제학 전공자 황규선 교수님과 경제와 관련한 이런저런 이야기를 한참 나누다가 잠자리에 들었다. 자리에 누워서는 문득 이곳 어느 곳에 있을 주나라 수도인 호경(鎬京)의 터를 상상했다.

23일, 이번 여행의 마지막 날이다. 오늘 일정은 보계 청동기 박물원(寶鷄靑銅器博物院), 대자은사(大慈恩寺), 비림박물관(碑林博物館) 등이다. 호텔에서 아침 식사를 마치고 첫 번째 코스인 보계 청동기 박물원으로 향했다. 박물원 입구에 도착하여 계단을 걸어 잠깐 올라가니 마침내 웅장한 박물원 건물이 보였다. 중심에 청동기 색깔을 띤 원통 모양의 건축물이 솟아 있고 좌우에는 돌로 만든 건물이 에워싸고 있었다. 이 박물원은 1956년에 처음 설립되었을 때는 보계의 역사 유물을 전시하는 곳이었는데, 2010년에 새로운 건물이 완공되면서 보계 청동기 박물원으로 확장하였고, 지금은 국가 1급 박물관으로 지정되어 중국 내에서 가장 큰 청동기 박물관 중 하나로 꼽힌다. 전시된 청동기는 주원박물관에서 본 것과 비슷한 청동기들이었다. 이 가운데 특히 내반(迷盤)은 주나라 선왕(宣王, BC.827~BC.782) 때 만들어진 것으로 중국 최초의 반(盤)이라고 한다. 높이 20.4cm, 직경 53.6cm, 무게 18.5kg인데 바닥에 새겨진 글씨는 21행으로 모두 372자이다. 또 하준(何尊)은 서주 초기(BC. 1046~BC. 977)에 제작된 것으로, 용 문양과 함께 갖가지 돌출된 문양이 섞여 있는 형태였다. 이들 청동기는 장인이 엊그제 막 주조하여 낸 것처럼 온전하여 조금도 훼손된 부분이 없이 깨끗했다. 유명한 박물관이라 그런지 중국인 관람객이 많아 복잡하고 시끄러워 대강 관람하고 밖으로 나오니 도록(圖錄)을 판매하는 가게가 눈에 띄었다. 가게에 들어가 조금 두꺼운 도록과 얇은 도록 1책씩을 각각 88위안과 20위안을 주고 샀다. 또 20위안짜리 도록 5권을 별도로 사서 학연서당 일행에게 이번 여행의 기념으로 선물했다.

11:00에 이곳을 출발하여 서안으로 향했다. 보계시에서 서안까지는 약 2시간 30분이 소요되었다. 버스 차창 밖으로 남쪽을 바라보니 큰 산맥이 기운차게 길게 펼쳐져 있었고, 북쪽은 그리 높지 않은 황토 언덕이 오는 내내 계속 이어져 있었다. 가이드가 남쪽 산맥을 진령산맥(秦嶺山脈)이

라고 하였다. 산서성 남부에 있는 이 산맥은 전체 길이가 1,500km, 해발고
도는 2,000m~3,000m라고 한다. 서안시에 도착할 무렵 남쪽에 우뚝 솟은
산이 보였는데 가이드는 이 산을 종남산(終南山)이라고 하였다. 이곳은 예
로부터 도사들이 수양하는 곳으로 지금도 명승고적이 많다. 이 산을 넘으
면 한중(漢中)에 이르고 조금 더 가면 사천성 성도(成都)에 이른다.

13:30에 서안시 대자은사 대안탑(大雁塔) 부근에 있는 한국 음식점에
도착하여 삼겹살을 곁들인 늦은 점심을 맛있게 먹었다. 식사를 마치고 주
변을 걷다 보니 어떤 건물에 곡강(曲江)라 쓰여진 주소가 눈에 띄었다. 이
곳이 바로 두보가 곡강 시를 읊었던 곳이었나보다. 문득 두보(杜甫)의 곡
강 시 중에 '사람은 예부터 일흔 살까지 사는 이가 드물다.[人生七十古來
稀]'라는 구절이 떠올랐다. 이곳 어딘가에 두보의 흔적이 더 남아 있을지
도 모른다. 일행은 함께 대자은사로 향했다. 식당과는 불과 몇 걸음 안 떨
어진 곳에 있었는데, 입구에는 오른손에 지팡이를 들고 왼손엔 염주를
든 현장법사의 동상이 우뚝하니 서 있었다. 그 뒤로 대안탑이 보였다. 대
자은사는 당 태종 때 황태자가 648년에 모후인 문덕황후(文德皇后)를 위해
세운 사찰이라고 한다. 이곳은 이전에 인도를 다녀온 현장법사(玄奘法師,
602~664)가 머물렀던 곳인데, 당 고종이 652년에 현장의 발원으로 7층 전탑
인 대안탑(大雁塔)을 건립하였다고 한다. 우리 일행은 시간이 부족하여 대
자은사 경내만 한차례 대강 둘러보고 대안탑에는 올라가지 않았다. 대안
탑은 탑 내부에 계단이 설치되어 사람이 올라가 구경할 수 있게 만들었
는데 입장료는 25위안이었다. 혼자 경내를 천천히 돌아보며 나오는데 어
떤 중국 스님 한 분이 나를 보더니 대추 두 개를 손에 쥐여 주었다. 나는
얼떨결에 대추를 받고 순간 두 손을 모은 채로 어설픈 중국어로 '쎼쎼[謝

　　　　　　　　　　　　한자의 기원에서 통일과 완성

謝]'라고 답례했다.

다음은 이번 여행의 마지막 노정인 비림박물관이다. 이곳은 본래 송나라 때 공묘(孔廟)를 건립한 곳인데, 1953년에 공자묘가 확장되어 섬서성 역사박물관 건물이 되었고, 1991년에 새롭게 섬서성 역사박물관이 건립되면서 서안 비림박물관으로 독립되었고, 현재 보관된 유물은 모두 13,568점이나 된다고 한다. 입구에 도착하니 중국인 관람객이 줄지어 서 있었다. 관람하기 전에 가이드는 주의할 점을 몇 가지 일러주었는데, 특히 물건을 살 때 장사꾼이 부르는 가격대로 주고 사면 절대 안 된다고 당부하였다. 예컨대, 100위안을 부르면 20~30위안에 흥정하면 된다고 했다. 내가 10여 년 전에 중국을 여행할 때도 어느 곳에서는 물건을 살 때 가격을 대폭 깎는데, 심지어 뒤에 '0' 자 한 글자를 떼고 사야 한다고 했었다. 당시에는 선뜻 이해되지 않았다. 지금 이곳에 와보니 아직도 이러한 곳이 있는가 보다 하는 생각이 들었다.

보도블록이 깔린 길을 따라 들어가니 정면에 2층 누각에 '비림(碑林)'이라고 쓴 글씨가 눈에 들어왔다. 가이드는 청나라 말기 정치가인 임칙서(林則徐, 1785~1850)의 글씨라고 하였다. 또 '비(碑)'자 위에 점을 뺀 것을 두고 특별히 근거도 없이 이러쿵저러쿵 소설 같은 이야기를 풀어냈다. 박물관 안에 들어서니 수많은 비석이 겹겹이 서 있는데 비석 사이의 거리가 좁고, 또 날씨도 더운데다가 관람객이 많아 비석을 자세히 읽어볼 수가 없었다. 그러나 특히 당 현종이 직접 썼다는 석대효경(石臺孝經)과 당 문종 개성(開成) 2년(837)에 당현탁(唐玄度)의 글씨로 완성한 개성석경(開成石經) 등은 볼만하였다. 개성석경은 현존하는 석경 중에 가장 오래된 것으로 『역(易)』·『서(書)』·『시(詩)』·『주례(周禮)』·『의례(儀禮)』·『예기(禮記)』·『좌전(左

傳)』·『공양전(公羊傳)』·『곡량전(穀梁傳)』·『효경(孝經)』·『논어(論語)』·『이아(爾雅)』 등 모두 159권을 새긴 것이다. 이밖에 안진경(顔眞卿)·구양수(歐陽修)·저수량(褚遂良) 등 명필들이 쓴 비석이 즐비하게 진열되어 있었지만, 날씨가 덥고 사람이 붐벼 주마간산 격으로 얼른 보고 나왔다.

박물관을 나와 문방사우를 판매하는 비림 거리를 걸었다. 여기저기 붓과 종이를 사는 사람들이 눈에 띄었다. 나는 어느 가게에 들어가 나무로 제작한 작은 빗 두 개를 사려고 했다. 그때 갑자기 가이드가 일러준 말이 생각나 물건값을 깎자고 주인과 흥정하다가 흥정이 제대로 이루어지지 않아 그대로 가게를 나왔는데 예상과 달리 더 이상 나를 붙들지 않았다. 붙들었으면 다시 흥정해 볼 참이었지만 이미 발길을 돌린 터라 그대로 나와 버렸다. 그러나 속으로는 사고픈 미련이 남았다. 그런데 일행 중 김해숙님이 다시 그 가게에 찾아가 본래 값을 주고 빗 두 개를 사서 나에게 선물했다. 다행히 원하는 빗은 구했지만, 흥정도 아무나 하는 것이 아니라는 생각을 했다. 길 좌우에 즐비하게 늘어선 가게의 물건들은 모두 붓글씨 쓰는 도구였는데 나는 구경만 하고 굳이 물건을 사지는 않았다. 그러다가 어느 가게 앞을 지나가니 오른팔 손목이 없는 가게 주인이 팔뚝에다 고무밴드로 붓을 고정하고 부채에다 정자체의 작은 글씨를 또박또박 쓰고 있었다. 글씨가 보통 서예하는 사람보다 훨씬 더 잘 쓴 듯했다. 한참을 멍하니 바라보다가 되돌아오면서 거리의 장사꾼이 저 정도 실력이면 정말 중국의 서예 전문가는 어떻겠는가. 가게마다 주인이 한가한 틈을 타서 붓을 들고 글씨를 쓰거나 그림을 그리며 손님을 기다리고 있었다. 그 표정이 너무 여유롭고 천진하여 이익을 다투는 장사꾼이라는 생각이 들지 않을 정도였다. 실로 길거리 예술가라고 부를 만했다.

한자의 기원에서 통일과 완성

마침내 42명이 함께한 4박 6일 일정의 대장정이 모두 끝났다. 진(秦)·한(漢)·당(唐)의 수도인 서안은 그야말로 유적의 보고였다. 특히 진시황제릉과 병마용, 한무제릉 그리고 양귀비의 목욕탕인 화청지 등을 직접 답사한 것은 여행 중에 오래 기억 남을 일이다. 진시황제는 처음으로 천하를 통일하고 문자와 도량형 등을 통일하여 효율적으로 국가를 다스렸지만, 분서갱유와 폭정 그리고 대규모 토목공사로 인해 결국 2대 만에 나라를 잃었다. 당 현종 역시 처음에는 민생안정을 꾀하고 국방을 튼튼히 하여 태평성대를 구가하는 듯했으나, 노년기에 접어들어 도교(道敎)에 빠져 막대한 국비를 소비하였고, 또 양귀비에게 빠져 정치를 게을리한 탓에, 안녹산이 난을 일으켜 장안이 침략당하자 사천성으로 몽진(蒙塵)가는 지경에 이르렀다. 그러나 진시황제와 당 현종이 남긴 유적은 현재 세계의 사람들을 찾아오게 하는 유명한 유적지가 되어 관광산업에 크게 기여하고 있다. 당시 황제들이 백성의 고혈을 짜서 만든 구조물들은 후대인이 매우 귀한 세계 문화유산으로 탈바꿈하여 이제는 중국의 명물이 되었다. 이는 참으로 모순이라고 하지 않을 수 없다. 대체로 어느 나라이건 간에 성군(聖君)의 유적은 드물지만, 폭군의 유적은 지금까지 또렷이 남아 있는 것이 많다.

11

백문불여일견(百聞不如一見):
동아시아의 위대함을 느끼다

진미리

1. 들어가며

백 번 듣는 것이 한 번 보는 것보다 못하다는 '백문불여일견(百聞不如一見)'. 동아시아 한자문명로드 중국 섬서성 서안에 참가하여 그 뜻을 진정으로 이해하게 되었다.

먼저, 한국한자연구소에서 동아시아 한자문명로드로 중국에 간다는 사실을 알려주신 경성대학교 중국학과 김화영 교수님과 학생들이 참여하는 것을 허락해주신 한국한자연구소 소장, 하영삼 교수님께 감사를 표한다. 덕분에 한자문명로드에 관심이 있는 대학 선후배들과 뜻을 모아 함께 참가하여 대학생활의 특별했던 추억을 만들었기에 다시 한번 진심으로 감사의 말을 전한다. 그동안 코로나19로 가보지 못했던 중국에 간다는 것은 우리를 들뜨게 하기 충분했으며, 한자에 통달하신 여러 분야의 교수님들과 함께 중국의 박물관들을 방문하여 '한자의 기원에서 통일과 완성'을 알게 된다는 것은 이번 중국 방문을 더욱 의미있고 특별하게 만들어주었다. 또한 4박 6일의 여정을 함께하며 유익한 지식을 알려주고 재미난 추억들로 가득 채워주신 참가자 모든 분들께 고마움을 전한다. 덕분에 세상을 보는 견문이 넓어지고 삶의 '성장'이라는 한 계단을 올라가게 되었다.

"동아시아 한자문명로드 답사 네 번째 <한자의 기원에서 통일과 완성>"

2. 8월 19일: 우물 안에서 벗어나 나의 시야를 넓힌다

중국으로 출발하기 위하여 부산 김해공항 국제선에 모여 참가자들과 인사를 나누고, 함께 지원한 선후배들과 마주하니 어느 누구나 빠짐없이 참가자 모두가 들떠있는 것이 느껴졌다. 참가자들에게 나눠주는 양우산과 자료집, 명찰, 간식들… 이 모든 것들 하나하나가 우리들을 미소짓게 만들기 충분했는지 아직 비행기를 타지도 않았는데 기념사진만 50장을 넘게 찍었다. 나와 선후배들은 한자문명로드에 지원하기 전부터, 정말 기대를 많이 하였고 중국에 방문했을 때를 상상해보며 많은 이야기를 나눴기에 지금 우리가 중국으로 출발한다는 사실이 너무나도 신기하고 흥분이 감춰지지 않았다. 사실 나는 경성대학교 중국학과에서 진행하는 중

참가자 기념품: 양우산

비행기 탑승 직전 기념촬영

국 연수 계획을 세우고 실제로 방문하는 <차이나챌린지> 프로그램을 통해 지난 7월 초에 서안 3박 5일 연수를 친구들과 다녀왔다. 그렇기에 몇몇 일정은 그때 가본 곳도 있었다. 그럼에도, 이번 한자문명로드는 여러 학문에 능통한 교수님들과 또 새로운 사람들과 함께한다는 사실이 마치 중국을 처음 방문하는 것처럼 두근거리게 만들었다. 또한, 한 번 방문해봤기에 이번에 처음으로 함께 여행을 떠나는 선후배들과는 더 즐겁고 유익하게 시간을 보낼 수 있을 거라는 의욕에 불탔다. 그렇게 비행기 탑승 직전, 참가자 모두와 단체 사진을 찍고 두근거리는 마음으로 비행기에 몸을 실었다. 비행기에서 웃고 떠드니 어느덧 중국에 도착하였다. 입국심사를 거치는데, 이전에 중국을 방문한 사람들은 지문이 이미 기록되어 있어 먼저 나온 것이 신기했다. 아직 박물관을 가거나 가이드의 설명을 들은 것도 아닌데 중국에 도착하자마자 새로운 지식을 하나 배웠다는 것이 또 나를 기쁘게 했다. 4박 6일의 여정을 보내고 나면, 나의 견문이 얼마나 넓어져 있을지 정말

한자의 기원에서 통일과 완성

기대가 되는 순간이었다.

후에 숙소에 도착하자마자, 우리들은 중국의 편의점으로 달려갔다. 숙소에 도착한 시각이 새벽이지만 우리들의 눈에 중국을 조금이라도 더 담아가고 싶었기에 시간이 없었다. 그렇게 숙소 근처에서 서로 사진도 찍어주며 내일을 기대하며 잠을 청했다.

호텔 근처에서 찰칵!

편의점에서
알리페이 사용 기념으로 찰칵!

3. 8월 20일: 고고사박물관, 소안탑, 대당서시박물관, 회족거리, 종고루 광장 및 야시장

본격적인 관람 일정이 시작되는 날, 호텔에서 조식을 먹으러 가는 길에 우리들의 옷과 잘 어울리는 벽 장식을 발견해 기념으로 사진을 찍었

새로운 여정을 시작한다는기쁨을 표현

다. 그리고 가이드와 준비된 차량에 탑승하여 섬서고고사박물관으로 향했다. 가는 동안, 가이드님께서 연변 조선족과 하얼빈 조선족의 차이점을 시작으로 중국의 5대 도읍지, 역사적 인물들… 등 중국에 대해 많은 것들을 알려주셨다. 가이드님과 함께한 모든 순간, 항상 중국에 대해 알려주고 우리들의 좋은 여정이 되도록 애쓰시던 모습에 지금도 한 번씩 생각나 감사함을 느낀다. 덕분에 중국에서의 시간을 더 의미있게 보낼 수 있었다. 특히 중간중간 재밌는 이야기도 들려주셔서 더욱 좋았다. 나는 그 중에 지금도 생각나는 말이 하나 있다. 중국을 살 수 있을 정도의 부자도 평생 못해보는 것들은 과연 무엇일까? 바로, 중국음식을 다 못 먹어보고, 중국관광을 다 못하고, 중국글자를 다 못 배운다고 한다. 현재 나는

한자의 기원에서 통일과 완성

중국학과에 재학 중이지만 중국학을 배우면 배울수록 어려워서 정말로 공감되는 말이었다. 더군다나 주변의 교수님들을 보니 학문이란 것은 정말 평생해야 된다는 것을 느꼈기에 더욱 이해되었다. 그렇게 이동 중에도, 박물관에 도착해서도 가이드의 설명과 함께하였다. 한자문명로드의 가장 큰 장점은 주변의 참가자가 모두 학구적이고 배경지식이 많다는 점이

가이드의 해설을 듣는 기계

아닐까싶을 정도로 주변의 교수님들께서 각 전공 분야에 맞춰 추가 설명을 해주셨는데, 박물관의 유적과 한자를 쉽게 풀이해주니 몇 달이 지난 지금까지도 떠오를 정도로 생생하게 기억에 남았다. 특히, <차이나챌린지>로 지난 7월 초에 방문했을 때 들었던 설명을 다시 듣더라도, 더 상세하고 재밌게 알게되니 이 순간들이 너무나도 귀하게 느껴졌다.

박물관에서 여러 유물들을 관찰하고, 설명을 들으며 유익한 시간들을 보냈다. 가이드님께서는 옛날에 쓰던 유적품과 현대의 물건이 똑같은 모양인 것을 보여주며, 옛날 사람들이 정말 지혜롭다고 하셔서, 중국의 이곳저곳을 살펴보니 놀라운 것들이 너무나도 많았다. 우선, 건축물의 압도적으로 큰 크기와 유적품의 정교함, 그 당시 행해졌던 여러 가지 제도들… 등등 과거에도 인간이 살아가는 삶의 태도가 비슷했구나 싶어 신기했다. 또한 중국 서안은 어디서 사진을 찍든 중국 느낌이 나서 막 사진

중국의 남녀 화장실 그림

을 찍다가, 남녀화장실 그림까지 찍게되었다. 저 그림들이 방문하는 장소마다 그에 맞게 그려져 있어서 찾아보는 재미가 있었다. 저녁에는 서안의 실크로드 입문거리인, 회족거리에 방문하여 식사 후 자유시간을 가졌다. 다만 자유시간이 손살같이 흘러갔기에 조금 아쉬웠지만 그래도 중국 서안의 많은 곳들을 다 방문할 수 있어서 좋았다. 이렇게 관광지들을 관람하고, 마지막 일정인 발마사지를 받으러 갔는데, 많이 돌아다닌 후 마사지로 발을 풀어주니 관광하기 전 오늘 아침과 같이 몸이 가벼웠다. 덕분에 숙소에 도착하여 주변의 편의점을 세 곳이 넘게 더 돌아볼 수 있었다. 교수님들과 함께 움직이니 배우는 것도 많고 식사도 맛있어서 매순간이 유익하고 행복했다.

한자의 기원에서 통일과 완성

소안탑(서안박물관)의 유물

4. 8월 21일: 진시황릉, 병마용, 화청지, 반파유적박물관, 당락궁쇼

　중국 서안에 방문하면 반드시 방문해야 하는 진시황릉과 병마용, 화청지 등의 주요 관광지를 방문했다. 7월 초에 <차이나챌린지>로 방문했던 곳이기도 하지만, 함께하는 사람들이 다르니 첫 방문인 듯 들뜨고 신이 났다. 관광지라 사람도 많고 날씨도 더워 기념품으로 받은 양우산을 쓰고 다녔다. 다른 참가자들도 양우산과 쿨패치 등 참가자 기념품을 활용하여 몸의 열을 식혔다.

하영삼 교수님, 이현 교수님, 신아사 교수님과 기념 촬영!

중국 서안에 방문하면 반드시 방문해야 하는 진시황릉과 병마용, 화청지 등의 주요 관광지를 방문했다. 7월 초에 <차이나챌린지>로 방문했던 곳이기도 하지만, 함께하는 사람들이 다르니 첫 방문인 듯 들뜨고 신이 났다. 관광지라 사람도 많고 날씨도 더워 기념품으로 받은 양우산을 쓰고 다녔다. 다른 참가자들도 양우산과 쿨패치 등 참가자 기념품을 활용하여 몸의 열을 식혔다.

교수님들과 사진 촬영

한자의 기원에서 통일과 완성

이날은 교수님들과 사진을 많이 찍어서 좋았다. 한국에 돌아와서도 이때 찍은 많은 사진들을 보면 그날의 기억이 선명하게 그려진다. 교수님들께서 우리 학생들을 많이 배려해주시고 도와주셨기에 이 순간들이 행복한 기억으로 남을 것 같다. 또한 중국에 방문해서 꼭 먹어보고 싶었던 것이 탕후루이다. 중국은 산사나무 열매로 탕후루를 만들었는데, 우리나라의 과일 탕후루와는 다르게 덜 달고 식감이 좋았다. 나는 이렇게 각 나라의 다양한 음식들을 경험해보는 걸 좋아하기에, 이 순간이 참 즐겁게 느껴졌다. 이때 탕후루를 경성대학교 중국학과 이현 교수님께서 사주셨다. 이 외에도 한자문명로드 내내 교수님께서 우리들을 많이 신경써주셨는데, 이 자리를 빌려 감사함을 전한다.

화청지의 산사나무 열매 탕후루

유적지를 관람한 후, 점심 식사를 하러 간 곳에서 사진을 많이 찍었다. 어느 곳에서 무엇을 찍어도 중국에 있다는 것이 느껴져서 신기하고 괜히 더 들떴던 것 같다. 특히 단체샷을 찍기 위해 주변의 중국인에게 촬영을 부탁했는데 너무나도 열정적으로 사진과 멋진 동영상까지 찍어주셔서 더 즐거운 추억이 되었고 무척 감사했다. 여기서 만난 중국분들 모두 친절하셔서 이 모든 시간들이 하루하루 흘러 간다는 것이 참 아쉽고 그만큼 소중하게 느껴졌다.

기념사진(개인샷, 단체샷)

이번 한자문명로드에서 가장 기억에 남은 것은 바로, <당락궁쇼>를 본 것이다. 7월 초에 중국을 방문했을 때, 실크로드를 배경으로 한 <낙타 종의 전설>이라는 공연을 보며 중국 공연의 스케일이 남다르다는 것을 알았기에 한자문명로드에서 가장 기대를 했었던 관람이고, 그 기대 이상의 기쁨을 주는 시간이었다. 무엇보다 기뻤던 것은 쇼에 출연한 배우분들과 함께 기념사진을 찍었던 것인데, 사진만봐도 그 당시의 두근거림이 다시 느껴지는 것만 같다.

한자의 기원에서 통일과 완성

당락궁쇼

당나라 황실의 무용과 춤을 재현   기념사진

    관람한 <당락궁쇼> 옆에 월병을 파는 곳이 있어서 구경을 했다. 월병의 모양과 맛이 정말 다양해서 놀라며 바라보고 있는데, 이현 교수님께서 맛 보라며 우리들에게 월병을 사 주셨다. 처음 맛 본 월병은 여러 가지의 맛있는 소가 들어가 조화롭고 고급진 맛이었다. 중국에서 선물용 월병이 잘 팔리는 이유를 알 것 같았다. 교수님 덕분에 또 새로운 음식을 경험해 봐서 정말 감사했다. 새로운 걸 배우고 경험하는 이 시간들이 너무도 소

중했기에 우리들은 잠을 자는 것보다 경험하는 것을 택했다. 그래서 숙소 주변의 맥도날드에 들어갔다. 중국의 키오스크로 주문을 시작했는데, 알리페이로 결제하는 방법을 몰라 점원의 도움을 받았다. 이때 의도치 않게 중국어를 많이 사용해봐서 조금은 뿌듯하고 재밌었다. 물론 점원께는 미안했으나 모국어가 다른 두 사람이 서로 소통이 가능하다는 것이 신기했다. 덕분에 중국어 학습의 의욕이 활활 타올랐다. 지금 이 순간 순간 느끼는 감정들이 오래도록 남아 앞으로도 내가 한 계단, 한 계단 올라가도록 도와줬으면 좋겠다는 생각을 하며 숙소에서 잠을 청했다.

월병

맥도날드

5. 8월 22일: 무릉, 주원유적지, 진경공묘

여름 방학 때 한자문명로드를 진행한다는 것을 들은 것이 엊그제 같은데, 지금 중국에 있고, 벌써 내일이 마지막 중국 여정이란 것이 믿기지

한자의 기원에서 통일과 완성

않았다. 시간은 멈추지 않기에 이 순간들을 소중히 해야 한다는 것이 뼈저리게 느껴졌다.

중국 월병

문 손잡이

아침에 일어나 조식을 먹고 차량에 몸을 실었다. 가면서 이현 교수님께서 사주신 월병 남은 것을 꺼내 먹으면서 오늘은 또 어떤 경험을 하게 될지에 대해 떠들었다. 그렇게 또 시간이 지나 오늘의 관람지에 도착하였고 가이드의 설명을 들으며 유적지를 관람하였다. 그러던 중, 문 손잡이에도 조각이 되어있는 것을 보며 작은 부분까지 섬세하다고 생각하며 사진을 찍었다. 그런데 전시관에 들어가자마자 이 문 손잡이와 같은 문양의 상징에 대해 바로 설명해주셔서 놀라웠다. 만약 중국학에 대한 배경지식이 많다면 이러한 작은 부분 하나하나 다 놓치지 않고 발견했을까 싶어 그동안 모르고 지나쳤던 것들이 아쉽게 느껴졌다. 그래도 앞으로 천천히 나아가자가 목표이기에 몰랐던 걸 지금이라도 알게되어 다행이라고 여긴다.

유영옥 교수님께서 사 주신 웅진문화 책

어느 날, 중국학과 수업 중에 이화범 교수님께서 중국에 방문하게 된다면 반드시 책을 구매해서 읽어보라고 하셨다. 뜻을 해석하며 읽는 동안 중국어 실력이 확 늘어날 것이라며 알려주신 그 말씀이 기억나서 그동안의 여정동안 계속 책을 찾고 있었다. 그러던 중, 진경공묘에서 웅진문화 책을 판매하는 것을 보고 고민에 빠졌다. 교수님께서 말씀하신 소설 책이 아니라 역사서였기에, 사지 않는 것과 그렇다해도 책을 구매해서 읽어보는 것. 둘 중 고민하고 있었는데, 한자문명로드에서 항상 밝은 얼굴로 맞아주셨던, 유영옥 교수님께서 선뜻 책을 구매해서 선물로 주셨다. 이때가 한자문명로드에서 가장 특별한 감정으로 일렁이던 순간이 아닐까싶다. 오른쪽 사진처럼 책의 앞장에 도장을 찍으니 어디서도 쉽게 구할 수 없는 나만의 책이 된 것 같아 기뻤고, 중국에 온다면 책을 하나 구매하겠다는 나의 바람이 이루어져서 신난 감정이 막 요동쳤다. 특히 교수님께서 사주셨다고 생각하니 더 열심히 읽어야겠다는 생각이 들어, 차를 타고

한자의 기원에서 통일과 완성

이동할 때와 숙소에서, 비행기에서 이 책을 계속 읽었다. 함께있던 선후배 학우들과도 책을 읽었고, 한국에 돌아오면 꼭 완독을 하겠다고 결심했다. 물론, 해석되는 쉬운 문장들만 읽었고, 나중에 한국에 도착하면 번역하면서 읽어봐야겠다고 생각했다. 또 저녁 식사를 할 때, 내 옆의 학우들에게 음료라도 사줘야겠다 하셨던 유영옥 교수님의 상냥한 말과 우리 학생들에게까지 배려하고 생각해주신 것에 참 감동받았다. 그러니 유영옥 교수님께, 한자문명로드를 더 특별한 추억들로 가득하게 채워주셔서 고마움을 이 자리를 빌려 전하고 싶다.

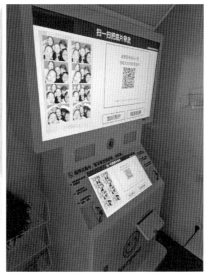

중국의 인생네컷

중국학과에서 학생들에게 가장 인기가 많은 이현 교수님과 한자문명로드에 함께하면서 찍었던 사진들 중에서 가장 마음에 드는 사진이 바로 이 인생네컷이다. 모든 일정을 마친 후, 숙소에 돌아와 교수님과 교수님의 아드님과 함께 숙소 옆 백화점에서 시간을 보냈다. 그때, 중국의 인생네컷 사진기를 발견하여 지금 이 순간 우리들을 기록으로 남겼다. 이때 알리페이 사용이 익숙하지 않아 살짝 애를 먹었는데 교수님의 아드님께서 해결해주셨다. 후에 하영삼 교수님께 알리페이에 대해 여쭤보니 한국 로밍으로 데이터가 느려서 그럴 수 있다고 알려주셨다. 이 사진만 보면 사진을 찍던 그 당시 상황이 떠올라 웃음이 난다. 이 공간이 2인 커플용이라 비좁고 더워서 사진을 찍자마자 모두가 부스에 나와서 숨을 내쉬던 모습들이 아직도 생생하게 떠오른다. 그런 과정이 있어서인지 사진만 봐도 절로 행복해진다. 또한, 우리들은 이 한자문명로드에서 중국학과 인기짱의 교수님을 독차지할 수 있는 시간이라 좋았다. 교수님의 편안한 분위기와 배려 덕분에 우리가 중국을 더 재밌고 알차게 알아갈 수 있었다.

6. 8월 23일: 보계청동기박물관, 비림박물관, 서원문거리, 대안탑, 대당불야성

벌써 중국에서의 마지막 하루가 되었다. 아쉬우면서도 오늘은 또 무엇을 배우고 경험할지 기대가 되었다. 보계청동기박물관에서 관람을 하고 있는데, 서예를 배우고 계신 선생님들께서 불러서 가봤더니 왼쪽 사진의 한자를 읽어주셨다, '智慧之光(지혜로운 사람은 빛이난다.)' 서예 선생님들께서 풀이 해주신 이 한자가 마음에 들어서 기념으로 사진을 찍었더니 선생님들께서 이 한자와 나를 가리키셨는데 그 순간, 지혜로운 빛나는 사람이 되고싶다고 생각했다. 또한, 나는 취미로 서예를 배우고 있었기에 서예 선생님들께 관심이 많았다. 서예에 대한 여러 질문을 하며 귀찮게

한자의 기원에서 통일과 완성

지혜로운 사람은 빛이 난다

'중국'이란 글자

공자상

비림 박물관의 붓

해드렸는데 너무나도 친절하게 응대해주시고 또 이렇게 의미있는 한자를 알려주셔서 멋진 사진과 함께 학습의지를 얻었기에 감사함을 전하고 싶다.

그 다음 일정인, 비림박물관은 고대 비석예술품, 비석묘지, 석각예술품 등이 전시되어 있으며 서예가들이라면 반드시 방문해봐야 한다는 곳이다. 전시된 유물들을 관람하니, 유물들 전부 제대로 돌아보려면 한 달도 부족하겠다고 느껴지는 장소였다. 특히 아는 것만 보인다고 공자상을 비롯한 몇몇 유물들은 유독 눈에 잘 들어왔다. 후에 기념품 가게에 들러 구경을 하다, 그래도 서예가 취미인데 붓을 구매해야겠다 싶어서 3자루를 구매하였다. 후에 서원문거리의 붓 가격이 훨씬 더 저렴해서 조금 놀라기는 했지만 여기서 산 붓이 비림박물관이라고 한자로 적혀있는 것이 멋있어서 구매한 붓들 모두 아끼고 있다.

한자문명로드로 중국 서안을 간다 했을 때, 중국학과 김화영 교수님께서 비림박물관에 가서 도장을 만들어오는 것을 추천해주셨다. 교수님께서는 갑골문으로 도장을 팠다고 했어서 비림박물관에 가는 날, 도장을 만들려는 생각을 가지고 있었다. 그런데 본격적인 중국 일정 둘째 날에 문득, 도장파는데 오래걸린다면 다른 분들게 폐를 끼칠 수 있겠다는 생각이 들었다. 그래서 반파유적박물관에서 가이드님께 비림박물관에서 이름 도장을 파는 것에 대해 문의드렸다. 가이드님께서는 도장을 파는 시간은 괜찮은데 비림박물관에서 도장을 만든다면 우리나라 돈으로 10만 원, 혹은 그 이상이 나온다고 하셨다. 예상보다 큰 금액에 고민하다가, 그래도 기왕 중국에 왔는데 도장을 가져가고 싶다고 말씀드렸다. 가이드님께서 그 이유를 묻기에 윗 글에서 말한 것처럼 비림박물관에 방문한다면

한자의 기원에서 통일과 완성

비림박물관

꼭 만들어야 할 기념품이 도장이라고 말씀드렸다. 가이드님께서 그러면 비림박물관 말고 서원문거리에서 도장을 만들 수 있다고 하셨고, 이름의 한자를 물으셔서 대답했다. 다행히 도장을 가져갈 수 있다고 하셔서 안심하고 박물관에서의 관람을 기분좋게 하고 있었다. 그런데 저녁 식사를 할 때, 가이드님께서 지인분께 부탁했다며 내 한자 이름이 들어간 도장사진을 보여주셨다. 너무 기쁘고 설레서 가이드님께 가격을 문의드렸더니 괜찮다고 하셨다. 그래도 도장가격이 비싸지 않을까싶어 여러 번 도장값에 대해 말씀드렸더니, 지인이 만든거라 돈 안 썼다며 정말 괜찮다고 선물로 주겠다고 하셨다. 그래서 결론은 <당락궁쇼>를 관람하던 저녁식사 때부터 나는 좀 많이 들떠있었다. 우선, 비림박물관에 방문했을 때, 과연 도장이 얼마인지 확인해봤는데 가이드님의 말씀보다 훨씬 더 비싸서 놀랐다.

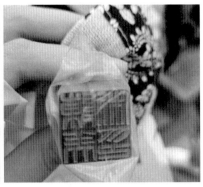

가이드님께서 주신 선물(진미리 전서체 도장)

그 후에 서원문거리에 갔을 때, 도장을 받으러 가려는데 가이드님께서는 친구들과 함께 구경하라고 도장은 조금 후에 전해주겠다며 나를 또 배려해주셨다. 너무 감동받아 크게 인사를 드리고 서원문거리를 돌아다녔다. 지나가다 서예 선생님들께서 한 가게에 붓을 구매하고 계신 것을 보고 구경했는데 비림박물관에서 샀던 붓의 반의 반 값 정도로 저렴했다. 그래서 관람하기 전, 가이드님께서 물건을 사고 싶다면 서원문거리에서 구매하라고 하셨구나 하는 걸 확실히 깨닫게 되었고 나 또한 서예 선생님들을 따라 저렴하게 붓을 하나 더 구매했다. 물론 비림박물관의 붓과는 또 다른 느낌이라 어느 붓이든 다 좋았다. 서예 선생님들로부터 서예는 10년 정도는 배워야 '붓 좀 잡아봤습니다.'라고 말할 수 있는 것이라 하여, 나의 취미로 서예를 내세울 정도가 아니기에 서예를 배운지 10년이 될 때쯤 다시금 이 장소에 와서 유물들을 보면 색다를 것 같다는 생각이 들었다. 더군다나 서원문거리를 돌아다니니 직접 서예로 글을 쓰고 부채를 파는 가게도 많았다. 그래서 살펴보면 중국인들 모두가 서예를 너무 잘해서 놀랐다. 나도 언젠가 저렇게 편하게 서예를 쓰게 되기를 바라며, 관람을

한자의 기원에서 통일과 완성

마치고 약속된 시간에 입구로 갔더니 가이드님께서 나의 전서체 도장을 건네주셨다. 너무 기뻐서 주변에 막 자랑했는데 서예 선생님들로부터 낙관도 했으면 좋았을 것이라는 말을 들었다. 아직 나는 호가 없었기에 이름 도장만 만들었는데, 앞으로 서예를 꾸준히 해서 다음에 중국에 방문하게 된다면 낙관을 만들어야겠다는 목표가 생겼다. 여기 한자문명로드의 참가자분들이 모두 학구적이라 그런지 매순간 학업에 동기부여가 참 많이 되었다.

대안탑

중국의 역사를 알 수 있는 서안에 방문해서인지, 주변 어디에서 사진을 찍어도 중국에 있다는 것이 느껴져서 참 좋았다. 특히나 7월 초에 <차이나챌린지>로 서안에 방문했을 때와는 또 달라서 같은 장소도 보다 흥미롭게 관람할 수 있었다. 특히 위 사진의 대안탑을 7월에 방문했을 때는 저녁 시간이었고, 한자문명로드로 방문한 오늘은 대낮이어서 안의 내부에 들어가 본 것이 너무도 신기했다. 특히 계단을 올라가면 스님들께서 부적으로 글을 휙휙 쓰시는 걸 보니 내가 중국에 있구나 싶어 또 신기했다.

7. 8월 24일: 견문이 넓어진다는 것은

한자문명로드에 참가하여 많은 것들을 보고 배우며 의미 있는 시간들을 보냈다. 그 과정에서 함께해주신 모든 참가자분들께 다시 한 번 진심으로 감사의 말을 전하고 싶다. 특히나 우리 학생들을 잘 보살펴 주시고 여러 가지 중국 앱들을 알려주신 신근영 교수님과 어린 자녀들과 함께하며 우리들도 잘 챙겨주셨던 임현열 교수님께 진심으로 고마움을 전한다. 그리고 임현열 교수님의 자녀분들의 행동이 너무 바르고 예의 있어서 보기만 해도 흐뭇했다. 또한, 내가 7월 초에 중국에 방문했을 때는 알리페이를 쓰지 않고 현금만 들고 다녔고, 이번에는 알리페이를 미리 준비해서 사용해봤다. 이것만으로도 조금은 성장하지 않았나 싶었는데 신근영 교수님께서 알려주신 여러 앱을 사용해보니 너무나도 편리하고 신기했다. 나는 이렇게 조금씩 알아가는 과정들이 참 좋았다. 특히 어디서도 교수님들과 함께하니 배우는 것도 많고 재밌는 일도 생기고, 매번 식사도 너무 맛있고… 등등 모든 순간들이 즐겁고 의미 있었다. 이번 경험을 통해 세상을 바라보는 나의 견문이 조금은 넓어진 것 같다. 중국에 오기 전, 중국 음식이 입에 안 맞거나 사람들이 불친절하거나 등의 걱정이 많았는데 교수님들과의 너무 좋은 시간을 보내면서 이러한 불안들이 싹 없어지고 중국에 대한 좋은 기억들로만 가득 채웠다. 덕분에 '백번의 말보다 직접 경험해보는 것이 낫다'는 백문불여일견(百聞不如一見)의 뜻을 확실히 알게 되었다.

함께했던 모든 분들의 인생이 즐겁고 행복한 일로 가득하길 바라며 이만 기행문을 마친다.

12

첫 중국 방문, 서안에 도착하다

———

황선진

이번 중국 답사 여행은 2020년 2월, 갓 스무 살이 되었을 때 두 살 터울의 동생과 단둘이 베트남 다낭으로 첫 해외여행을 다녀온 이후 2번째 해외여행이었다. 코로나19 팬데믹으로 인해 꽤 오랫동안 하늘길이 막혔다가 뚫린 터라 출발 전에는 설레었지만 남은 두려움까진 어쩔 수 없었다. 아빠의 추천으로 처음 알게 된 '동아시아 한자문명로드 답사'는 전공 특성상 한문과도 밀접한 나에게 매우 흥미롭게 다가왔다. 중·고등학교 시절 학교에서 제2외국어로 비교적 꾸준히 한문 과목을 배웠었고, 대학교에 진학하여 전공 수업을 들으면서도 특히 '고전문학' 분야에 있어서 한자의 중요성을 여실히 깨달았기에 답사 취지에 맞게 진지하게 임하고자 마음먹게 되었다.

짜인 시간표에 따라 규칙적으로 생활했던 학기 중과 달리 비교적 흐트러진 생활을 하기 쉬운 방학 기간에 무언가 의미 있는 경험을 하나 쌓고 싶다는 마음에 기꺼이 떠났지만, 막상 가족 없이 혼자 떠나려니 신경 쓰이는 것이 한 둘이 아니었다. 원래 아빠와 함께 가고자 했던 답사였는데, 아빠는 다른 바쁜 일정과 겹쳐서 어쩔 수 없이 혼자 참여하게 되었다. 평소에 낯도 많이 가리고 다소 내성적인 성격을 가진 탓에 혼자 가야 한

한자의 기원에서 통일과 완성

다는 사실을 처음 알게 되었을 때는 포기할 마음도 생겼었다. 같이 가게 될 분들이 학교 관계자이시거나 학생 그리고 시민분들이라는 걸 잘 알고 있었지만, 친한 사람 하나 없이 타국으로 가야 한다는 것은 나에게 적지 않은 부담으로 다가왔다. 그러나 앞으로 사회생활을 위해 넘지 않으면 안 되는 산이라는 부모님의 권유에 결국은 '도전'으로 가닥을 잡았다.

그러나 중·고등학교 때 교과서에서 그리고 대학교 수업 시간에 교재나 자료에서만 접해보았던 갑골문, 금문, 예서, 초서, 해서 등을 직접 보고 느낄 수 있다는 사실이 나를 흥분되게 했다. 방학 기간에 이렇게 값진 경험을 쌓을 수 있는 기회를 놓치고 싶지는 않았다. 첫 중국 방문이라는 사실도 결심에 큰 도움을 주었다.

한자는 조금 알지만, 중국어와 회화는 거의 알지 못해 두려운 마음이 앞섰다. 여행 중국어책을 급히 구매하여 출발하기 전부터 틈틈이 보긴 하였지만, 기억에 남기기에는 역부족이었다. 그렇지만 중국어에 능통하신 교수님들이 많아서 안심되었다. 중국에 도착해서 여러 체험과 경험을 하다 보니 낯선 나라에서 낯선 언어를 듣는다는 것이 생각보다 힘들고 덜컥 겁이 나기도 했다. 알아듣고 싶은 마음은 굴뚝 같았지만, 언어라는 게 그렇게 쉽고 빠르게 습득되는 것이 아니었다. 그래도 이번 중국 방문을 계기로 '중국어'에 대한 관심과 열망이 더욱 커지게 되었다. 평소에도 한자를 기반으로 한 중국어와 일본어에 많은 관심이 있었는데 꾸준한 실천으로 이어지지 못한 부분에 대해 많은 반성이 되었다. 비록 회화는 능숙하지 못하였지만 한자를 약간 알고 있으니, 중국어로 적힌 설명을 읽는 데 도움이 된다는 것을 깨달아서 한국에 다시 돌아가고 나면 공부를 게을리하지 말아야겠다고 다짐하였다.

이번 중국 답사에서 섬서성 서안 일대를 둘러보고 여러 코스를 방문하면서 나의 약한 체력이 야속하게만 느껴졌다. 우리나라의 이번 여름도 무척이나 더웠지만, 중국의 여름 역시 만만치 않게 무더웠다. 그래서 이동할 때 양산은 필수였고 모자도 매번 챙겨 써야만 했다. 계절에 맞춰 반소매와 반바지를 챙겨갔는데 너무 덥고 햇볕이 바로 피부에 와닿아서 오히려 통이 큰 긴 바지를 입는 것이 더 도움 되었다. 평소보다 활동량은 많은데, 음식에 완전히 적응하지는 못해서 먹는 양이 준 탓에 체력적으로 더욱 힘이 들었던 것 같다. 베트남에 갔을 때는 향신료에 큰 거부감을 느끼지 못해서 비슷할 것이라 예단하고 온 것이 낭패였다. 평소 먹던 음식보다 훨씬 짜고 향신료 향이 아주 강해서 먹기가 쉽지 않았던 기억이 난다.

가는 음식점과 식당마다 정말 많은 음식이 나왔는데, 그중에 그나마 먹을 수 있는 음식은 두세 가지 정도밖에 없어서 아쉬웠다. 특히, 무더운 여름날인데 시원한 음료가 없어서 불편했다. 중국은 '차(茶)' 문화가 발달한 나라답게 어딜 가나 주전자에 따뜻한 차가 들어있었다. 평소 차를 즐겨 마시긴 하지만 더운 여름이었던지라 시원한 음료가 마시고 싶었다. 그래서 차라리 시원한 맥주를 자주 마셔버렸다. 중국에 온 만큼 항상 칭다오를 마셨던 것이 기억에 남는다. 사실 평소에 음주를 그리 자주 즐기는 편은 아닌데 그 순간에는 너무나 시원하고 맛있게 느껴져서 나 자신에게 놀랐다. 미성년자가 아니라서 합법적으로 술을 마실 수 있었던 것이 참 다행이라 느껴지는 순간이었다.

이번 중국 답사에서 다양한 사람들을 새롭게 알게 되었지만, 그중에서도 나이대가 비슷해서 빠르게 친해질 수 있었던 경성대 중국학과 학생들이 가장 기억에 남는다. 내가 먼저 다가가서 친해지고 싶었지만, 숫기가 없어 자신 없이 계속 망설이고 있었는데 먼저 와서 친절하게 말도 걸어주고 무리에 끼워줘서 정말 고마웠다. 첫날부터 다가가서 친해지지 못한게 아쉬울 정도였다. 다들 중국학과에 재학하고 있는 만큼 중국에 대한 관심과 애정이 넘쳐 보였다. 자신의 전공에 대해 애착을 가지고 열심히 임하는 모습이 정말 멋져 보여서 본받고 싶었다. 나 역시도 지금 나의 전공에 대해 만족하고 흥미를 느끼고 있지만 더욱 갈고 닦아 분발해야겠다는 생각이 들었다.

앞서 말했듯이 중국어를 매우 잘하시는 교수님들 덕분에 음식을 사먹고, 물건을 구입하고, 마사지를 받을 때 정말 편했다. 옆에서 지켜보면서 대단하고 부럽다는 생각이 계속해서 들어서 속으로 감탄을 연발하곤 했다. 중국 시안에 와서 양고기도 처음 먹어 보고 밀크티도 사 먹었는데 참 맛있었다. 마지막에 값을 치를 때는 셈이 중국 사람들보다 우리가 좀 더 빠른 것 같아 한국인으로서 괜히 뿌듯하기도 하였다. 고된 일정이었던 만큼 마사지도 자주 받았던 것이 인상 깊었다. 활동량이 많았기 때문에 여독을 틈틈이 풀어주지 않으면 정말 몸살이 나서 여정에 차질이 생길 것만 같았다. 발 마사지부터 시작해서 마지막에는 전신 마사지까지 합리적인 가격으로 경험해 볼 수 있어서 좋았다.

요즘 한국에서 크게 유행하는 '탕후루'를 본고장인 중국에서 꼭 먹어 보고 싶었는데 의외로 찾기가 쉽지 않았다. 아마 탕후루가 겨울철 길거리 음식이다 보니 여름에는 찾아보기 힘든 듯 하다. 화청지에서 겨우 발견했는데 한국에서 먹던 것과는 사뭇 달라서 흥미로웠다. 한국에서는 주로 딸기, 귤, 포도 등과 같은 생과일에 설탕 코팅을 얇게 입힌 형태인데 중국에서는 산사나무 열매에 설탕과 물엿을 입힌 후 참깨가 뿌려져 있었다. 산사나무 열매에 설탕을 코팅한 것이 가장 전통적인 탕후루의 형태라는 사실도 새롭게 알게 되었다. 처음 접해보는 과일이라 낯설었지만, 소화제로도 쓰이는 성분이라는 말을 듣고 적극적으로 먹어보았다. 참깨가 뿌려져 있어 달콤함과 고소함을 동시에 느낄 수 있었던 것이 인상 깊었다.

주나라, 진나라, 한나라, 당나라 4개 왕조의 유물과 한자를 중점적으로 둘러볼 수 있었던 서안 박물관과 소안탑 그리고 실크로드의 기점에서 만나는 한자 유적을 접할 수 있었던 대당 서시 박물관 마지막으로 통일신라 사신의 모습이 담긴 「객사도」를 볼 수 있었던 섬서성 역사박물관이 첫 번째 답사 코스였다. 박물관들로만 채워진 하루였던 만큼 유익하고 학구적인 날이 아닐 수 없었다. 박물관의 규모도 '대륙의 스케일'이라 불릴만큼 어마어마했던 것이 특징이었다. 다 둘러보려면 다리가 아파져 올 만큼 넓고 웅장했다. 갈 때마다 가이드분의 해설을 듣기 위한 이어폰을 귀에 꽂고 열심히 따라다니곤 했다. 한국의 박물관이었다면 조금 더 자유롭게 둘러보며 나의 흥미 위주로 찾아서 골라 볼 수도 있었겠지만, 낯선 언어로 모든 설명이 적혀있었던 만큼 더더욱 열심히 해설에 귀를 기울일 수밖에 없었다. 다른 무리에는 중국인 가족이나 단체로 방문한 학생들도 많았다. 똑같이 이어폰을 끼고 들려오는 소리에 집중하는 모습은 같아서 동질감이 느껴지면서 반갑기까지 하였다.

그다음 날은 말로만 듣던 진시황릉 및 병마용을 실제로 보게 되었다. 중국을 통일한 시황제의 통일 문자 소전(小篆)을 볼 수 있어서 신기했다. 유명하고 역사적인 관광지라서 그런지 사람이 정말 많았다. 그래서 병마용갱에 들어가 관람하기까지 정말 힘들었던 기억이 난다. 심지어 계절이 더운 여름날이라 더욱 고되게 느껴졌다. 사실 평소에도 사람이 지나치게

한자의 기원에서 통일과 완성

많고 혼잡하고 시끄러운 곳을 선호하지 않아서 쉽지 않았던 것 같다. 물건을 둘러보거나 구입하려 할 때도 서툰 중국어로 한국인임을 밝히긴 했지만, 말이 통하지 않아 답답한 순간들이 꽤 많았다. 더불어 중국에는 '성조'가 있을 뿐만 아니라 지역이 넓어 방언이 다양하기 때문에 잘 알아듣지 못하면 자신의 성조 때문인가 되짚어보며 더 크게 다시 한번 말해주곤 하는데, 처음에는 이유를 몰라 다소 두렵고 무섭게 느껴지기도 했다. 그렇지만 나중에는 그 이유를 알고 오해가 풀려 다행이었다.

예서(隸書) 관련 자료를 볼 수 있는 중국 한나라 황제 한무제 무덤인 무릉과 서주 갑골문(西周甲骨文)을 볼 수 있는 주원유적지 그리고 진시황제가 문자를 통일하기 전 진나라 문자인 주문과 「시경」의 '진풍(秦風)'에 실린 '꾀꼬리(黃鳥)'의 현장인 진공1호대묘(秦公一號大墓)를 볼 때는 특히 더 집중하게 되었다. 고대가요 <황조가>가 동시에 생각났다. 또 그다음 날 가보았던 비림박물관도 마찬가지였다. 교과서와 교재에만 실려있던 자료를 직접 접하고, 눈으로 보게 되니 감격스럽기까지 했다. 그저 사진으로만 보고 익히고 외우기에 급급했었는데 이렇게 실제로 보니 감회가 새로웠다. 기회가 된다면 주입식 교육만이 아닌 직접 보고 느끼는 것이 진정한 배움이라는 생각이 들었다.

한국의 절도 자주 갔었지만, 도솔(兜率)이라 적힌 공간은 색달랐다. 죽은 후에 이르는 불교의 유토피아 공간에는 극락(서방정토)와 도솔천이 있다고 한다. 善業을 쌓아 극락에 이르면 아미타 부처님의 설법을 듣고 나 또한 깨달음에 이를 수 있고, 도솔천의 미륵부처가 현세로 내려와 우리의 어려움을 해결해 준다고 한다. 늘 느끼는 것이지만, 종교란 심오하면서도 과학의 잣대로 따지고자 하면 머릿속이 하얘지는 기분이 든다.

　마지막으로 처음부터 끝까지 우리를 안전하게 지도해주시고 친절을 베풀어주신 두 가이드분께도 이 글을 빌려 꼭 감사의 마음을 전하고 싶다. 사실 한국 가는 비행기를 타는 순간에는 울컥하는 마음이 들어 몰래 눈물을 훔치기도 했다. 이번 답사를 계기로 '여행 가이드'라는 직업이 얼마나 많은 만남과 이별을 반복하는 일을 해야 하는지에 대해서도 생각해 보게 되었다. 누구보다 빠르게 관광객들과 가까워지고 친해져야 하지만, 더불어 수많은 이별에도 익숙해져야만 하는 일이다 보니 얼마나 남모를 고충이 있을까 걱정도 되었다. 나는 비록 처음 만났을 때는 낯가림이 있고 내성적이지만, 이후에는 상대방과 정이 빨리 들고 속 깊은 얘기를 많

한자의 기원에서 통일과 완성

이 하는 편이라 이별이 더 크게 와닿았던 것 같다. 이번 답사는 새로운 사람들을 정말 많이 알게 되었을 뿐만 아니라 학업적으로도 매우 유익했던 여행으로 기억에 남을 듯하다.

저자 소개 (가나다순)

김가영
경성대학교 중국학과 학부생.

남미영
경성대학교 인문문화학부 부교수.

박서현
경성대학교 중국학과 학부생.
주요 관심사는 한중 관계, 중국 문화와 역사, 독서, 영화 감상, 여행 등이다.

박순남
경성대학교 한국학연구소 학술연구교수.
논저로는 『朝鮮後期 小學學의 形成과 展開』(박사학위논문, 2012), 『한자문화권의 이해(공저)』(부산외 대출판부, 2015), 『사람 꼴을 만드는 책-역주 소학장구』(민속원, 2021) 등이 있다.
관심분야는 지속 가능한 미래 학문으로서의 『소학』의 지속성과 확장성에 대한 연구이다.

박준원
경성대학교 인문문화학부 한문학전공 교수.
대표 저서로는 『담정총서연구』(박사학위논문, 1994), 『한국최초의 어보 우해이어보』(다운샘, 2004), 『맹자사실록』(지만지, 2010) 등이 있다.
주요 관심사는 조선후기의 문인인 담정 김려와 주변 문인들의 문학적 성취에 대한 연구와, 중국 청나라의 고증학자인 최술의 경학에 관한 연구이다.

박헌걸
서예가 전각가.
개인전 21회, 단체그룹전 700여 회.
대한민국서예대전초대작가 심사위원 역임.
세계서예전북비엔날레 공모초대작가.
천지현황서화연구소.
현묵서회주재.

신근영

경성대학교 한국한자연구소 HK연구교수.

대표 논저로는 『코퍼스를 활용한 중국어연구』(한국문화사, 2020), 『중국 언어의 이해』(한국문화사, 2022), 「텍스트마이닝을 활용한 중국어 구문 연구 동향 분석」(담화·인지언어학회, 2023)이 있다.

주요 관심사는 자연어처리 방법을 활용한 전산언어학이다.

신아사

경성대학교 한국한자연구소 HK연구교수.

주요 관심 분야는 중국어사, 대조언어학, 계량언어학, 동서문화비교 등이다.

유영옥

동아대학교 연구전담 조교수.

『東國通鑑 研究』(부산대학교 사학과 박사학위논문, 2004)

『校正廳本 四書諺解의 經學的 研究』(부산대학교 한문학과 박사학위논문, 2010).

연구 분야는 韓國史[朝鮮前期], 經學이다.

이 현

경성대 중국학과 초빙교수.

주요 관심사는 중국문학과 문화 등이다.

이가연

경성대학교 한국한자연구소 행정직원.

이현지

경성대학교 중국학과 졸업생.

임진규

명지초등학교 학생.

주요 관심사는 축구와 로블록스, 그림 그리기 등이다.

임진우

명지초등학교 학생.

주요 관심사는 댄스와 요리하기, 동생 가르치기 등이다.

임현열

경성대학교 한국한자연구소 HK교수.

대표 논저로는 『인공지능인문학 Full Course』(인문과 교양, 2022), 『글쓰기 冊』(인문과 교양, 2021) 등이 있다.

주요 관심사는 국어음운론, 한국어교육, 전산언어학, 한자어 문해력 등이다.

장원심(張源心)

경성대학교 박사.

주요 관심사는 갑골학 등이다.

정길연

부산교육대학교 강사.

대표 논저로는 『조선후기 기호 예학 연구』(도서출판3, 2019), 『국역 퇴계선생상제례답문』(한국국학진흥원, 2021), 『국역 금곡유고』(국학자료원, 2022), 『국역 설재유고』(국학자료원, 2022) 등이 있다.

주요 관심사는 조선시대 예학 등이다.

조성덕

경성대학교 한국한자연구소 HK연구교수.

대표 논저로는 『한국문집소재 이체자연구』(박사학위논문, 2014), 『(역주)설문해자주』1~4(전통문화연구회, 2021~3), 『국역무릉잡고』(경남 함안군 문화원, 2015) 등이 있다.

주요 관심사는 한국 경학과 한국 이체자이다.

주헌욱

한국고전번역교육원(연수과정)을 졸업하고 한국방송통신대학교 대학원 실용중국어학과에 재학 중이다. 현대 중국에서의 유교의 부활과 그 정치적 이용에 관하여 연구하고 있다. 현대종합상사에서 미국, 일본, 인도네시아 주재원으로 근무하였다.

진미리

경성대학교 중국학과 학부생.
주요 관심사는 한·중·일 언어와 문화, 서예, 영화 감상 등이다.

채영화

중원서예연구실 주재.
중국역대서화탁본전 기획, 전시.
성균관청년유도회 대구광역시본부장 역임.

최남규

전북대학교 중어중문학과 교수.
대표 논저로는 『중국 양주 금문 연구 총서(서주편)』(총14책, 역락출판사, 2023년) 등이 있다.

하영삼

경성대학교 중국학과 교수, 한국한자연구소 소장.
대표 논저로는 『한자어원사전』(도서출판 3, 2014) 등이 있다.

황선진

숙명여자대학교 한국어문학부 학부생.

경성대학교 한국한자연구소 HK+사업단 교양총서 02

한자의 기원에서 통일과 완성
-중국 섬서성 서안

초판1쇄 인쇄 2024년 4월 18일
초판1쇄 발행 2024년 4월 30일

지은이	김가영 남미영 박서현 박순남 박준원 박헌걸 신근영 신아사 유영옥 이 현 이가연 이현지 임진규 임진우 임현열 장원심 정길연 조성덕 주헌욱 진미리 채영화 최남규 하영삼 황선진
기획	경성대학교 한국한자연구소 HK+사업단
펴낸이	이대현
편집	이태곤 권분옥 임애정 강윤경
디자인	안혜진 최선주 이경진
마케팅	박태훈 한주영

펴낸곳	도서출판 역락
출판등록	1999년 4월 19일 제303-2002-000014호
주소	서울시 서초구 동광로 46길 6-6 문창빌딩 2층 (우06589)
전화	02-3409-2060
팩스	02-3409-2059
홈페이지	www.youkrackbooks.com
이메일	youkrack@hanmail.net

ISBN 979-11-6742-732-8 04700
      979-11-6244-631-7 04700(세트)

＊ 이 저서는 2018년 대한민국 교육부와 한국연구재단의 지원을 받아 수행된 연구임.
  (NRF-2018S1A6A3A02043693)